Proposições Jurídicas:
Fonte de Proteção Social do Trabalho Infantil

Marco Antônio Lopes Campos

Mestre em Direito pelo Centro Universitário Salesiano de São Paulo — UNISAL. Professor Universitário do Centro Universitário do Sul de Minas — UNIS/MG (graduação e pós-graduação). Professor Universitário da Faculdade Três Pontas — FATEPS (graduação e pós-graduação). Professor convidado do Curso de Pós-graduação em Gestão Pública do Instituto Federal de Educação, Ciência e Tecnologia do Sul de Minas Gerais — IFSMG. Professor convidado do Curso de Pós-graduação do Centro Universitário Salesiano de São Paulo — UNISAL. Assessor Jurídico da Fundação de Ensino e Pesquisa do Sul de Minas — FEPESMIG. Advogado Trabalhista militando perante o Tribunal Regional do Trabalho da 3ª Região. Palestrante e autor de artigos científicos vinculados ao direito.

Proposições Jurídicas:
Fonte de Proteção Social do Trabalho Infantil

LTr

EDITORA LTDA.
© Todos os direitos reservados

Rua Jaguaribe, 571
CEP 01224-001
São Paulo, SP — Brasil
Fone (11) 2167-1101
www.ltr.com.br

Produção Gráfica e Editoração Eletrônica: R. P. TIEZZI
Projeto de Capa: RAÚL CABRERA BRAVO
Impressão: GRAPHIUM GRÁFICA E EDITORA
LTr 4693.3
Novembro, 2012

Dados Internacionais de Catalogação na Publicação (CIP)
(Câmara Brasileira do Livro, SP, Brasil)

Campos, Marco Antônio Lopes

    Proposições jurídicas : fonte de proteção social do trabalho infantil / Marco Antônio Lopes Campos. — São Paulo : LTr, 2012.

    Bibliografia

    ISBN 978-85-361-2328-8

    1. Direito — Proposições I. Título.

12-10377   CDU-340

Índice para catálogo sistemático:

1. Proposições jurídicas   340

*À Ellen Guimarães, esposa e companheira,
pelo amor, carinho, inspiração, dedicação e compreensão
durante a confecção deste livro.*

*Aos meus filhos Maria Clara e Pedro Henrique,
que fazem meus dias mais felizes e especiais.*

A Deus e a Nossa Senhora Aparecida, sempre!

À Profa. Dra. Grasiele Augusta Ferreira Nascimento, que incentivou e dedicou seu tempo na orientação que deu origem a este livro.

Aos professores e colegas do programa de Mestrado em Direito do UNISAL.

Aos demais amigos professores e alunos dos diferentes cursos de graduação e pós-graduação pelos quais passei desde 2009, quando este projeto efetivamente nasceu.

SUMÁRIO

Lista de Abreviaturas e Siglas 13

Prefácio 15

1. Introdução 19

2. Escorço Histórico do Trabalho Infantil 22

2.1. Do traçado histórico do trabalho infantil da Antiguidade até a Revolução Industrial . 23

2.2. O trabalho infantil a partir da Revolução Industrial: da Inglaterra para o mundo 27

    2.2.1. França 34

    2.2.2. Itália, Estados Unidos e Argentina 36

        2.2.2.1. Itália 36

        2.2.2.2. Estados Unidos 36

        2.2.2.3. Argentina 37

2.3. Evolução histórica no Brasil até a Constituição Federal de 1988 38

2.4. A Constituição Federal de 1988 como instrumento de proteção da criança e do adolescente no mercado de trabalho 48

    2.4.1. A Emenda Constitucional n. 20/1998 51

3. Proteção Jurídica Internacional do Trabalho Infantil 55

3.1. A fase pregressa da criação da Organização Internacional do Trabalho — OIT 56

3.2. A criação da OIT: a materialização da proteção internacional do trabalho 60

3.3. Convenções e Recomendações da Organização Internacional do Trabalho 66

    3.3.1. Convenções e Recomendações da OIT: a ordem cronológica da tutela internacional do trabalho infantil 67

3.4. Demais normas internacionais de proteção ao trabalho infantil 74
3.5. O Mercosul contra o trabalho infantil 78
    3.5.1. Legislação trabalhista comparada, fatos sociais e seus dados estatísticos 80
        3.5.1.1. Argentina 81
        3.5.1.2. Paraguai 84
        3.5.1.3. Uruguai 87

4. Proposições Jurídicas no Direito Brasileiro como Fonte de Proteção ao Trabalho Infantil 90

4.1. Proposições jurídicas 91
    4.1.1. Proposições descritivas 92
    4.1.2. Proposições prescritivas 93
    4.1.3. Proposições valorativas 95
4.2. O trabalho infantil e suas proposições jurídicas 96
    4.2.1. Proposições jurídicas quanto à idade mínima 98
    4.2.2. Proposições jurídicas quanto ao trabalho noturno 105
    4.2.3. Proposições jurídicas quanto ao trabalho perigoso, insalubre e penoso 109
    4.2.4. Proposições jurídicas quanto ao trabalho em locais prejudiciais à formação e ao desenvolvimento físico, psíquico, moral e social da criança e do adolescente 116
    4.2.5. Proposições jurídicas quanto à duração do trabalho do adolescente e o direito a férias 124
    4.2.6. Proposições jurídicas quanto à condição física do trabalho infantil 128

5. Violências às Proposições Jurídicas que Tutelam o Trabalho Infantil no Brasil e a Atuação dos Órgãos de Proteção 131

5.1. O sentido de violência nas relações do trabalho infantil no Brasil 132
5.2. A materialização da violência ao trabalho infantil no Brasil 135
    5.2.1. No âmbito rural 138
    5.2.2. No âmbito doméstico 143
        5.2.2.1. O trabalho infantil doméstico e o abuso sexual 149
    5.2.3. Na coleta do lixo 152

5.2.4. Na construção civil, olarias e carvoarias 156
    5.2.4.1. Na construção civil 157
    5.2.4.2. Na olaria 159
    5.2.4.3. Na carvoaria 163
5.3. Os órgãos de combate ao trabalho infantil no Brasil 166
    5.3.1. O ministério do trabalho e emprego 167
    5.3.2. O ministério público 169
    5.3.3. O poder judiciário 173

Considerações Finais 175

Referências 181

Lista de Abreviaturas e Siglas

ABRAPIA	—	Associação Brasileira Multiprofissional de Proteção à Infância e à Adolescência
CLT	—	Consolidação das Leis do Trabalho
EC	—	Emenda Constitucional
ECA	—	Estatuto da Criança e do Adolescente
ED-AIRR	—	Embargos Declaratórios em Agravo de Instrumento de Recurso de Revista
EPI	—	Equipamento de Proteção Individual
Mercosul	—	Mercado Comum do Sul
MTE	—	Ministério do Trabalho e Emprego
NR	—	Norma Regulamentadora
PETI	—	Programa de Erradicação do Trabalho Infantil
SDN	—	Sociedade das Nações
OIT	—	Organização Internacional do Trabalho
ONU	—	Organização das Nações Unidas
PNAD	—	Pesquisa Nacional por Amostra de Domicílio
PRT	—	Procuradoria Regional do Trabalho
TAC	—	Termo de Ajustamento de Conduta
TRT	—	Tribunal Regional do Trabalho
TST	—	Tribunal Superior do Trabalho
RO	—	Recurso Ordinário
RR	—	Recurso de Revista
SBT	—	Sistema Brasileiro de Televisão

Prefácio

As crianças e os adolescentes foram vítimas de exploração no trabalho desde a antiguidade, tendo como marco da exploração a Revolução Industrial.

Com a necessária intervenção estatal nas relações de trabalho, inúmeras normas nacionais e internacionais de proteção ao trabalho infantil foram criadas, estabelecendo a idade mínima para ingresso no trabalho, limitação de jornada, proibição de trabalhos prejudiciais ao desenvolvimento físico e psíquico dos menores, entre tantas outras. Diante da importância do tema, a Organização Internacional do Trabalho (OIT) estabeleceu diversas Convenções e Recomendações de tutela internacional do trabalho infantil.

Infelizmente, porém, inúmeros são os relatos de utilização do trabalho infantil em desacordo com a legislação, sendo que muitos nas piores formas de trabalho indicadas na Convenção n. 182 e na Recomendação n. 190 da OIT.

Na presente obra, o autor apresenta uma rica análise histórica do trabalho infantil no Brasil e no mundo, desde a antiguidade até os dias atuais. Apresenta, ainda, a proteção jurídica internacional do trabalho infantil a partir da fase que antecedeu a criação da Organização Internacional do Trabalho (OIT), percorrendo as Convenções e Recomendações referentes ao tema. A seguir, realiza um estudo comparado da legislação trabalhista dos seguintes países do Mercosul: Argentina, Paraguai e Uruguai.

Posteriormente, o autor traz as normas jurídicas de proteção ao trabalho e as respectivas violências às proposições jurídicas que tutelam o trabalho infantil no Brasil, assim como a importante atuação dos órgãos de proteção, dentre eles o Ministério do Trabalho e Emprego, o Ministério Público e o Poder Judiciário.

O estudo foi resultado das pesquisas desenvolvidas no Programa de Mestrado em Direito do Centro Universitário Salesiano de São Paulo, no qual o autor participou das atividades com flagrante entusiasmo e dedicação, tendo defendido sua dissertação com mérito e louvor.

Trata-se de tema de extrema relevância para a comunidade científica, abordado de forma ampla e inovadora, e propicia ao leitor sólido conhecimento sobre a situação atual da utilização do trabalho de crianças e adolescente no Brasil e no mundo, e a busca de soluções para este problema social.

Grasiele Augusta Ferreira Nascimento
Coordenadora do Programa de Mestrado em Direito do Centro Universitário Salesiano de São Paulo (UNISAL). Mestre e Doutora em Direito do Trabalho pela PUC/SP. Professora da FEG/UNESP.

"...trabalho para ajudar a minha família que é muito pobre, mas se não estudar vai ser pior. Não quero viver a vida toda amassando barro. Por isso, estudo para amanhã ser alguém na vida."

Ronaldo Cunha, menino com doze anos de idade, porém trabalhador de olaria em Manaus, 2002.

Introdução

É de conhecimento público e notório que o trabalho de crianças e adolescentes sempre esteve presente na singela linha que separa a proteção social e a exploração do ser humano.

Este livro tem origem em uma pesquisa científica vinculada ao programa de mestrado em Direito do Centro Universitário Salesiano de São Paulo — UNISAL, notadamente pertencente à unidade acadêmica de Lorena, que abordará o tema do trabalho infantil sob a ótica da proteção social e prioritária da criança e do adolescente, especificamente no tocante à idade mínima para o trabalho; à proibição do exercício do trabalho noturno, perigoso, insalubre e penoso; em locais prejudiciais à formação e ao desenvolvimento físico, psíquico, moral e social; e quanto à duração do trabalho e à condição física da criança e do adolescente.

Justifica-se a escolha dessa temática, uma vez que, mesmo havendo a regulação internacional do trabalho infantil, países pertencentes ao Mercosul, e o Brasil de forma mais detalhada, passaram a legislar, criando proposições jurídicas, a fim de delinear condições de coibir o trabalho em relação ao sexo masculino ou feminino, faixa etária, nas áreas rural e urbana, no serviço doméstico, nos artesanatos e nas indústrias, entre outros locais e atividades. O trabalho infantil tem, entre suas causas, a miséria, as condições socioeconômicas dos países, a desestruturação familiar e os aspectos culturais de cada nação a ponto de, rotineiramente, descumprirem suas próprias proposições jurídicas.

Sobre esse escopo, esta pesquisa almejará demonstrar que a violência nas relações trabalhistas em face do labor infantojuvenil está baseada em relações de poder de pais, empregadores e da própria sociedade, como também na impunidade do Estado fiscalizador.

Diante dos entraves que se impõem ao enfrentamento desse fenômeno, buscar-se-á, também, entender melhor as razões das dificuldades sociais, políticas e familiares quanto ao efetivo cumprimento das proposições jurídicas, divididas e classificadas em: a) descritivas ou enunciativas, declarativas e indicativas; b) proposições prescritivas ou normativas; e c) proposições valorativas ou afirmações. Eis que estão amalgamadas a partir das normas oriundas das Convenções e Recomendações da Organização Internacional do Trabalho — OIT, introduzidas no texto da Carta Política de 1988, da legislação infraconstitucional e de portarias ministeriais.

A partir da limitação do tema e da justificativa antes apontada, este livro se propõe a analisar a problemática do trabalho infantil ao longo da história do trabalho humano, a partir da escravidão até os dias atuais, contrastando-a com a evolução legislativa, por meio de proposições jurídicas, tanto no plano internacional quanto no brasileiro, perpassando pela realidade apresentada por diversas pesquisas científicas, dados estatísticos, doutrinários e jurisprudenciais, para, ao final, comprovar a existência de tal labor em pleno século XXI, bem como fomentar a importância de se buscarem soluções para a efetivação da erradicação do trabalho infantil no Brasil.

Passar-se-á à tormentosa temática *sub examine* que, se por um lado, até então retórica, é peremptoriamente protegida pela *Lex Legis*[1], em contrapartida mutila os ideais de crianças e adolescentes, violentando-os moralmente, sonegando-lhes esperanças e apadrinhando os implacáveis desígnios do tempo que decreta, para esses tantos, a junção do efêmero com o eterno no seio de suas malfadadas existências.

Ao se fazer a análise — com base em ações promovidas pelo Ministério do Trabalho e Emprego, Ministério Público do Trabalho e pelo próprio Poder Judiciário, chegar-se-á à conclusão de que, em vários momentos da história, inclusive em pleno 2011, o Estado ainda é ineficiente quando se propõe a erradicar o trabalho infantil no Brasil.

Permeada por análises doutrinárias, Termos de Ajustamentos de Condutas — TACs — e decisões de tribunais, cujas jurisdições estão espalhadas por todo o Brasil, a tormentosa temática *sub examine* se propõe a fomentar a construção científica, a partir da epistemologia do Direito e de suas proposições jurídicas, a fim de relacioná-las ao ponto de partida da proteção social do trabalho infantil.

Será destacado, ao longo da pesquisa, que a criança e o adolescente, desde sempre, encontram no trabalho uma modalidade de exploração que macula a sua

---

(1) Bíblia Sagrada, Mateus, 18-6: "Qualquer, porém, que fizer tropeçar a um destes pequeninos que creem em mim, melhor lhe fora que lhe prendesse ao pescoço uma grande pedra de moinho, e fosse afogado na profundeza do mar".

integridade e intelectualidade, frustrando e pervertendo a sua efetiva profissionalização, ocorrendo uma precoce castração dos sonhos e tornando-se, em análise última, um adulto sucateado.

Surge, a partir de então, o seguinte questionamento:

— Porque tantas proposições jurídicas que tutelam a proteção social do trabalho infantil, quando as mesmas não são cumpridas pela sociedade brasileira?

Para responder a esse e a tantos outros questionamentos, reitera-se que o objetivo desta obra é demonstrar e comprovar a existência numerosa de proposições jurídicas que protegem o trabalho infantil em face do continuísmo da exploração, consagrando a proteção integral perante a relação de trabalho e emprego, contrastando com o papel do Estado, representado pelos órgãos de controle e fiscalização, em ser eficiente na busca incessante da erradicação do trabalho de crianças e adolescentes.

Trata-se de um trabalho que abordará o tema proposto, sem, contudo, almejar a pretensão de tocar em todas as suas nuanças.

Escorço Histórico do Trabalho Infantil

Quando se pensa em História, o "passado" logo vem à mente. Será que o "passado" seria a própria história? Todo o passado e tudo no passado?

A transformação é a essência da História e somente o ser humano pode executar tal tarefa. Para tanto, pode-se chegar a afirmar que o homem é o objeto da História, isto é, o estudo da História concentra-se no Ser Humano e a sucessão temporal de seus atos (CASTRO, 2010, p. 2).

Relacionando a História com o Direito, não há dúvida de sua real importância, principalmente quando se tem em conta a percepção da normatividade extraída de um determinado contexto histórico definido como experiência pretérita que conscientiza e liberta o presente (WOLKMER, 2009, p. 13).

O estudo da evolução histórica de um instituto jurídico é de fundamental necessidade para a compreensão de todo o seu contexto, a ponto de viabilizar a criação de novas definições, a sua correta interpretação e execução conforme os ditames legais. Percebe-se que a análise da história com o fito de compreensão do tema é ainda mais imprescindível quando se relaciona com a proteção dos direitos da pessoa humana, como é o caso da proteção da criança e do adolescente contra as mazelas do trabalho infantil. Não é possível entender os dias atuais sem traçar a linha do tempo, com o surgimento e a evolução desse trabalho em sociedade, seus constructos doutrinários, suas bases teóricas e científicas, todas traduzidas pelas reiteradas lutas contra o poder opressor de muitos empregadores espalhados pelo mundo.

O homem é naturalmente produtor de Cultura[2]. A cultura é temporal, histórica. Ela depende do momento em que determinado indivíduo ou comunidade estão vivendo para ter as características que a definem (CASTRO, 2010, p. 4).

Os direitos da pessoa humana, ou seja, do homem, "por mais fundamentais que sejam, são direitos históricos, [...] nascidos em certas circunstâncias, caracterizados por lutas em defesa de novas liberdades contra velhos poderes, e nascidos de modo gradual, não todos de uma vez e nem de uma vez por todas" (BOBBIO, 2004, p. 5).

A partir dos primeiros focos de trabalho infantil, traduzidos nas literaturas pertencentes às ciências sociais aplicadas, é que se buscará apresentar, de forma pormenorizada[3], a situação da criança e do adolescente no decorrer da história laboral até a criação do sistema pós-moderno de proteção integral, constitucionalmente explicitado no Brasil.

2.1. Do traçado histórico do trabalho infantil da Antiguidade até a Revolução Industrial

Segundo notícia histórica de alguns doutrinadores, talvez seja o Código de Hamurabi, que data de mais de dois mil anos antes de Cristo, o primeiro diploma legislativo no qual se encontram medidas de cunho protetivo aos menores que laboravam como aprendizes (VIANNA *et al.* 2005, p. 1007). Previa o referido diploma que, se um artesão tomasse algum menor para criar como filho adotivo, deveria ensinar-lhe seu ofício. Se lhe ensinasse, o filho adotivo não poderia mais ser reclamado por seus pais de sangue. Mas se não lhe ensinasse o ofício, o adotivo poderia voltar livremente para a casa de seu pai biológico[4].

Ponderando essas primeiras referências históricas, deve-se entender que o Código de Hamurabi trouxe apenas uma norma que versa sobre as responsabilidades de ensinar ofícios a um "menor", e não uma legislação que proibisse em si o trabalho infantil. De qualquer forma, com essa simples passagem já se pode verificar a existência, também naquela época longínqua, de trabalho infantil.

Para Adalberto Martins, o código do rei da Babilônia "[...] não parece evidenciar nenhuma regra de proteção ao trabalho de crianças e adolescentes [...]" (2002, p. 23).

Sendo ou não o Código de Hamurabi o primeiro diploma legal que se propõe a versar sobre alguma forma de controle do trabalho da criança, certo é que desde

---

(2) Entende-se por Cultura: "o processo pelo qual o homem acumula as experiências que vai sendo capaz de realizar, discerne, entre elas, fica as de efeito favorável e, como resultado da ação exercida, converte em ideias as imagens e lembranças". (CASTRO, 2010, p. 4)

(3) Pormenorizado, porém, sem a pretensão de abordar diretamente as fases do trabalho humano e o início de sua regulação jurídica, tendo em vista o corte epistemológico que separa os fatos que antecedem a existência do Direito do Trabalho, como ciência jurídica constituída, posterior à Revolução Industrial.

(4) §§ 188 e 189 do Código de Hamurabi.

que o mundo é mundo há o emprego desses indivíduos nos diversos campos de trabalho. A título de apontamento, basta asseverar que "durante a história humana, as crianças sempre trabalharam junto às famílias e às tribos sem se distinguir dos adultos com quem conviviam" (GRUNSPUN, 2000, p. 45-46).

O trabalho das crianças sempre esteve ligado à situação econômica de um país e do grupo familiar no qual estavam inseridas. Para Alice Monteiro de Barros, "a dificuldade econômica tem sido a principal responsável pela exploração de que são vítimas os menores, desde a primeira infância e nas mais variadas épocas da humanidade" (2008, p. 534).

No Egito, sob as dinastias XII a XX, todos os cidadãos eram obrigados a trabalhar, sem distinção de idade ou condição econômica, sendo que inclusive "os menores estavam submetidos ao regime geral e, como as demais pessoas, trabalhavam desde que tivessem relativo desenvolvimento físico" (VIANNA, et al. 2005, p. 1007).

Na Grécia e em Roma, os filhos dos escravos pertenciam aos seus senhores e eram obrigados a trabalhar, quer diretamente para seus proprietários, quer a soldo de terceiros, em benefício dos seus donos.

Como visto, na Grécia e Roma antigas, a escravatura era uma instituição lícita e os escravos, fossem eles crianças ou adultos, não possuíam proteção estatal. Ficavam, pois, ao arbítrio dos proprietários que, via de regra, não poupavam os menores das atividades laborais (MINHARRO, 2003, p. 15).

Mas não é só pela escravidão que o trabalho da criança se apresentava na civilização romana, pois também havia os menores que desde cedo eram inseridos nas atribuições de seus pais, com o fito de obterem conhecimento e aprendizagem.

De acordo com Segadas Vianna, "organizadas as corporações, inicialmente para trabalhadores livres, os seus filhos trabalhavam como aprendizes para, mais tarde, ingressar no mesmo ofício paterno" (VIANNA et al., 2005, p. 1008).

Como se pode observar na Antiguidade, a organização social das civilizações possuía características comuns em diversos países do oriente ou ocidente, sendo o trabalho de aprendizagem notadamente semelhante aos processos de escravismo, em geral constituídos de prisioneiros de guerras e combates entre grupos ou tribos[5].

---

(5) Para compreender um pouco mais a história da escravidão afeita ao trabalho da criança, esclarece--se a que, "na antiguidade remota, travados os combates, integrantes de grupos ou tribos subjugados eram mortos. Era a forma encontrada pelos vencedores de livrar-se do que consideravam estorvo. Depois, convenceu-se o homem de que, em vez de exterminar os inimigos, era mais vantajoso mantê-los cativos, utilizando sua força de trabalho. Nascia a escravidão. Os mais poderosos logo começaram a vender, trocar ou alugar escravos que sobejavam. Não havia normas jurídicas e o trabalhador era tratado como coisa, objeto de comercialização entre os homens livres". (OLIVA, 2006a, p. 32)

Ainda quanto ao trabalho na Grécia e Roma antigas, diziam os romanos que os "[...] escravos nascem ou são feitos" (FERRARI, 2002, p. 31). Nesse ínterim, no direito romano antigo, um dos modos de tornar-se escravo era pelo nascimento, imperando o princípio "filho de escrava, escravo é, ou seja, não se levava em conta a condição paterna" (CRETELLA JÚNIOR, 2004, p. 93).

Nota-se, portanto, que não havia qualquer proteção contra o trabalho infantil, ainda mais levando-se em conta o silogismo simples de que sendo a escrava uma propriedade dos seus senhores, do mesmo modo seriam os seus filhos, para que tão logo atingissem a força e a idade necessárias, fossem incluídos no mesmo direito de utilizar sua mão de obra (infantil) escrava.

Durante o período da servidão no trabalho[6], a proteção à criança e ao adolescente no trabalho não evoluiu, pois eles continuavam herdando o fardo trazido por seus pais, antes como escravos e, agora, como servos.

Sobre esse momento histórico, Segadas Vianna traça um paralelo entre os períodos da escravidão e servidão, concluindo que a evolução não trouxe grandes diferenças:

> [...] o colono, oriundo de antigas gerações de escravos ou de trabalhadores livres, vinculava-se juridicamente à terra colonizada, juntamente com seus familiares, tornando-se um parceiro obrigatório do eventual detentor do feudo. [...] A evolução foi sutil: o escravo era coisa, de propriedade do seu amo; o colono era pessoa, pertencente à terra. Sendo "pessoa", sujeito de direito, podia transmitir, por herança, seus animais e objetos pessoais; mas transmitia também a condição de servo. (2005, p. 27-30)

Com o definhar do regime feudal, sucedeu outro fenômeno, definido na Idade Média como corporativismo, especialmente centrado em características do trabalho livre e artesanal urbano.

Em virtude do êxodo dos trabalhadores da zona rural, provocado pela exploração dos antigos senhores feudais, bem como da ativação do movimento comercial nas cidades, artesãos se agrupavam, jungidos pela identidade da profissão e com o fito de defender seus interesses, concentrando-se na zona urbana (OLIVA, 2006a, p. 37).

Com o aparecimento das corporações de ofício[7] na Idade Média, durante anos, a criança trabalhava sem perceber qualquer salário e até muitas vezes pagando

---

(6) Período pós-escravidão, quando a economia medieval compreendia dois períodos: o do feudo ou senhoril (século V ao século XI) e o da cidade ou da economia urbana (do século XI ao século XV).

(7) Associações de Artes e Misteres, dentro do período classificado como "o da cidade ou da economia urbana", que se estendeu do século XI ao século XV. Quanto aos membros destas corporações, estes dividiam-se em três classes: os mestres, que eram donos das oficinas e que só ascendiam à posição por suas comprovadas aptidões ou após a confecção de uma "obra-prima", equiparando-se aos empregados de hoje; os companheiros, que eram trabalhadores assalariados; e os aprendizes, menores alojados e alimentados pelo patrão (mestre), ordinariamente nunca além de três que recebiam os ensinamentos do ofício correspondente. (NASCIMENTO, 2004, p. 46)

àquele, ou ao senhor feudal, determinada soma. O trabalho se fazia de sol a sol, com um descanso para a refeição (VIANNA, et al., 2005, p. 1008).

Além dessas corporações que foram associações surgidas na Idade Média a partir do século XII, as crianças que trabalhavam, nesse caso também chamadas de aprendizes, começaram a receber dos mestres o ensino do ofício, conforme o exposto por Sergio Pinto Martins:

> Os aprendizes trabalhavam a partir de 12 ou 14 anos, e em alguns países já se observava a prestação de serviços com a idade inferior. Ficam os aprendizes sob a responsabilidade do mestre que, inclusive, poderia impor-lhes castigos corporais. Os pais dos aprendizes pagavam taxas para os mestres ensinar seus filhos. Se o aprendiz superasse as dificuldades dos ensinamentos, passava ao grau de companheiro. O companheiro só passava a mestre se fosse aprovado em exame de obra-mestra, prova que era muito difícil. (2009, p. 4-5)

Esses aprendizes encontravam-se na base da pirâmide tripartida das corporações de ofício, onde deveriam possuir boa conduta, assiduidade ao trabalho e obediência a seu mestre, que, por sua vez, tinha o dever de ensinar-lhe o ofício, respondendo por sua educação moral, podendo impor-lhe castigos corporais.

O aprendiz celebrava o contrato por volta dos doze anos de idade e a aprendizagem tinha duração variável, que podia oscilar entre dois e dez anos, de acordo com a dificuldade do ofício (OLIVA, 2006a, p. 38).

Segadas Vianna afirma que, no Brasil, nesse mesmo momento histórico:

> [...] aos escravos, de maior ou menor idade, não era assegurada a proteção legal, e seus senhores empregavam os menores não somente em atividades domésticas, como nas indústrias rudimentares então existentes, como a da olaria, sendo habitual seu trabalho nos campos desde a pequena idade. (et al., 2005, p. 1008)

O fato de utilizar mão de obra infantil nos campos, como nos antigos feudos, ainda se constatava em pleno século XVII, durante o mesmo período em que as corporações de ofício funcionavam em franca evolução.

Para tanto, por meio da saga literária de Dom Quixote de la Mancha, escrita por Miguel de Cervantes, demonstrando a realidade dos idos do século XVII, na Espanha, constata-se, como normalidade, a exigência do trabalho de crianças e adolescentes ainda como instrumento de trabalho de seus senhores. Nessa referência, mais precisamente na parte I do capítulo IV, conhece-se a história de um menor de quinze anos de idade que acabava de apanhar com uma vara, porque se descuidou ao pastorear os rebanhos de um João Fraldudo, rico proprietário de terras e rebanhos. Importante observar que foi o próprio João Fraldudo quem aplicou a severa pena física no menor, além de não ter-lhe pago qualquer contraprestação havia nove meses (2011, p. 99-110).

Na França da Lei Le Chapelier[8], o corporativismo passou a ser abolido após o início da Revolução Francesa, ficando assim proibido o seu restabelecimento. Como se observa por meio da transcrição a seguir, uma das bases fundamentais da Constituição Francesa era a própria destruição de todas estas corporações: "1. A destruição de todas as espécies de corporações de cidadãos do mesmo estado ou profissão sendo uma das bases fundamentais da constituição francesa, são proibidas de serem restabelecidas de fato, sob quaisquer pretextos e forma que seja"[9].

Sucumbindo ou perdendo, por completo, o vigor das corporações de ofício, passou-se então, na Inglaterra do século XVIII, à abertura de uma nova era, da era da produção por meio das máquinas.

No que se refere ao trabalho infantojuvenil em atividades independentes, nas quais crianças e adolescentes figuravam como verdadeiros empregados, exercendo funções intimamente ligadas a aspectos econômicos, é conveniente reportar aos séculos XVIII e XIX, quando aconteceu a denominada Revolução Industrial.

2.2. O TRABALHO INFANTIL A PARTIR DA REVOLUÇÃO INDUSTRIAL: DA INGLATERRA PARA O MUNDO

Para Sergio Pinto Martins, Amauri Mascaro Nascimento, entre outros autores, considera que o Direito do Trabalho surge com a Revolução Industrial no século XVIII, uma vez que, no período anterior, como visto, não havia leis que protegessem diretamente o trabalhador de maneira geral, inclusive o menor de idade.

Sobre a proteção do trabalhador e do próprio homem, Norberto Bobbio afirma que "os direitos do homem são, indubitavelmente, um fenômeno social". E completa asseverando que a multiplicação da proteção e do próprio direito se deu: a) porque aumentou a quantidade de bens considerados merecedores de tutela; b) porque foi estendida a titularidade de alguns direitos típicos a sujeitos diversos do homem; c) porque o próprio homem não é mais considerado como ente genérico, ou homem em abstrato, mas é visto na especificidade ou na concentricidade de suas diversas maneiras de ser em sociedade, como criança, velho, doente, etc. (2004, p. 68).

Pôde se observar anteriormente que a prestação de serviço era desumana e indigna, mas o fato de se optar por um estudo pormenorizado das condições de

---

(8) Lei francesa aprovada logo no início da Revolução Francesa, 14 de junho de 1791. Foi inscrita e defendida por Isaac René Guy le Chapelier, proibindo os sindicatos, as greves e as manifestações dos trabalhadores. Nos seus fundamentos, essa lei reflete a doutrina do liberalismo econômico que só reconhece o indivíduo e a empresa, surgindo dentro do espírito da Lei de Allarde que, em dois de março de 1791, tinha proibido as corporações de ofícios que vinham da Idade Média. Com a Lei de Le Chapelier, e com a repressão que se seguiu, a vitória da burguesia sobre as classes trabalhadoras veio a revelar-se total e por várias décadas. (INAGUE, 2011)

(9) Art. 1º da Lei Le Chapelier, de 17.6.1791. (UFMG, 2011)

trabalho a partir da Revolução Industrial não significa desconhecimento, tampouco que o trabalho infantil anterior a esse momento histórico perdeu a sua importância.

A Revolução que se iniciou no século XVIII na Inglaterra, expandindo-se depois para os demais países ocidentais europeus, recebeu o qualificativo de "industrial" porque se caracterizou por uma transformação de uma sociedade feudal-mercantil predominantemente agrária numa economia fundada em produção em larga escala com a utilização crescente de máquinas equipadas com novos inventos (OLIVEIRA, 2009, p. 19).

Essa transformação (do feudomercantil para o industrial) guarda conexão com a afirmação dos institutos da propriedade individual, da autonomia da vontade e da liberdade contratual no âmbito da Declaração dos Direitos do Homem e do Cidadão, proclamada em 1789, na Revolução Francesa, como também no Código Civil de Napoleão (PEREZ, 2008, p. 36).

Oportuno lembrar que uma das primeiras manifestações da Revolução Industrial foi o desenvolvimento urbano, quando Londres chegou a um milhão de habitantes em 1800. O progresso deslocou-se para o norte; centros como Manchester abrigavam massas de trabalhadores, em condições miseráveis. Os artesãos, acostumados a controlar o ritmo de seu trabalho, agora tinham de submeter-se à disciplina da fábrica. Passaram a sofrer a concorrência de mulheres e crianças. Não havia garantia contra acidentes, nem indenização ou pagamento de dias parados (OLIVEIRA, 2009, p. 34).

Ao observar as condições que favoreceram a Inglaterra nesse período, passando tal nação a adquirir o *status* de berço da Revolução Industrial, Francisco M. P. Teixeira, citado por Wilson Donizete Liberati e Fábio Muller Dutra Dias, aduziram que: "apoiada no forte crescimento populacional, nas boas reservas minerais e na mecanização bem sucedida, a Inglaterra tomou a dianteira no processo de industrialização" (LIBERATE; DIAS, 2006, p. 14-15). Nessa industrialização, ocorreu um longo período de exploração de crianças e adolescentes, que se perpetuou durante toda a Revolução Industrial, desde os seus primórdios até o período de maior crescimento, conhecido por "industrialização madura". Assim, essa "era das máquinas" contribuiu para a substituição da mão de obra pesada, que só podia ser realizada por homens, pela fragilidade de mulheres e crianças no mercado de trabalho, e representava, para os produtores, devido ao abuso da atividade dessa mão de obra, um lucro muito maior.

Conforme registro da época, talvez por influência de filósofos, pensadores e escritores, em número maior na Europa, é nesse continente, mais especificadamente na Grã-Bretanha, que se encontra um maior número de relatos sobre o trabalho dos menores desenvolvendo atividades de adulto, mesmo que fosse perigoso e desumano.

Haim Grunspun afirma que:

> No século XVIII, antes da Era Vitoriana, as crianças eram recrutadas pelos limpadores de chaminés, para trepar até o topo afunilado e desobstruir a saída da fumaça das chaminés das casas dos ricos. O único medo que superava o da escuridão e da altura era o medo do capataz que esperava embaixo se não cumprissem bem a tarefa. (2000, p. 48-49)

Foi naquele momento histórico que surgiram as paróquias — unidades administrativas civis inglesas, subdivisões territoriais do condado criadas pela denominada Lei dos Pobres, encarregada de intermediar a mão de obra dos menores com os proprietários de moinhos de algodão.

Amauri Mascaro Nascimento volve a essa seara aduzindo diversas atrocidades que a sociedade inglesa do final do século XVIII fazia com seus menores, meninos e meninas:

> O trabalho das mulheres e menores foi bastante utilizado sem maiores preocupações. Na Inglaterra, os menores eram oferecidos aos distritos industrializados, em troca de alimentação, fato muito comum nas atividades algodoeiras de Lanchasire[10]. Aliás, as próprias paróquias [...] encarregavam-se, oficialmente, de organizar o tráfico, de tal modo que os menores se tornaram fonte de riqueza nacional. Houve verdadeiros contratos de compra e venda de menores, estabelecidos entre industriais e administradores de impostos dos pobres. [...] No sórdido intercâmbio, tal paróquia podia especificar que o industrial teria que aceitar, no lote de menores, os idiotas, em proporção de um para cada vinte. O industrial de algodão Samuel Oldknow contratou, em 1796, com uma paróquia a aquisição de um logo de 70 menores, mesmo contra a vontade dos pais. Yarraton tinha, a seu serviço, 200 meninas que ficavam em absoluto silêncio e eram açoitadas se trabalhavam mal ou demasiado lentamente. Daniel Defoe pregava que não havia nenhum ser humano de mais de quatro anos que não podia ganhar a vida trabalhando. Se os menores não cumpriam as suas obrigações na fábrica, os vigilantes aplicavam-lhes brutalidades, o que não era geral, mas, de certo modo, tinha alguma aprovação dos costumes contemporâneos. Em certa fábrica, a cisterna de água pluvial era fechada à chave. (2004, p. 16)

Além disso, as crianças eram comercializadas sem nenhuma piedade e tratadas como mercadorias, muitas vezes cedidas em bloco com destino à fábrica onde deveriam ficar fechadas durante longos anos de suas vidas.

Paul Mantoux atesta o referido fato histórico, afirmando ainda que:

---

(10) Condado perto de Liverpool, possuindo uma forte indústria têxtil-algodoeira, onde surgiram alguns inventos como a *flying-shuttle* (lançadeira volante), a máquina de fiar, o tear mecânico, entre outras. (NASCIMENTO, 2004, p. 11)

> Os manufatureiros da indústria têxtil encontraram uma outra solução para o problema que estorvava. Consistia ela na contratação maciça de mulheres e, principalmente, de crianças. O trabalho nas fiações era fácil de aprender, exigia muito pouca força muscular. Para algumas operações, o pequeno porte das crianças e a finura de seus dedos faziam delas os melhores auxiliares das máquinas. Eram preferidas ainda por outras razões, mais decisivas. Sua fraqueza era a garantia de sua docilidade: podiam ser reduzidas, sem muito esforço, a um estado de obediência passiva, ao qual os homens feitos não se deixavam facilmente dobrar. Elas custavam muito pouco: ora recebiam salários mínimos, que variavam entre um terço e um sexto do que ganhavam os operários adultos; ora recebiam alojamento e alimentação como pagamento. Enfim, ficavam presas por contratos de aprendizagem que as retinham na fábrica por sete anos, no mínimo, e, com frequência, até sua maioridade. [...] A maioria desses infelizes operários eram crianças assistidas, fornecidas ou vendidas pelas paróquias por elas responsáveis. (1999, p. 418-419)

Sopesados os fatos das indústrias algodoeiras perto de Liverpool, interessante também conhecer as atividades exigidas das crianças em Manchester.

A título de exemplo, nas indústrias daquela cidade, empregavam-se crianças que ninguém conhecia, que não despertavam nenhum interesse, todas provindas de estabelecimentos de caridade de onde eram levadas em carroças e em tropa. Ao pernoitarem, acabavam fechadas em quartos estreitos em que o ar era infestado pelo óleo das lâmpadas e das máquinas. As crianças eram empregadas em trabalho que se prolongava por todo o dia e às vezes noite adentro. A falta de higiene e a mudança frequente de temperatura causavam várias doenças, sobretudo a febre nervosa. As crianças, privadas de todo meio de educação, não recebiam instrução moral ou religiosa (OLIVEIRA, 2009, p. 22-23). Em fins do século XVIII trabalhavam em minas, fábricas metalúrgicas e de cerâmica, nas oficinas domésticas de mão de obra, entre outras (NASCIMENTO, 2004, p. 44).

Em virtude da precária condição econômica em que viviam as famílias de classes sociais mais baixas, uma concepção sobre os inúmeros problemas da sociedade demonstrava, de forma clara, a maneira como ela procurava agir para sanar questões de índole social. Não obstante tais percepções, muitas vezes esbarravam em condutas equivocadas e preconceituosas por parte da maioria dos cidadãos, pois crianças e adolescentes eram vistos perambulando pelas ruas, usando vestes sujas, maltrapilhas, causando repugnância, trazendo desonra para a sociedade.

Rosemary de Oliveira Pires, citada por Grasiele Augusta Ferreira Nascimento, pondera que "a desumanidade desse sistema apresentou as contradições do regime liberal, apoiado na autonomia da vontade, mas divorciado da realidade de penúria social, em especial fundada na exploração das chamadas "meias forças: a mulher e o menor" (NASCIMENTO, 2009, p. 15).

Portanto, as mulheres e os menores formaram nesse momento histórico, assim, ao lado dos camponeses, dos mutilados, de todos aqueles que têm sua capacidade de trabalho reduzida, as primeiras legiões dos trabalhadores marginais, dispostos a aceitarem qualquer salário e quaisquer condições de serviço (RUSSOMANO, 2008, p. 430).

Diante de tantas atrocidades, afirma Haim Grunspun que, no final do século XVIII, surgiram duas filosofias opostas sobre o trabalho infantil. A primeira, favorável ao trabalho infantil, era difundida pela religião protestante e provinha da crença de que o trabalho imposto às crianças e aos adolescentes era uma ótima forma de se reprimirem as más inclinações humanas provenientes do pecado original. Para as classes mais baixas, passou a significar que a salvação do indivíduo era o trabalho, fosse ele remunerado ou não. As crianças eram vistas como pequenos adultos que precisavam ser preparados para o mundo do trabalho.

A segunda corrente, defendida por seguidores do filósofo Jean-Jacques Rousseau, contrapunha-se à primeira. Para ela, a infância consistia numa fase especial da vida, que precisava ser aproveitada para a educação e o lazer, a fim de construir um adulto sadio física e mentalmente, um adulto com condições de realizar qualquer tipo de contribuição para a sociedade. E, para isso, defendiam a elaboração de leis de proteção às crianças (GRUNSPUN, 2000, 46-47).

Além dessas duas correntes, é importante destacar que havia lutas sociais movimentadas ao final do século XVIII e ao longo do século XIX que contribuíram bastante para o surgimento das ideias de proteção mínima do trabalhador, por meio do reconhecimento e promoção de seus direitos fundamentais de maneira geral, bem como aqueles de cunho protetivo em favor dos menores trabalhadores.

Ainda no final do século XVIII e no início do século seguinte, outros pensadores, filósofos e estudiosos divulgavam, em suas obras, todo o descontentamento acerca da estrutura político-econômica vigente à época.

Karl Marx[11] e Friedrich Engels[12] criticavam, de forma veemente, a pressão sofrida pela classe trabalhadora da época, sendo que mais de 50% (cinquenta por cento) dos trabalhadores que ocupavam as indústrias eram crianças e adolescentes.

---

(11) *A ideologia alemã, O manifesto comunista* e *O capital*, são as obras de Karl Marx ressaltando as lutas trabalhistas como forma de repressão das desigualdades sociais, contestando as péssimas condições a que os operários eram submetidos e reafirmando que grande parte destes eram crianças. Assim, propiciou a formação de princípios marxistas, dentre os quais o da mais-valia, que caracterizava: "[...] a exploração operária, determinando as lutas sociais no capitalismo. Esse princípio considera que o proletariado é expropriado da maior parte da riqueza que produz, constituindo a mais-valia do sistema de que se aproximam os capitalistas e que é imprescindível para a dinâmica capitalizadora da burguesia". (LIBERATE; DIAS, 2006, p. 17)

(12) Por meio da obra *The Condition of the Working Class in England from Personal Observation and Authentic Sources*, Engels revela o ingresso, cada vez mais frequente, de jovens e mulheres nas fábricas, indicando, inclusive, diversos dados do número de menores e suas respectivas idades no ambiente fabril. (LIBERATE; DIAS, 2006, p. 16)

Leo Huberman, em sua obra *First Report of the Central Board of His Majesty's Commissioners on Employment of Children in Factories*, expõe, de maneira precisa, relato de Thomas Clark, de 11 (onze) anos, ao contar sua história como emendador de fios:

> Sempre nos batiam se adormecíamos. [...] O capataz costumava pegar uma corda da grossura do meu polegar, dobrá-la, e dar-lhe nós. [...] Eu costumava ir para a fábrica um pouco antes das seis, por vezes às cinco, e trabalhar até 9 da noite. Trabalhei toda a noite, certa vez. [...] Nós mesmos escolhíamos isso. Queríamos ter algum dinheiro para gastar. Havíamos trabalhado até às 9 da noite seguinte. [...] Meu irmão faz o turno comigo. Ele tem sete anos. Nada lhe dei, mas, se não fosse meu irmão, teria de dar-lhe um xelim por semana. [...] Levo-o comigo, às seis, e fica comigo até às 8. (LIBERATE; DIAS, 2006, p. 16-17)

Cresciam outras denúncias sobre o trabalho infantil. Viviane Matos González Perez assevera que houve certo evolucionismo na condição histórica da criança durante a consolidação da sociedade burguesa, tendo em vista que, na Idade Média, ela não significava muito para os seus pais. Aduz ainda que:

> Tal fenômeno ocorre ao mesmo tempo em que a repulsa crescente à situação das crianças e o aparecimento do movimento operário semeavam os germes do Direito do Trabalho. É importante destacar como a temática do trabalho das crianças e adolescentes se vinculam historicamente com o Direito do Trabalho. A proteção ao trabalho das crianças contra a dominação a que estavam submetidas foi a razão primeira para o reconhecimento da necessidade de intervenção do Estado nas relações entre capital e trabalho. [...] A Inglaterra foi o primeiro país da Europa no qual surgiu a luta dos operários pelo reconhecimento de seus direitos trabalhistas, como também contra a situação a que eram submetidas as crianças e os adolescentes operários, através do movimento cartista.[13] (2008, p. 33-34)

Diante dos dados demonstrados, depreende-se ser a Revolução Industrial a causadora de uma profunda modificação na estrutura da economia familiar, quando se deixou de fomentar a confecção de produtos e bens artesanais, pois restou

---

(13) A Revolução Industrial trouxe à tona, de um lado, um período de progresso material e econômico dentro do sistema capitalista. Porém, trouxe também, de outro lado, sérias mudanças as quais potencializaram as diferenças entre a burguesia e as classes trabalhadoras, notadamente no que se refere às condições de vida impostas ao operário, à rigidez do ambiente fabril, às extensas jornadas de trabalho, baixos salários, à falta de segurança, etc. Nesse contexto de tantas transformações e mazelas sofridas pelo trabalhador, o movimento cartista foi um dos primeiros a reivindicar a participação política do operário às décadas de 1930 e 1940 do século XIX, os cartistas exigiam a redução das jornadas e a melhoria das condições de trabalho. Por conseguinte, entende-se por movimento cartista a ação revolucionária dos operários ingleses que lutavam por um regime democrático entre os empregados e os patrões. (SOUSA, 2011)

inconteste a avassaladora e intensa competição por uma produção mais arrojada, passando por inúmeros abusos e fatos estarrecedores envolvendo o labor de crianças e adolescentes. De outro modo, a Inglaterra industrial foi o berço dos primeiros direitos trabalhistas de um modo geral como também em face da situação a que eram submetidas as crianças e os adolescentes operários.

No ano de 1802, foi editado o *Moral and Health Act*[14], do Ministro Robert Peel[15], considerado o primeiro ato legislativo proibitivo ao trabalho do menor por mais de dez horas diárias (NASCIMENTO, 2009, p. 15). Contudo, a Lei de Peel, embora preocupada com a jornada de trabalho, com a limitação do labor noturno e com a educação do menor, deixou de lado os limites da idade para o trabalho (MARTINS, 2002, p. 26).

O surgimento de atos normativos e políticas de regulamentação do trabalho infantil possuía, como principal característica, a sua não abrangência de todas as atividades. Dessa forma, a Carta de 1802 só veio beneficiar jovens trabalhadores de indústria de algodão e lã (LIBERATE; DIAS, 2006, p. 18).

Todo esse processo de luta para a concessão de melhores condições às crianças trabalhadoras foi marcado por uma evolução gradativa. Quando apenas alguns direitos eram garantidos a determinados trabalhadores, deixava-se de lado a preocupação com a idade mínima para o trabalho. Por causa do descontentamento crescente da classe trabalhadora é que foram surgindo, de maneira paulatina, outras concessões.

Ainda sobre esse primeiro ato legislativo, *Moral and Health Act*, interessante buscar o ensinamento de Norberto Bobbio quando aduz que:

> [...] não há Constituição democrática que não pressuponha a existência de direitos individuais, ou seja, que não parta da ideia de que primeiro vem a liberdade dos cidadãos singularmente considerados, e só depois o poder do governo, que os cidadãos constituem e controlam através de suas liberdades. (2004, p. 120)

Em 1819, foi editada a lei também de iniciativa de Robert Peel, com o auxílio da Robert Owen, a qual proibiu o trabalho de menores de nove anos e limitou a doze horas diárias a jornada dos menores de dezesseis anos de idade, nas atividades algodoeiras (MARTINS, 2002, p. 26).

---

(14) Esta lei continha prescrições como: sanitárias (branquear as paredes do teto com cal duas vezes ao ano), ventilação (oficinas deveriam ter janelas grandes para garantir a ventilação), uniformes (cada adolescente deveria receber duas vestimentas completas, renovando-as ao menos uma vez por ano), alojamentos (dormitórios separados entre crianças e adolescentes, homens e mulheres, além de ter ao menos uma cama para cada um), jornada (não ultrapassar 12 horas de trabalho, nunca prolongando após as 21 horas, nem exigir o início da atividade antes das 6 da manhã), instrução (todos os aprendizes deveriam aprender a ler, escrever e contar, sendo subtraído das horas de trabalho o tempo consagrado às lições diárias). (MANTOUX, 1999, p. 468)

(15) A título de ilustração, importante lembrar que o próprio Robert Peel chegou a ter em suas oficinas mais de mil crianças trabalhando simultaneamente. (MANTOUX, 1999, p. 468)

Ainda na Inglaterra, em 1833, provocada pela Comissão Dadler, constituída para sindicar condições de trabalho nas fábricas, a lei *Lord Althrop Act* proibiu o emprego de menores de nove anos e limitou a jornada de trabalho dos menores de treze anos em nove horas e dos adolescentes de menos de dezoito anos a doze horas, além de vedar o trabalho noturno (OLIVA, 2006a, p. 48).

Mas a primeira legislação significativa, criada no intuito de proteger as crianças e os adolescentes quanto ao emprego de sua força de trabalho, foi promulgada em 1878, elevando a idade mínima dos empregados de cinco para dez anos e restringindo os empregadores a contratar crianças entre dez e quatorze anos para dias alternados ou consecutivos de meio período, bem como alternando os sábados e feriados. Essa legislação limitava também o dia de trabalho para as crianças entre quatorze e dezoito anos em doze horas, com um intervalo de duas horas para as refeições e repouso. Nesse mesmo ano, o ordenamento jurídico britânico consolidou toda a legislação industrial, e essa não admitia, por exemplo, que crianças trabalhassem na limpeza de máquinas em movimento. Os industriais, por sua vez, eram obrigados a manter escolas de ensino fundamental para os trabalhadores (PEREZ, 2008, p. 34-35).

Enquanto a evolução legislativa na Inglaterra já contava com aproximadamente oitenta anos de história, outros países como França, Itália, Estados Unidos, Argentina e Brasil, entre outros, ainda iniciavam seus processos de regulamentação da proteção das crianças e adolescentes no ambiente de trabalho, diga-se de passagem, com enormes dificuldades.

2.2.1. FRANÇA

Após a Revolução Francesa, mais precisamente em 1799, a França apresentava problemas enormes: comércio e indústria estavam arruinados. Já em 1804, foi publicado o Código Civil de Napoleão, que trazia inúmeros avanços liberais, sendo que dos dois mil artigos que possuía, sete diziam respeito ao trabalho. Além disso, o referido Código proibiu a abertura de sindicatos e greves, sendo que em uma eventual disputa judicial sobre salário, era o testemunho do empregador, e não do empregado, que deveria ser levado em consideração (CASTRO, 2010, p. 261).

Sob a justificativa de que uma regulamentação protetiva do trabalho infantil ocasionaria enormes dificuldades no mercado francês, notadamente em relação à concorrência internacional dos produtos ingleses, o parlamento passou por vários entraves no sentido de encurtar as jornadas de trabalho e a não substituição das crianças que trabalhavam nos subsolos, que, segundo se afirmava, refletiam nos preços dos produtos, elevando-os (OLIVA, 2006a, p. 49).

Em 1813, foi proibido por lei em solo francês o trabalho dos menores em minas. No ano seguinte, seguindo antiga tradição corporativa, foi proibido o trabalho em domingos e feriados (OLIVA, 2006a, p. 50).

Assim a França iniciou a assistência à infância por meio de leis promulgadas, sendo que somente a partir de 1841 — não se fez sem uma ferrenha oposição a toda regulamentação —, proibiu o emprego de menores de oito anos e fixou em oito horas a jornada máxima de trabalho dos menores de doze anos, e em doze horas, a dos maiores de dezesseis anos (PEREZ, 2008, p. 35).

Como ilustração dessa passagem histórica, houve naquela oportunidade um acalorado discurso do então Ministro do Comércio, autor da proposta de regulamentação da idade mínima para o trabalho aos oito anos, datado de 11 de janeiro de 1841:

> A admissão de crianças nas fábricas desde a idade de oito anos é para os parentes um meio de vigilância, para as crianças um começo de aprendizagem, para a família um recurso. O hábito de ordem, da disciplina e do trabalho deve ser adquirido cedo e a maior parte da mão de obra industrial exige uma destreza, uma presteza que não se adquirem senão por uma prática bem longa e deve iniciar-se bem cedo. A criança, admitida na oficina aos oito anos, moldada no trabalho, tendo o hábito da obediência e possuindo os primeiros elementos da instrução primária, chegará aos dez anos mais capaz de suportar a fadiga, mais hábil e mais instruída que uma criança da mesma idade, criada até então na ociosidade e que começa a trabalhar pela primeira vez na oficina. (OLIVEIRA, 2009, p. 41)

Relata Oris de Oliveira que a lei de 19 de maio de 1874, contendo trinta e dois artigos, foi precedida de longo debate e seu relator Eugène Tallon anotou que a lei de 1841 se tornara ineficaz por causa de "reserva" ou negligência dos encarregados pela sua execução. Nesses termos, a intenção dessa nova lei era abranger a maioria das condições do trabalho industrial nas manufaturas, fábricas, usinas, oficinas de "crianças e de filhas menores" (2009, p. 42).

Grasiele Augusta Ferreira Nascimento acrescenta que essa lei de 1874, além de fixar a idade de admissão ao emprego, incluiu o tempo máximo de duração do trabalho, proibindo, inclusive, a prestação de serviço noturno e em minas subterrâneas (2009, p. 16).

Em 1892, houve nova regulamentação para a estipulação de diversos horários: "dez horas para criança; sessenta horas semanais com duração da jornada de onze horas para adolescentes entre dezesseis e dezoito horas e mulheres; doze horas para homens adultos" (OLIVEIRA, 2009, p. 43).

Em 1900, as aludidas leis foram modificadas[16] e ampliada a ação fiscalizadora do Estado.

---

(16) Ampliou-se com a proibição formal do trabalho noturno para mulheres e crianças. A duração máxima do trabalho dos rapazes e raparigas (até dezoito anos) e das mulheres foi fixada em onze horas, havendo uma ou mais ocasiões de descanso, nunca inferiores a uma hora. Esta lei prescrevia ainda que, a partir de 1902, a jornada deveria ser limitada a dez horas e meia.

Em 1904, respeitados os mesmos períodos de descanso, foi instituída a jornada máxima de dez horas na França (OLIVA, 2006a, p. 51).

Em 1912, foi promulgado o *Côde du Travail* e nele foi incorporada a maioria das leis anteriores vigentes sobre o trabalho de crianças e adolescentes. Somente em abril de 1919 foi editada a lei que fixou a jornada de trabalho de oito horas para os trabalhadores (OLIVEIRA, 2009, p. 43).

2.2.2. ITÁLIA, ESTADOS UNIDOS E ARGENTINA

Sendo a Inglaterra o berço da Revolução Industrial e ao mesmo tempo o nascedouro de um período de regulamentação do trabalho da criança e do adolescente, bem como pelo fato de a Franca, seu país vizinho, ter sofrido grandes dificuldades em concorrer com os produtos ingleses no mercado emergente da época, muito em função da alta densidade demográfica das grandes cidades — sendo que Londres, em 1800, chegara ao milhão de habitantes — além do grande número de crianças trabalhando nas diversas atividades fabris, optou-se, inicialmente, por separar em tópicos a evolução histórica da proteção do trabalho da criança e do adolescente desses dois países, sendo que tal método não carece de maiores justificativas e necessidades.

Outro fator que exige uma identificação conjunta desses três países — Itália, Estados Unidos e Argentina — é o fato de que o Brasil, como se verá ainda nesta obra, apoderou-se, de forma discreta, dessas experiências, inclusive da Itália, que inspirou o sistema local no tocante à estrutura da Justiça do Trabalho.

2.2.2.1. ITÁLIA

Na Itália, a lei de 1886 fixava, apenas, a admissão aos nove anos sem normas, sem que houvesse outras normas que ponderasse o trabalho de crianças e adolescentes de idade superior. Em 1902, uma nova lei volveu no intuito de abordar a matéria, sem, contudo, aprofundar-se no tema. Outra lei, agora de 1907, depois de passar por várias alterações, em 1922 dispunha: idade mínima de doze anos nos trabalhos industriais; treze anos nas minas e quinze em ofícios perigosos e insalubres. Adolescentes de ambos os sexos só poderiam trabalhar com apresentação da caderneta médica atestando aptidão física. Para adolescentes entre doze e quinze anos, a duração da jornada era de onze horas, exceto em algumas indústrias; abaixo dos quinze anos havia a obrigação da apresentação da escolaridade primária (OLIVEIRA, 2009, p. 45).

2.2.2.2. ESTADOS UNIDOS

Sobre os Estados Unidos da América, em que a exploração do trabalho infantojuvenil foi uma trágica realidade, Haim Grunspun afirma que "as primeiras legislações restritivas começaram a aparecer somente no começo do século XX, mas todas as tentativas em legislar contra o trabalho infantil falharam continuamente" (2000, p. 50).

Oris de Oliveira assevera que, no estado americano de Massachusetts, em abril de 1838, regulamentou-se a idade mínima de admissão em quinze anos, ressalvada a hipótese de que tivesse o menor frequentado uma escola pública ou privada. Assim, qualquer admissão ocorrida de forma contrária ao referido Ato ocasionaria multa de 50 (cinquenta) dólares, sendo que o produto da multa reverteria em favor das escolas da localidade ou da manufatura (2009, p. 37).

Nos EUA de 1899, acabou-se por instituírem o primeiro Tribunal de Menores como forma de reconhecer que a infância deveria ter tratamento distinto em relação aos adultos (SARAIVA, 2005, p. 35).

Em 1912, trinta e oito Estados americanos tinham alguma restrição legal em relação ao emprego de crianças no trabalho (OLIVA, 2006a, p. 52).

José Roberto Dantas Oliva acrescenta que, em 1916, uma lei que estabelecia em quatorze anos a idade mínima para o trabalho foi considerada inconstitucional pela Suprema Corte Americana, por infringir direitos individuais. O mesmo ocorreu, em 1922, com lei semelhante aprovada em 1918. Em 1924, a Emenda Constitucional que permitia ao Congresso limitar, regular ou proibir o trabalho de pessoas com idade inferior a dezoito anos, obteve a aprovação de apenas vinte e oito estados, oito a menos dos trinta e seis necessários, não entrando, portanto, em vigor (2006a, p. 52).

Pondera o mesmo autor que:

> Em decorrência da Grande Depressão, com a falta de emprego para adultos, o Congresso aprovou, em 1933, lei que estabelecia a idade mínima de 16 anos para o trabalho na indústria. Em 1935, referida lei foi julgada inconstitucional. Em 1938, foi promulgada a Lei Federal sobre o Salário e Hora, que foi declarada inconstitucional pela Corte Suprema, transformando-se, em 1949, em Emenda à Constituição dos EUA, aplicando-se de forma generalizada aos trabalhadores. (2006a, p. 53)

A partir de então, menores de dezesseis anos só não podiam trabalhar em locais considerados, pelo Ministério do Trabalho, perigoso, de risco ou prejudiciais, sendo que alguns estados proibiam o trabalho de menores de dezesseis anos nos horários escolares e outros limitavam a jornada semanal em 40 horas semanais, proibindo o trabalho noturno (GRUNSPUN, 2000, p. 50-51).

2.2.2.3. Argentina

Lei de outubro de 1907 proibia trabalho abaixo dos dez anos de idade; crianças com mais de dez anos, ainda sujeitas à obrigação escolar, podiam trabalhar desde que seu trabalho fosse tido como indispensável para a própria subsistência ou de sua família. Proibidos trabalhos noturnos, insalubres e dominicais abaixo dos dezesseis anos (OLIVEIRA, 2009, p. 46).

Oris de Oliveira, citando o argentino Hugo Carvallo, afirma que, em 1919,foi editada a Lei n. 10.093 sobre patronatos[17] que: "más que una ley laboral es de prevención social, pero que cubrió um vacio de la Ley n. 5.291: el trabajo de los menores em la via pública"[18] (OLIVEIRA, 2009, p. 46).

E continua o mesmo autor brasileiro: "Em 1924, foi promulgada a Lei n. 11.317 que abarcou diversos aspectos sobre trabalho da mulher e de menores fixando a idade de admissão aos doze anos de idade, desde que completa a instrução obrigatória e adotou normas de declarações internacionais" (OLIVEIRA, 2009, p. 46).

Sintetizando a evolução histórica da proteção do menor na Argentina, importante identificar que as principais normas relacionadas a esse assunto versaram sobre higiene, moral, política, preocupação de ordem social, sanitária e, de maneira indireta,versaram sobre à economia, a limitação da idade para o trabalho, sobretudo dos mineiros, uma vez que aumentava a possibilidade de reduzir o número de trabalhadores adultos desocupados no futuro.

Em Buenos Aires, a idade de admissão era de doze anos em 1922, duração da jornada de oito horas para idade inferior a dezesseis anos, proibição de trabalho em indústrias insalubres e noturno (OLIVEIRA, 2009, p. 47).

2.3. Evolução histórica no Brasil até a Constituição Federal de 1988

No Brasil, um país jovem, com pouco mais de quinhentos anos, a preocupação com o trabalho infantil se equipara a sua própria história, ou seja, sendo um Estado que possui uma recente evolução em praticamente todos os campos, no direito, na política, na economia, no social etc., não fugiria à regra a também recente preocupação com a regulamentação do trabalho de crianças e adolescentes, que, diga-se de início, tem pouco mais de um século.

Enquanto na Europa e em alguns países das Américas, como os EUA, o final do século XIX já trazia diversas normas que visavam à proteção do menor no ambiente de trabalho, seja no tocante à limitação da idade mínima para o trabalho, seja quanto à jornada, bem como em relação a certas atividades industriais, muitas vezes perigosas e insalubres, no Brasil, nesse mesmo momento histórico, "a escravatura impedia a proteção legal dos menores" (NASCIMENTO, 2009, p. 16).

---

(17) Entende-se por patronato uma entidade pertencente ao Estado destinada à assistência social. Neste caso, voltada para crianças e adolescentes.
(18) Tradução: "mais do que uma lei trabalhista, de prevenção social, pois cobriu um vazio da Lei n. 5.291: o trabalho dos menores na esfera pública".

Diante dessa comparação, pode-se concluir que por aqui ainda havia a Idade Média e suas próprias corporações de ofício[19], enquanto no estrangeiro o movimento industrial manufatureiro encontrava-se a todo vapor[20].

No Brasil, desde 1785, estavam proibidas as manufaturas, por força do Alvará de 05 de janeiro de 1785. Isso se devia ao fato de que a produção de produtos manufaturados, embora pequena demais, poderia vir a gerar uma concorrência, não aos produtos portugueses, mas aos comerciantes portugueses que monopolizaram o comércio para o Brasil de produtos comprados em outros países. Com a transferência da Corte, que revogou o alvará citado, novas necessidades e uma nova mentalidade estavam presentes. Assim, à primeira vista, parece que esse fato histórico trouxe certa liberdade para o processo de industrialização. Ledo engano, pois essa simples decisão revogatória não surtiu seus efeitos (CASTRO, 2010, p. 325).

O país se edificou como uma sociedade agrária baseada no latifúndio, existindo, sobretudo, em função da Metrópole, como economia complementar, em que o monopólio exercido opressivamente era fundamental para o emergente segmento social mercantil lusitano. Por outro lado, o universo da formação social do período colonial foi marcado pela polarização entre os imensos latifúndios e a massa de mão de obra escrava (WOLKMER, 2009, p. 49).

No campo trabalhista, ainda no período de escravidão, o Brasil caracterizava-se pela existência de crianças escravas e em várias atividades por elas desempenhadas:

> Para os escravos adolescentes, a vida não era fácil [...] viviam sob o controle dos senhores [...] No campo, os meninos começavam desde cedo a trabalhar nas lavouras e na mineração [...] Um negro saudável de quatorze anos era considerado uma mercadoria importante e cara, pois tinha toda força da juventude para gastar no trabalho. Por isso, a maioria dos escravos jovens era encaminhada para trabalhos pesados. Os que ficavam nas atividades domésticas, como as pajens, por exemplo, podiam se considerar privilegiados, pois tinham a confiança ou a predileção dos patrões [...] As jovens escravas também tinham a vida dura. Além do trabalho cotidiano com as atividades domésticas ou na lavoura, elas eram alvo dos desejos sexuais dos senhores [...] Os filhos que nasciam dessas relações sexuais às vezes recebiam alguma atenção especial dos senhores, mas também podiam ser abandonados nas instituições de caridade ou mesmo nas ruas. (LIBERATE; DIAS, 2006, p. 19-20)

---

(19) A Constituição Política do Império, outorgada por D. Pedro I em 25 de março de 1824, previa, no art. 179, XXV: "Ficam abolidas as corporações de ofícios, seus juízes, escrivães e mestres". (OLIVA, 2006a, p. 61)

(20) Trocadilho ou não, o termo "vapor", neste caso, possui duplo sentido: o primeiro referenciando a celeridade e o aquecimento do período industrial europeu e em algumas empresas americanas; o segundo referenciando as primeiras máquinas cuja engenharia se dava por meio do "motor a vapor".

Além desses fatos históricos, é cediço que, nesse período, a exploração mais lucrativa dos latifúndios era a mencionada mão de obra escrava, pois, se fossem importados homens livres, eles poderiam tornar-se donos de um pedaço de terras devolutas que existiam em abundância (WOLKMER, 2009, p. 50).

Se para o homem não havia qualquer proteção e segurança, para crianças e adolescentes era ainda pior, uma vez que elas não possuíam direito a qualquer tipo de ganho.

Francisco Foot, citado por Adalberto Martins, relata que a realidade do trabalho infantil já se verificava antes mesmo da abolição dos escravos (13.5.1888), o que contribuiu para a formação do proletariado no Brasil:

> A partir de 1840, à medida que aumentava o número de fábricas de tecido, era cada vez maior o número de mulheres e de menores na indústria, ganhando salários inferiores aos dos homens. Muitos dos menores eram recrutados nos asilos de órfãos e nas instituições de caridade. Muitas dessas crianças não tinham mais de dez anos e trabalhavam o mesmo número de horas diárias que os adultos. Havia inúmeros casos de meninos e meninas de cinco ou seis anos trabalhando doze horas diárias na indústria têxtil. Na fábrica denominada Todos os Santos, de Valença (BA), a maioria dos operários na década de 1850 era recrutada nos orfanatos e nos abrigos para menores abandonados. Em 1869, quando a tecelagem São Luiz, de Itu, foi fundada, um jornal local se felicitou com esse acontecimento prevendo para os menores uma ocupação mais útil do que a vagabundagem em que viviam nessa cidade do interior de São Paulo. (MARTINS, 2002, p. 28)

Em 1825, na Representação à Assembleia Geral Constituinte e Legislativa do Império do Brasil, José Bonifácio de Andrade, qualificando-se como cristão e filantropo, tentou evitar os reiterados abusos acometidos aos menores, propondo limite etário para "trabalhos insalubres e demasiados", deixando nas entrelinhas que outros tipos de trabalho eram admitidos abaixo da idade apontada[21] (OLIVEIRA, 2009, p. 50).

Antes ainda da extinção da escravatura, as crianças sempre foram exploradas, mas como esse período cobria o trabalho com adultos e as próprias crianças, aquelas órfãs e pobres eram recrutadas para o trabalho nas fazendas e nas casas grandes dos senhores, onde eram exploradas e abusadas, mais do que os filhos dos escravos que valiam dinheiro, uma vez que essas não valiam (GRUNSPUN, 2000, p. 51).

Já no final do século XIX, quando se expandiu rapidamente o processo de industrialização do Brasil, o que se viu foi uma réplica dos exemplos europeus, quando empregadores das indústrias constataram no período da escravidão, que

---

(21) "Art. 16. Antes da idade de doze anos não deverão os escravos ser empregados em trabalhos insalubres e demasiados."

crianças representavam mão de obra mais barata, facilmente adaptável e manipulada com extrema destreza, dada a sua ingenuidade.

Também nesse período, a educação profissional estava relegada às ordens religiosas[22], que ensinaram os ofícios de carpinteiros, sapateiros e pedreiros aos órfãos e filhos dos mais necessitados. Assim, o Brasil Colonial não conheceu o sistema de aprendizagem ao estilo europeu, pois lhe faltou o campo primordial para sua efetivação: a corporação de ofício (PEREZ, 2008, p. 38).

Oris de Oliveira assevera que o ensino de ofícios no Brasil iniciou-se com os Liceus de Artes e Ofícios:

> Na história do ensino dos ofícios, a partir da segunda metade do século XIX, merecem menção os Liceus de Artes e Ofícios dirigidos por sociedades beneficentes, mantidos com recursos de sócios, de benfeitores (membros da burocracia estatal, nobres, fazendeiros, comerciantes) e de subsídios governamentais. A carência de recurso fez com que vários fossem apenas de artes por falta de oficinas para ensino prático. (2004, p. 133)

Com a abolição dos escravos e com a Proclamação da República, essa em 15.11.1889, tentou-se de alguma forma regular a proteção do trabalho infantil, sem, contudo, ter eficácia imediata, uma vez que por aqui havia uma população de confissão religiosa bem definida que aceitava a escravidão e dela se servira sem quaisquer escrúpulos[23].

Nessa época, com a massa de escravos livres sem trabalho, as famílias não conseguiam sustentar seus filhos e muitos dos filhos das escravas não tinham pai conhecido e ficavam pelas ruas.

Haim Grunspun afirma que "a crise que avassalou o país na época desempregou as famílias dos brancos e seus filhos também ficavam à deriva. A sociedade no fim do século se preocupava mais com a criminalidade infantil, na procura de soluções para o problema do menor abandonado e/ou delinquente" (2000, p. 51).

O Decreto n. 1.313/1891 objetivou regular o trabalho do menor nas fábricas da cidade do Rio de Janeiro, à época como Distrito Federal, proibindo qualquer atividade aos menores de doze anos, salvo na condição de aprendizagem, a partir dos oito anos. Ademais, limitou-se também a jornada de trabalho e as atividades insalubres e perigosas, máquinas em movimento e faxina.

Sendo a primeira norma de proteção do trabalho infantil, Deodato Maia citado por Adalberto Martins afirma que: "muitas leis naquele período serviam mais para uma espécie de uso externo, a fim de provar ao mundo que o nosso povo estava

---

(22) As primeiras escolas instituídas no Brasil foram as escolas jesuítas, em pequeno número e com acesso restrito, uma vez que eram particulares. (PEREZ, 2008, p. 38)

(23) Tudo a comprovar que quando os interesses econômicos são fortes os discursos sobre fraternidade e igualdade ficam em planos inferiores. (OLIVEIRA, 2009, p. 51)

apto para receber a democracia nascente. Verdade é que esse decreto nunca teve execução prática" (MARTINS, 2002, p. 29).

O nascimento da República fez com que uma era de novas preocupações se apresentasse. O país em crescimento dependia de uma população preparada para impulsionar a economia nacional. A preocupação do governo em modelar o trabalhador nacional fez com que os asilos de caridade fossem transformados em institutos, escolas profissionais e patronatos agrícolas. Nesse sentido, a imigração europeia — destinada inicialmente a substituir a mão de obra escrava no campo, nas regiões sul e sudeste — foi um importante fator responsável pelo recrutamento de mão de obra humana barata, experiente e ágil, inclusive de crianças, que eram submetidas a condições degradantes de trabalho e a jornadas estafantes (PEREZ, 2008, p. 40).

Nesse limiar histórico, foram criadas outras regulamentações que não passaram de leis ineficazes. Grasiele Augusta Ferreira Nascimento aponta, entre elas, o Projeto n. 4-A/1912, que versava sobre o trabalho industrial, mais precisamente proibindo crianças menores de quatorze anos trabalharem em fábricas, o qual foi aprovado, e o Decreto Municipal 1.801/1917, estabelecendo algumas medidas de proteção aos menores trabalhadores (2009, p. 16).

Quanto a essas limitações de idade e jornada para o trabalho infantil, oportuno ponderar que, à época, a maioria das crianças pobres e os filhos de imigrantes não tinham certidão de nascimento para provar sua idade, sendo que ao sair das fábricas se constatava facilmente grande número de crianças entre oito, dez e doze anos que trabalhavam (GRUNSPUN, 2000, p. 52).

Além disso, conforme relata Deodenato Maia, citado por Segadas Vianna:

> Em 1912 as crianças ali vivem na mais detestável promiscuidade; são ocupadas nas indústrias insalubres e nas classificadas perigosas: faltam--lhe ar e luz; o menino operário, raquítico e doentinho, deixa estampar na fisionomia aquela palidez cadavérica e aquele olhar sem brilho — que denunciam o grande cansaço e a perda gradativa da saúde. No comércio de secos e molhados, a impressão não é menos desoladora: meninos de oito a dez anos carregam pesos enormes e são mal alimentados; dormem promiscuamente no mesmo compartimento estreito dos adultos; sobre as tábuas do balcão e sobre esteiras também estendidas no soalho infecto das vendas. Eles começam a faina às cinco horas da manhã e trabalham, continuamente, até às dez horas ou meia-noite, sem intervalo para descansos. (MAIA apud et al., 2005, p. 1.010)

Em 1919, a exploração de menores em fábricas era ressaltada por Nicanor Nascimento, que denunciava "que em cem infantes de uma fábrica, um médico achou 80% de homens perdidos. Todas as formas de depauperamento, de desnutrição, dos vícios orgânicos e vícios morais invalidaram esses infantes" (apud OLIVA, 2006a, p. 65).

Um dado histórico importante a ser mencionado é que em 1920, o total da mão de obra considerada como industrial compreendia 1.501.322 (um milhão, quinhentos e um mil e trezentos e vinte e dois) trabalhadores, sendo 40,8% constituídos por mulheres e menores; a mesma relação atingia na cidade de São Paulo o número de 43% e no Rio de Janeiro 35% (OLIVEIRA, 2009, p. 66).

Outra medida jurídica que também não produziu efeito prático foi em 1923 com o Decreto n. 16.300, que aprovou o Regulamento do Departamento Nacional de Saúde Pública, que limitava a jornada de trabalho dos menores[24] (NASCIMENTO, 2009, p. 16).

Ainda em 1923 foi criado, através de decreto, pelo então presidente Arthur Bernardes[25], o Conselho Nacional do Trabalho, com papel consultivo, que deveria discutir, entre outros temas correlatos ao trabalho, a "participação das mulheres e menores" no mundo do trabalho. Ele ainda tomou também outras "medidas para proibir o trabalho dos menores de 12 ou 14 anos sem educação primária completa" (BUFALO, 2008, p. 45).

Em 1927, foi aprovado pelo Decreto n. 17.943, o primeiro Código de Menores Brasileiro, que passou a ser conhecido como o Código Mello Mattos e dedicou o capítulo IX, arts. 101 a 125, ao trabalho noturno de menores de dezoito anos, além de vedar, para menores de quatorze anos, o exercício de emprego em praças públicas.

Paulo Roberto Bufalo pondera que os conceitos como "menor carente", "delinquente", "pivete", "menor infrator", "menor abandonado" e "homem do amanhã" se transformaram em categorias sociais que denunciavam uma vida de miséria e a falta de perspectiva de futuro das crianças, dos adolescentes e das famílias submetidas às dinâmicas excludentes do modo de produção capitalista que, no Brasil, expandia-se com o processo de industrialização (2008, p. 56).

No entanto, um *habeas corpus* suspendeu por dois anos a entrada em vigor do Código, porque ele interferia no direito da família em decidir sobre o que é melhor para seus filhos. Demorou dois anos o julgamento, quando só então entrou em vigor (GRUNSPUN, 2000, p. 53).

A partir da década de 30, viram-se inúmeras normas voltadas para a proteção do adolescente no trabalho.

Prova disso que, em 1931, foi criado o Departamento Nacional do Trabalho e a fiscalização do trabalho infantojuvenil em empresas passou ao âmbito do Ministério do Trabalho (OLIVEIRA, 2009, p. 81).

---

(24) O art. 534 estabeleceu a proibição do labor, por mais de seis horas num lapso de vinte e quatro horas, dos menores de dezoito anos.

(25) Presidente autoritário que enfrentou importantes revoltas populares de civis, militares de baixa patente e forças públicas, chegando a ordenar o bombardeiro da cidade de São Paulo, na década de 1920, para debelar focos de revolta. (BUFALO, 2008, p. 45)

O então Presidente Getúlio Vargas expediu em 1932 o Decreto n. 22.042, prevendo condições de trabalho para os menores na indústria, fixando em quatorze anos a idade mínima para o trabalho naqueles locais, além de ser exigido, para a respectiva admissão dos menores: a) certidão de idade; b) autorização dos pais ou responsáveis; c) atestado médico, de capacidade física e mental; d) prova de saber ler, escrever e contar (OLIVA, 2006a, p. 66).

Esse mesmo decreto inovou em alguns aspectos, entre eles, a condição de considerar adulto o menor que atingisse dezoito anos de idade; a autorização para, a partir dos dezesseis anos, se fosse trabalhar em minas, fundos de poços e lugares de alta temperatura; proibição do trabalho noturno entre 22h00 e 5h00, exceto em casos de força maior, circunstâncias graves e de perigo de perda de material perecível; e a previsão de imposição de multas em caso de desobediência às normas, podendo os pais incorrerem na perda do pátrio poder.

Em julho de 1934, foi promulgada a Constituição Federal, inspirada na Constituição alemã de Weimar, em que, pela primeira vez, dava-se espaço para dispositivos de caráter social, entre outros itens: a pluralidade, normas trabalhistas e criação da Justiça do Trabalho (OLIVEIRA, 2009, p. 83).

Para Grasiele Augusta Ferreira Nascimento:

> A Carta de 1934, seguindo os parâmetros das Convenções e Recomendações já votadas pela OIT — Organização Internacional do Trabalho — limitou o ingresso no mercado de trabalho aos quatorze anos, proibiu o trabalho noturno aos menores de dezesseis, o trabalho em atividade insalubre aos menores de dezoito anos, e a discriminação salarial e de admissão em razão de idade. (2009, p. 17)

Essa inserção de normas sobre idades mínimas na Constituição Federal de 1934 continuou em todas as constituições posteriores, inclusive na atual.

O Decreto n. 423/1935 promulgou a ratificação de duas convenções da OIT: a de n. 5[26], sobre idade mínima nas indústrias, e de n. 6[27], sobre o trabalho noturno de crianças nas indústrias.

A Carta de 1937[28] fixou três limites quanto a idades, quais sejam: a idade mínima básica, quatorze anos; dezesseis anos para trabalho noturno; e dezoito anos para admissão no trabalho marítimo. Além disso, essa Constituição instituiu a

---

(26) Esta Convenção fixa a idade mínima de quatorze anos para admissão nos trabalhos em indústrias públicas e privadas, "com exceção daquelas em que unicamente estejam os membros de uma mesma família".

(27) Esta Convenção fixa duas limitações de idade: uma geral de proibição do trabalho noturno abaixo dos dezoito anos; uma especial "em trabalhos que, em razão de sua natureza devam necessariamente continuar dia e noite: fábricas de vidro, de papel, redução de minério e tratamento do açúcar bruto".

(28) Fato relevante que se deu no ano de 1937 com a criação do Estado Novo.

educação, o ensino primário obrigatório e gratuito, ensino pré-vocacional e profissional destinados às classes menos favorecidas como o primeiro dever do Estado e reiterou os cuidados com a orientação profissional e o ensino profissionalizante (NASCIMENTO, 2009, p. 17).

No ano de 1939, entrou em vigor a ratificada Convenção n. 58 da OIT, cuja finalidade foi a limitação da idade mínima de quinze anos para trabalhos marítimos.

Um retrocesso sucedeu no ano de 1941, quando o Decreto n. 2.548 permitiu a redução do salário mínimo para adolescentes[29] e para as mulheres. No mesmo ano, foi editado o Decreto n. 3.616, com nada menos de seis capítulos. Segundo Oris de Oliveira, "foi mais bem estruturado do que os precedentes dispondo sobre condições gerais de trabalho; obrigações e deveres dos responsáveis legais e do empregador; penalidades; fiscalização; proposições gerais e transitórias" (2009, p. 84).

Em 19 de abril de 1943, o então Ministro do Trabalho Alexandre Marcondes Filho encaminhou ao presidente Getúlio Vargas o projeto definitivo da Consolidação das Leis do Trabalho — CLT, elaborado por uma comissão especialmente designada para esse fim, que coordenava, de forma sistematizada, toda a legislação trabalhista esparsa então vigente (OLIVA, 2006a, p. 67).

Após anos de conflito entre o Estado e os movimentos sindicais em prol de normas protetoras dos trabalhadores de todas as categorias, aprovou-se a Consolidação das Leis do Trabalho — CLT, por decreto, representando a reunião e sistematização da vasta legislação trabalhista produzida no país após a Revolução de 1930.

Para Viviane Matos González Perez, a título de ilustração desse momento histórico:

> A CLT não se apresenta de forma alguma como uma conquista dos trabalhadores, tampouco uma concessão gratuita de Vargas. Na realidade, ela sacramentou o processo que colocou o movimento sindical sob total controle estatal. Isso porque a liberdade sindical possibilitava grandes manifestações das bases sindicais que estimulavam também a participação popular contra as diretrizes governamentais. Mediante a intervenção e estatização dos sindicatos, o Estado ditatorial enfeixou o controle das revoltas e minou seu potencial reivindicador (2008, p. 53).

Uma novidade instituída na norma celetista foi a obrigatoriedade de contratação de aprendizes, bem como a definição das condições que caracterizavam a aprendizagem profissional.

---

(29) Para os adolescentes, a redução estava vinculada à frequência a um curso profissionalizante. (OLIVEIRA, 2009, p. 85)

Além da condição de aprendiz⁽³⁰⁾, a criança de quatorze a dezoito anos, que podia trabalhar, ganhava um salário menor, a metade do salário mínimo do trabalhador, vilipendiando o trabalho dos menores (GRUNSPUN, 2000, p. 53).

No capítulo IV da CLT, tratou-se sobre a proteção do trabalho do menor, cuja nova lei, em seu texto original, estabeleceu, como já alinhavado, os limites de idade entre quatorze e dezoito anos para o enquadramento como trabalhador menor. Além desse limite, o capítulo especificou a proibição do trabalho noturno e definiu com mais precisão a jornada de trabalho.

A Constituição Federal de 1946⁽³¹⁾ também se preocupou em proteger o trabalho do menor, consoante se infere por meio do art. 157:

> Art. 157. A legislação do trabalho e a da previdência social obedecerá aos seguintes preceitos, além de outros que visem à melhoria da condição dos trabalhadores:
>
> [...]
>
> IX — proibição de trabalho a menores de quatorze anos; em indústrias insalubres, a mulheres e a menores de dezoito anos; e de trabalho noturno a menores de dezoito anos, respeitadas, em qualquer caso, as condições estabelecidas em lei e as exceções admitidas pelo Juiz competente.

Como se observa, permitia a Carta que, na análise do caso concreto, pudesse o juiz competente relaxar as proibições legais, desde que verificasse que o trabalho precoce poderia garantir a própria sobrevivência do infante ou de seus familiares⁽³²⁾ (OLIVA, 2006a, p. 73).

No que se refere ao ensino e aprendizagem, Grasiele Augusta Ferreira Nascimento afirma que "a Constituição de 1946 tornou o ensino primário obrigatório e gratuito, e a aprendizagem passou a ser custeada pelos empresários, mas sempre com a preocupação da manutenção da qualidade do ensino e da dignidade dos professores" (2009, p. 18).

Nesses termos, o art. 168 da Carta manteve a obrigatoriedade do ensino primário [inciso I] gratuito para todos quando oficial (inciso II), havendo ainda a imposição para empresas em que trabalhassem mais de cem pessoas de proporcionar

---

(30) O conceito de "aprendiz" já vinha sendo utilizado no Brasil desde o século anterior sem a definição das condições que o caracterizavam, o que dava margem à exploração do trabalho sob a insígnia da aprendizagem. No entanto, o emergente processo de industrialização do país exigiu uma redefinição conceitual e metodológica da aprendizagem para continuar servindo à acumulação. (BUFALO, 2008, p. 49)

(31) Com a promessa de democracia, foi promulgada a Constituição Federal que rompeu com a ditadura de Getúlio Vargas. Inspirada no modelo norte-americano de organização estatal, retomou os parâmetros traçados pela Constituição Federal de 1934, proibindo discriminação salarial de crianças e adolescentes, mantendo o limite mínimo de quatorze anos para o ingresso no mercado de trabalho. (NASCIMENTO, 2009, p. 18)

(32) Trata-se de uma flexibilidade da norma trabalhista, pois permitia ao juiz diferenciar a norma geral por meio de uma análise casuística e concreta.

ensino primário gratuito para seus empregados e para os filhos deles (inciso III). Às empresas industriais e comerciais incumbia ministrar o ensino e a aprendizagem aos seus trabalhadores menores, pela forma que a lei estabelecesse, respeitados os direitos dos professores (inciso IV).

A Lei n. 4.214/1963 promulgou o Estatuto do Trabalhador Rural e dedicou o capítulo II ao trabalhador rural menor[33] e à sua remuneração[34].

A Constituição Federal de 1967 seguiu os mesmos passos da anterior, tendo diminuído o limite de idade para o trabalho para doze anos, a exemplo do que fizera o Decreto-Lei n. 5.452/1943 (MARTINS, 2002, p. 35), dispondo no inciso X do art. 158 que:

> Art. 158. A Constituição assegura aos trabalhadores os seguintes direitos, além de outros que, nos termos da lei, visem à melhoria da sua condição social:
>
> [..]
>
> X — proibição de trabalho a menores de doze anos e de trabalho noturno a menores de dezoito anos, em indústrias insalubres a estes e às mulheres.

Conforme relato de Oris de Oliveira: "Alegou-se na época que a diminuição de idade para admissão evitava o hiato nocivo entre o fim de uma escolaridade aos doze e espera de quatorze anos para admissão ao trabalho" (2009, p. 89).

Essa Constituição, concebida de acordo com a doutrina da segurança nacional pregada pelo regime militar em mais um golpe de Estado, trouxe poucas inovações no âmbito do Direito do Trabalho (PEREZ, 2008, p. 55).

No mês subsequente à promulgação da Constituição de 1967, o Decreto-lei n. 226 deu nova redação ao art. 403 da CLT e disciplinou o trabalho do adolescente entre doze e quatorze anos sobre o trabalho leve provavelmente se louvando em texto de convenções da OIT que contemplam essa modalidade de trabalho (OLIVEIRA, 2009, p. 90).

Ainda nesse contexto, Viviane Matos González Perez afirma que, com a promulgação da Lei n. 5.274/1967, que dispunha sobre o salário mínimo dos adolescentes trabalhadores, demonstrou-se que o trabalho desses cidadãos não era visto da mesma forma que aqueles exercidos pelos adultos e, assim, estabeleceram-se regras para o cálculo do valor de seu salário de acordo com o grau de sua escolaridade[35] (2008, p. 56).

---

(33) Arts. 57 a 61, sendo que os arts. 58 e 59 nada acrescentavam de diferente do que a CLT dispunha sobre idade mínima, condições de trabalho e assistência dos pais. (OLIVEIRA, 2009, p. 87)
(34) No art. 34, o trabalhador rural maior de dezesseis anos tem direito ao salário mínimo igual ao do trabalhador adulto. No respectivo parágrafo único, depreende-se que para o trabalhador rural menor de dezesseis anos terá o salário mínimo fixado em valor correspondente à metade do salário mínimo atribuído ao trabalhador adulto.
(35) Além de criar o salário do menor, esta Lei também criou a obrigação dos empregadores admitirem adolescentes em percentual relativo ao número de empregados, como hoje acontece por

Como evidenciado, a Constituição de 1967, traduzindo a vontade do regime militar iniciado em 1964, consagrou um autêntico retrocesso ao extrair de suas proposições a isonomia salarial entre os trabalhadores menores e adultos, além de autorizar a redução do limite de idade para o ingresso no mercado de trabalho. Tais proibições foram reproduzidas na Emenda Constitucional n. 1/1969.

Durante o regime totalitário, editou-se um novo Código de Menores, Lei n. 6.697/1979, que manteve a concepção da situação irregular, que, conforme afirmam Patrícia Calmon Rangel e Keley Kristiane Vago Cristo, citadas por Viviane Matos González Perez: "na mesma linha de abordagem do Código anterior, apresentava por escopo o controle social das crianças e adolescentes pobres, mediante a detecção da ocorrência e posterior enquadramento em uma das patologias jurídico-sociais então positivadas" (RANGEL; CRISTO, 2004, p. 73 apud PEREZ, 2008, p. 56).

No final do ano de 1986, por meio do Decreto-lei n. 2.318, dispondo sobre as fontes de custeio da Previdência Social, criou-se a obrigação de as empresas admitirem, como assistidos, menores de doze a dezoito anos[36].

O Decreto-lei n. 94.338, de 1987 criou o "Programa do Bom Menino", voltado para a proteção do menor assistido. No art. 6º, era tipificado como assistido o adolescente que estivesse em uma situação irregular, tais como as conceituava o Código de Menores de 1979. Ademais, regulamentou a reivindicação recorrente para barateamento da mão de obra do adolescente, eximindo o tomador de serviços de encargos previdenciários da empresa e do "menor assistido" (OLIVEIRA, 2009, p. 94).

A evolução histórica brasileira sobre o trabalho infantil justificou até aqui, como causa, a diversidade de posicionamentos no campo social, político, jurídico e econômico, para agora se compreender, como consequência, a Constituição Federal de 1988, como instrumento que traz, ao início da pós-modernidade ou de um pós--positivismo, o compromisso legislativo em prol dos direitos humanos e do futuro cidadão brasileiro.

2.4. A Constituição Federal de 1988 como instrumento de proteção da criança e do adolescente no mercado de trabalho

Pode-se afirmar, com segurança, que um dos maiores fundamentos para a promulgação da Constituição Federal de 1988 foram os reiterados desmandos governamentais e políticos ocorridos na história brasileira, notadamente num momento ditatorial e, como consequência, acabou-se por criar, com essa nova

---

meio do art. 429 da CLT, exceto para as microempresas e empresas de pequeno porte — art. 5º da Instrução Normativa da Secretaria de Inspeção do Trabalho n. 72, de 7.12.2007.
(36) Art. 4º.

Carta, um basta a todas as agressões aos direitos humanos e fundamentais, bem como a todos os atos que, durante anos, vieram afrontar e lesar a dignidade da pessoa humana.

A reforma do sistema político brasileiro acarretou substanciais modificações no ordenamento jurídico, uma vez que fundamentou os preceitos constitucionais no valor da dignidade da pessoa humana, impondo-se esse como núcleo básico informador de todo o ordenamento.

A Constituição Federal de 1988 tem, como principal característica, o resgate dos valores, fundamentos e princípios constitucionais sensíveis, traduzindo tudo aquilo que, na época, dizia-se imprescindível para a preservação dos valores humanos (LIBERATI; DIAS, 2006, p. 66).

Movida pelo vetor da dignidade humana, a Carta especifica o valor social do trabalho[37] como um dos princípios constitucionais que fundamentam a República. Dessa forma, infere-se que a vitória do movimento de defesa dos direitos da criança e do adolescente, no que se refere à proteção contra abusos que possam infringir o valor acima, foi uma consequência dos novos conceitos introduzidos sob a ótica da já mencionada dignidade da pessoa humana.

A partir do momento em que crianças e adolescentes passaram a ser compreendidos como seres em desenvolvimento, carecedores de primazia na promoção dos seus direitos, verificou-se a necessidade de estabelecer-se como dever de todos — família, sociedade e Estado — a promoção dos direitos e garantias fundamentais do grupo (PEREZ, 2008, p. 59).

A Constituição de 1988, portanto, acolheu a Emenda Popular subscrita por um milhão e duzentos mil brasileiros, que se materializou no art. 227, consagrando os fundamentos da doutrina da proteção integral de crianças e adolescentes, difundindo a democracia participativa, que se instrumentaliza por meio dos conselhos paritários, aos quais a lei atribui função normativa (FONSECA, 2011, p. 4).

Na disposição contida na norma de seu art. 7º, XXX e XXXIII, e no seu art. 227[38], a Constituição proíbe quaisquer dessemelhanças salariais entre trabalhadores adultos e menores de dezoito anos, estabelece proibitivo para o trabalho noturno[39], perigoso ou insalubre para os menores e proíbe, ainda, quaisquer modalidades de

---

(37) Nesse sentido, Ana Paula Tauceda Branco enfatiza que o princípio do valor social do trabalho que fundamenta a República "há de ser experimentado pela pessoa humana tanto no âmbito da sociedade como no da economia, numa exploração de conteúdos que requerem a necessidade de conjugar uma relação de complementariedade e tensão entre os aspectos de direito e de dever do trabalho humano". (BRANCO, 2007, p. 61-62)
(38) "É dever da família, da sociedade e do Estado assegurar à criança e ao adolescente, com absoluta prioridade, o direito à vida, à saúde, à alimentação, à educação, ao lazer, à profissionalização, à cultura, à dignidade, ao respeito, à liberdade e à convivência familiar e comunitária, além de colocá-los a salvo de toda forma de negligência, discriminação, exploração, violência, crueldade e opressão".
(39) Convenção OIT n. 6/19 (Decreto n. 423/1955).

trabalho para os menores que contem com menos de quatorze anos de idade[40], o que é reiterado expressamente pelo art. 60 da Consolidação das Leis do Trabalho[41].

Como se observa, a Constituição assegura, na realidade, o direito de o menor não trabalhar, não assumir encargo de sustento próprio e de sua família em certa faixa etária, o que é reiterado, como antes especificado, pelo art. 227, § 3º, I.

Com esse escopo, Segadas Vianna afirma que:

> A Carta Política assim o faz, movida pela compreensão de que nessa tenra idade é imperiosa a preservação de certos fatores básicos, que forjam o adulto de amanhã, tais como: (I) o convívio familiar e os valores fundamentais que aí se transfundem; (II) o inter-relacionamento com outras crianças, que molda o desenvolvimento psíquico, físico e social do menor; (III) a formatação da base educacional sobre a qual incidirão aprimoramentos posteriores; (IV) o convívio com a comunidade para regular as imoderações próprias da idade etc. (2005, p. 1.014)

Segundo García Oviedo, citado por Amauri Mascaro Nascimento:

> O trabalho do menor deve merecer especial proteção do direito, porque há razões: 1) fisiológicas, para que seja possível o seu desenvolvimento normal, sem os inconvenientes das atividades mais penosas para a saúde, como ocorre nos serviços prestados em subsolo, períodos noturnos etc.; 2) de segurança, porque os menores, pelo mecanismo psíquico de atenção, expõem-se a riscos maiores de acidentes de trabalho; 3) de salubridade, impondo-se sempre afastar os menores dos materiais ou locais comprometedores para o seu organismo; 4) de moralidade, por haver empreendimentos prejudiciais à moralidade do menor, como as publicações frívolas, a fabricação de substâncias abortivas, etc.; 5) de cultura, para que seja assegurada ao menor uma instrução adequada. (2004, p. 911-912)

Além do exposto, o art. 214, IV, da Constituição de 1988 insere o direito à formação profissional entre os objetivos básicos da educação, garantindo à criança e ao adolescente o respeito à sua integridade pessoal.

Não foi inicialmente estabelecido um piso salarial ao trabalho do menor pela aprendizagem. Considerando, entretanto, o que dispunha a Carta anterior sobre idade mínima [doze anos] e interpretado o novo preceito constitucional em consonância com o art. 403, parágrafo único da CLT, com a redação que lhe foi dada pelo Decreto-lei n. 229/1967, chegava-se à conclusão de que o art. 431 da CLT, na parte em que estabelecia idade mínima de quatorze anos para os candidatos

---

(40) Convenção OIT n. 5/19 (Decreto n. 423/1955).
(41) Esta análise deve ser relacionada para os fins atuais de conhecimento e interpretação com a alteração trazida pela Emenda Constitucional n. 20, de 1998.

à admissão como aprendizes, se já não estava revogado, não havia sido recepcionado, e a aprendizagem poderia começar aos doze anos (OLIVA, 2006a, p. 75).

O legislador dessa Carta se preocupou com o gravar, positivar o máximo de princípios e garantias tidas como fundamentais no próprio corpo legislativo, formando-se as "cláusulas pétreas" que constituem o núcleo inalterável dessa Carta[42] (LIBERATI; DIAS, 2006, p. 67).

Pode-se afirmar, após uma rápida reflexão, que a Constituição de 1988 representou a retomada da preocupação com a idade mínima para o trabalho. Contudo, há também críticas em todo esse contexto, sendo uma delas de Marcelo Batuíra citado por Adalberto Martins: "O excesso de proteção ao menor fez com que o Texto Constitucional de 1988 ampliasse de doze para quatorze anos a idade mínima laboral, sem se dar conta de que esse pseudobenefício contribuiria, ainda mais, para o aumento dos empregos informais" (apud MARTINS, 2002, p. 75).

O próprio Adalberto Martins expõe seu inconformismo com o arrazoado por ele transcrito, afirmando que: "certamente não é o Direito que deve legitimar esta crua realidade[43]. A realidade é que deve mudar, e a legislação deve ter a necessária eficácia social" (2002, p. 77).

A partir dessa Constituição, frise-se: promulgada após uma ampla mobilização social que originou na Emenda Popular que se converteu no art. 227, ratificaram a necessidade de uma maior proteção à criança e ao adolescente, promulgando a Lei n. 8.089 — Estatuto da Criança e do Adolescente[44].

2.4.1. A EMENDA CONSTITUCIONAL N. 20/1998

No final de 1998, a Emenda Constitucional n. 20, publicada em 15 de dezembro de 1998, proibiu qualquer trabalho a menores de dezesseis anos, modificando o art. 7º da Constituição Federal de 1988.

Essa emenda surgiu num momento em que a delinquência juvenil adquiria proporções alarmantes. Nesse quadro patológico grave, o trabalho do menor, sob várias formas, é um lenitivo da maior importância, mas que foi descartado como se aí residisse algum mal, capaz de comprometer o equilíbrio das finanças da previdência (SÜSSEKIND et al., 2005, p. 1015).

---

(42) Para Wilson Donizete Liberati e Fábio Muller Dutra Dias: "Crianças e adolescentes devem ser colocados num patamar máximo de proteção, no que se refere à tutela dos direitos e garantias fundamentais, em vista da profunda carga ideológica que deu margem à elaboração da Constituição". (LIBERATI; DIAS, 2006, p. 67)
(43) Quando o autor se refere à "realidade", o mesmo apresenta alguns focos de trabalho infantil no Brasil em plena década de 1980.
(44) Este instrumento infraconstitucional dedicou em seus arts. 60 a 69 a necessidade pela proteção ao trabalho infantil.

A aprovação da emenda aconteceu dentro do contexto das votações pela aprovação da Reforma da Previdência (Seguro Social). Para Haim Grunspun:

> O objetivo do aumento da idade mínima para o trabalho foi adequar a idade e aposentadoria às novas regras da Reforma, uma vez que uma pessoa que inicia suas atividades laborativas aos quatorze anos de idade, ao fim de trinta e cinco anos de trabalho se aposentaria aos quarenta e nove anos de idade, ficando fora das novas determinações. A solução econômica pelo Governo foi alterar a idade mínima para o ingresso no mercado de trabalho de quatorze para dezesseis anos de idade. (2000, p. 70)

Não são poucos os doutrinadores que criticaram a referida Emenda Constitucional, pois entenderam, na oportunidade, que mesmo alterando a idade mínima para o trabalho, o legislador não levou em consideração a realidade brasileira.

Um deles é Eduardo Gabriel Saad, a despeito de justificar que a referida norma é observada em países desenvolvidos, onde o padrão de vida é mais elevado que no Brasil:

> Temos a impressão de que o nosso legislador, ao aprovar a EC n. 20/1998, estava persuadindo de que o Brasil é uma nação do primeiro mundo e de que, sob os prismas cultural, social e econômico, é um todo homogêneo, com taxa de emprego da ordem de 3% e renda *per capita* de vinte e cinco mil reais. Desse devaneio do nosso legislador, nasceu o verdadeiro pesadelo para inúmeros adolescentes que chegaram ao término de sua educação fundamental aos quatorze ou quinze anos e estão sem acesso ao mercado de trabalho. (1999, p. 188)

O mesmo autor defende que a emenda é inconstitucional por afrontar o princípio fundamental da dignidade da pessoa humana [inciso III do art. 1º da CF/1988], bem como o inciso III do art. 3º do mesmo diploma, erradicar a pobreza e a marginalização e reduzir as desigualdades sociais e regionais, pois nega a possibilidade de trabalho a milhões de brasileiros de doze e dezesseis anos de idade (SAAD, 1999, p. 193).

Lado outro, Ricardo Tadeu Marques da Fonseca afirma que a Emenda Constitucional n. 20/1998 observou a doutrina internacional da proteção integral das crianças e adolescentes. Aduz ainda que: "a limitação da idade mínima preserva a higidez física e psicológica dos adolescentes e, ainda, sua escolaridade" (1999, p. 48).

Outro doutrinador que defende a Emenda Constitucional n. 20/1998, alterando o inciso XXXIII do art. 7º da Constituição Federal de 1988, é Adalberto Martins: "[...] na questão do trabalho do menor é a realidade social que precisa se adaptar ao Direito, mormente quando se considera que vivemos num país em desenvolvimento" (2002, p. 80).

Verdade é que a fixação da idade mínima aos dezesseis anos criou certo impacto em programas sociais governamentais e não governamentais que durante anos trabalharam dentro do parâmetro dos quatorze anos no encaminhamento ao mercado de trabalho, na concessão dos recursos do PETI — Programa de Erradicação do Trabalho Infantil (OLIVEIRA, 2009, p. 96).

A Emenda Constituição n. 20/1998, além de alterar a Constituição Federal de 1988, derrogou todos os dispositivos oriundos da CLT que autorizavam o trabalho do menor a partir dos doze anos de idade.

Finalmente, Segadas Vianna traz um oportuno questionamento quanto aos efeitos da Emenda Constituição n. 20/1998: "Em face do novo comando constitucional, [...] o que acontece com os contratos de trabalho dos menores, anteriormente admitidos com quatorze anos de idade, mas que ainda não completaram dezesseis anos na data de vigência da citada Emenda (16.12.1998)?". Aduz ainda: "Esses contratos, celebrados em conformidade com as regras vigentes à época, persistem válidos ou extinguem-se por ilicitude de seu objeto?" (2005, p. 1.014-1.015).

Visando a esclarecer esse questionamento, o autor pondera sobre os efeitos do ato jurídico perfeito e do direito adquirido [inciso XXXVI do art. 5º da CF/1988 e art. 6º da Lei de Introdução ao Código Civil]. Mas daí surge uma última indagação: são oponíveis aqueles contratos com a vedação elastecida pela EC n. 20/1998 a existência do ato jurídico perfeito e do direito adquirido?

Respondendo a todas essas dúvidas:

> A regra geral é a de que os contratos concluídos com observância das normas que o regulam, no momento de sua celebração, estão imunes aos efeitos das normas supervenientes. Não obstante, no presente caso, não se poderá alegar o direito adquirido. O contrato foi alcançado pelo comando proibitivo da Lei Maior e em virtude dele se extinguiu. [...]
>
> Assim sendo, se a lei nova versar matéria de ordem pública, ou, no interesse do cidadão e da coletividade, estabelecer alguma política do Estado, tem incidência imediata, a partir de sua vigência, sobre os contratos de trato sucessivo, celebrados na vigência da lei anterior. A lei nova não tem qualquer efeito sobre o contrato de execução instantânea, aquele que se esgota com uma única prestação, como a compra e venda, nem modifica as condições implementadas, mas não exercidas pelo titular, como o atingimento do tempo de serviço para se aposentar sem que o direito ao benefício tenha sido requerido. Mas quanto aos contratos continuados, que se cumprem por prestações sucessivas e contínuas, como o contrato de trabalho, há que distinguir entre efeito imediato e irretroatividade: a lei nova não tem efeito sobre fatos pretéritos ou já ocorridos como decorrência da execução contratual, até a publicação da lei, mas incide, nesses contratos, em relação aos efeitos presentes e futuros.

Por isso que as leis referentes ao estado e à capacidade das pessoas, como as que tratam da capacidade jurídica, do casamento e da família; as que estabelecem políticas públicas têm efeito imediato sobre as situações em curso. [...]

Não há, pois, que falar, na hipótese em análise, em direito adquirido, ou situação definitivamente constituída, porque o contrato, de trato sucessivo, foi alcançado por lei posterior, de ordem pública e de natureza proibitiva, que tornou ilícito o objeto do contrato.

Se uma das condições para a validade dos contratos é a licitude de seu objeto [art. 104, II, c/c art. 166, II, do Código Civil], e nessa condição adquire nova expressão normativa, deixa de ter existência jurídica o contrato cujo objeto passou a ser proibitivo por lei — e pela *Lex Fundamentalis*. Assim sendo, por impossibilidade de execução, extingue-se o contrato de trabalho dos menores que, a partir da publicação da EC n. 20 (16.12.1998), não haviam ainda completado 16 anos de idade. (2005, p. 1.014/1.017)

Considerada a necessidade de assegurar o pleno desenvolvimento físico e mental da criança e do adolescente, bem como o fato de que um trabalho que não representa nenhum risco ao trabalhador adulto pode acarretar acidentes com o menor, é pelo exposto que a Constituição Federal de 1988, alterada pela Emenda Constituição n. 20/1998, foram e são até hoje um instrumento protetivo de preservação integral da vida e crescimento de crianças e adolescentes brasileiros.

Mesmo a partir de toda a evolução histórica, diversas normas apresentadas e seus respectivos fundamentos protetivos, é prudente trazer na próxima seção a referência legislativa internacional utilizada e amplamente debatida nos dias de hoje, notadamente oriundas da OIT — Organização Internacional do Trabalho — e de alguns países do Mercosul — Mercado Comum do Sul.

3

PROTEÇÃO JURÍDICA INTERNACIONAL DO TRABALHO INFANTIL

O Direito do Trabalho não é uma disciplina ligada unicamente a uma legislação de um país, dada a conformidade das relações trabalhistas, impostas a empregados e empregadores de todo o mundo. Ademais, essa referida disciplina passou a superar suas próprias fronteiras, adquirindo um caráter de instituto protetivo internacional, como se poderá observar por meio das linhas a seguir.

Já o denominado Direto Internacional do Trabalho é uma das partes mais importantes do Direito Internacional Público, não constituindo, porém, um ramo autônomo da ciência jurídica[45]. Como fundamento, está adstrito às matérias de ordem econômica[46], de índole social[47] e de caráter técnico[48]; tem por objetivo promover as convenções internacionais e os tratados bilaterais ou plurilaterais (SÜSSEKIND, 2005, p. 1538).

---

(45) Para Sergio Pinto Martins, o "Direito Internacional do Trabalho não faz parte do Direito do Trabalho, mas é um dos segmentos do Direito Internacional". (2009, p. 67)

(46) No campo internacional, entende-se por matéria de ordem econômica a necessidade de ser nivelado o custo das medidas sociais da proteção ao trabalho, a fim de que os Estados que as tivessem adotado não sofressem, no comércio mundial, a indesejável concorrência dos países que obtinham produção mais barata pelo fato de não serem onerados com os encargos de caráter social. (SÜSSEKIND, 2005, p. 1538)

(47) A índole social refere-se à universalização dos princípios da justiça social e da dignificação do trabalhador. (SÜSSEKIND, 2005, p. 1538)

(48) As razões de caráter técnico são compreendidas pela existência de Convenções e Recomendações elaboradas pelas sessões da Conferência Internacional do Trabalho, bem como os estudos e investigações empreendidas pela Organização Internacional do Trabalho. (SÜSSEKIND, 2005, p. 1538)

Mas o que vem a ser a proteção internacional das relações de trabalho?

Para Amauri Mascaro Nascimento, essas podem ser delimitadas em mais de um âmbito, vinculadas pela ideia comum, presente em todas as relações jurídicas de trabalho que são encontradas nesta matéria, que é o seu desenvolvimento em mais de um país. Sem que tenha essa característica, decai a sua internacionalização (2004, p. 91).

Alice Monteiro de Barros afirma que "a legislação sobre o trabalho do menor sofreu influência da ação internacional, recebendo um tratamento nitidamente tutelar, mais ou menos semelhante à proteção conferida à mulher" (2008, p. 308).

A precariedade da proteção dos direitos dos empregados é uma questão de interesse internacional, haja vista que o trabalho é perseguido e está inserido na vida de praticamente todo cidadão do mundo.

Diante dos fatos históricos do trabalho infantil, notadamente após a Revolução Industrial, demonstrou-se na seção anterior a perseguição de diversas sociedades, brasileira e internacional, por uma maior proteção jurídica e social da criança e do adolescente, sendo utilizado, como justificativa para tal necessidade, o desenvolvimento físico e mental desses indivíduos.

A inobservância dos instrumentos protetivos pode gerar restrições na vida dos seres humanos, como a penúria, a inobservância das horas permitidas para o trabalho, o abuso do trabalho infantil, acidentes de trabalho, o aumento das moléstias em virtude da atividade desempenhada, entre vários outros malefícios (LIBERATI; DIAS, 2006, p. 46-47).

A criação da Organização Internacional do Trabalho é tida como o ponto de partida para maior proteção internacional dos direitos trabalhistas, aqui incluindo o trabalho infantil, já que vários foram aqueles que defenderam a necessidade de internacionalização do Direito do Trabalho.

Visando a adentrar no campo normativo dessa proteção, oportuno enfatizar nesta seção a internacionalização das proibições do trabalho infantil por meio da legislação (Convenções e Recomendações) oriunda da OIT — Organização Internacional do Trabalho — e de alguns países do Mercosul — Mercado Comum do Sul.

No sentido de construir um silogismo lógico, primeiro será apresentado o processo de criação da OIT, seus objetivos e percalços no que tange à necessidade de proteção do trabalho e do trabalhador, para somente então se focar na figura da criança e do adolescente.

3.1. A FASE PREGRESSA DA CRIAÇÃO DA ORGANIZAÇÃO INTERNACIONAL DO TRABALHO — OIT

A proteção internacional do trabalho infantil passa pela própria história da Organização Internacional do Trabalho no campo do Direito do Trabalho de uma maneira geral.

Mas antes de priorizar como foco a OIT, que trouxe ao longo de sua história diversos instrumentos protetivos que grande parte da comunidade internacional atribuiu à questão do emprego do trabalho das crianças ao redor do mundo, faz-se mister retroceder no tempo, a fim de apresentar o início da discussão internacional envolvendo a proteção dos trabalhadores.

Os precursores da ideia de uma legislação internacional do trabalho são dois industriais, o inglês Robert Owen e o francês Daniel Le Grand, no começo do século XIX. O primeiro, devido aos escritos que dirigiu em 1818 aos soberanos dos Estados da Santa Aliança, reunidos em Aix-la-Chapelle, para que tomassem medidas destinadas a melhorar a sorte dos trabalhadores, preconizando uma ação internacional, interessado em difundir as experiências que praticou em sua empresa. O segundo, entre 1840 e 1855, dirigiu-se aos governantes franceses e aos dos principais países da Europa, propondo a adoção de uma lei internacional do trabalho (NASCIMENTO, 2004, p. 89).

Outro fato que obteve relacionamento direto com a internacionalização da proteção do trabalho e da criação da OIT foi a "Primeira Internacional Socialista", de 1864, na qual Marx e Engels sustentaram a necessidade de serem internacionalizadas as medidas de proteção ao trabalho humano (SÜSSEKIND, 2005, p. 1540).

Nesse apanhado que antecede a criação da Organização Internacional do Trabalho, notadamente quanto ao trabalho infantil, desde a Conferência de Berlim, de março de 1890, já se estudavam as bases para a regulamentação internacional do trabalho de crianças e adolescentes, deixando clara a necessidade de intervenção estatal nessa área.

Sobre a Conferência de Berlim, Amauri Mascaro Nascimento aduz que:

> A primeira Conferência Internacional do Trabalho foi convocada em Berlim, em 1890, presentes representantes da França, Alemanha, Áustria, Holanda, Bélgica, Inglaterra, Itália, Dinamarca, Portugal, Suécia, Noruega, Suíça, Espanha e Luxemburgo. Houve sugestões para a criação de uma Repartição Internacional para estudos e estatísticas de trabalho. Na época, Guilherme II solicitou o apoio do Papa Leão XIII, e este, no ano seguinte, promulgaria a Encíclica *Rerum Novarum*. (2004, p. 90)

Em relação à idade mínima para o trabalho, os países que assinaram o protocolo da referida Conferência tiveram como compromisso a fixação da idade mínima para o trabalho em minas em doze anos, nos países meridionais, e quatorze anos nos demais. Por ocasião da realização do conclave, o primeiro destinado a ampliar as discussões acerca do tema com a finalidade de modernizar a legislação social-trabalhista, houve também recomendação no sentido de vedar o trabalho de menores de dez anos nos países meridionais e de doze anos nos demais (OLIVA, 2006a, p. 54).

Naquele momento histórico, o Papa Leão XIII, por meio da Carta Encíclica *Rerum Novarum*, trouxe diversas ponderações quanto à condição dos operários, aduziu que o problema envolvendo os trabalhadores não era fácil de ser resolvido, uma vez ser "difícil, efetivamente, precisar com exatidão os direitos e os deveres que devem ao mesmo tempo reger a riqueza e o proletariado, o capital e o trabalho" (LEÃO XIII, 1891).

No ano de 1891, a referida encíclica abordou a relação entre o capital e o trabalhador, trazendo como causa do conflito o "monopólio do trabalho e dos papéis de crédito, que se tornaram o quinhão dum pequeno número de ricos e de opulentos, que impunham assim um jogo quase servil à imensa multidão dos proletariados"[49].

No que se refere ao trabalho da criança, o mesmo documento aduziu no item 25, denominado de "Proteção do trabalho dos operários, das mulheres e das crianças", que:

> Enfim, o que um homem válido e na força da idade pode fazer, não será equitativo exigi-lo duma mulher ou duma criança. Especialmente a infância — e isto deve ser estritamente observado — não deve entrar na oficina senão quando a sua idade tenha suficientemente desenvolvido nela as forças físicas, intelectuais e morais: de contrário, como uma planta ainda tenra, ver-se-á murchar com um trabalho demasiado precoce, e dar-se-á cabo da sua educação. (LEÃO XIII, 1891)

Saindo da proteção internacional do trabalho pela Igreja Católica e retornando às conjunturas internacionais pelos Estados, em 1901 foi constituída a Associação Internacional para a Proteção Legal dos Trabalhadores[50], em Bruxelas, e quinze Estados participaram da denominada "Conferência de Berna", convocada para maio de 1905, seguida de conferência diplomática em setembro de 1906, com a presença de diversas nações, resultando em duas convenções, uma sobre a proteção dos trabalhadores nas atividades em contato com fósforo branco e a segunda sobre a proibição do trabalho noturno das mulheres (NASCIMENTO, 2004, p. 90).

Mas antes da criação da OIT, Nicolas Valticos[51], citado por Amauri Mascaro Nascimento, assevera que aquele momento histórico trazia à tona praticamente todas as mazelas sociais laborais ocorridas até aquela oportunidade, notadamente a partir do fim da Primeira Grande Guerra:

> A primeira Guerra Mundial produziu profundas modificações na posição e no peso da classe trabalhadora das potências aliadas. A trégua social e

---

(49) Encíclica *Rerum Novarum*, especificadamente no item "Causas do conflito".
(50) Arnaldo Süssekind afirma que foi criado em 1º de maio de 1901 uma oficina da Associação Internacional para a Proteção aos Trabalhadores, sendo que em 1914, quando eclodiu a grande guerra, já possuía quinze seções nacionais e realizara oito reuniões internacionais, com a assinatura de duas convenções. (2005, p. 1540)
(51) Um dos cultores da disciplina do Direito Internacional do Trabalho.

a cooperação que se estabeleceu na Europa Ocidental entre os dirigentes sindicais e os governantes, os grandes sacrifícios suportados especialmente pelos trabalhadores e o papel que desempenharam no desenlace do conflito, as promessas dos homens políticos de criarem um mundo novo, a pressão das organizações obreiras para fazer com que o Tratado de Versailles consagrasse as suas aspirações de uma vida melhor, as preocupações suscitadas pela agitação social e as situações revolucionárias existentes em vários países, a influência exercida pela Revolução Russa de 1917, foram fatores que deram um peso especial às reivindicações do mundo do trabalho no momento das negociações do tratado de paz. Estas reivindicações expressaram-se tanto em ambos os lados do Atlântico como em ambos os lados da linha de combate, inclusive durante os anos de conflito mundial. Ao final da guerra, os governos aliados, e principalmente os governos francês e britânico, elaboraram projetos destinados a estabelecer, mediante o tratado de paz, uma regulamentação internacional do trabalho. (2011, p. 137)

A construção da paz ou também denominada de conferência da paz que põe fim à Primeira Guerra Mundial adotou, por unanimidade, em 28 de abril de 1919, o projeto que criou a Sociedade das Nações — SDN, também conhecida como Liga das Nações[52].

Do ponto de vista social, a Liga nas Nações promoveu a cooperação mediante a colaboração a respeito da legislação trabalhista internacional, ou do controle das doenças e das drogas e do tráfico de escravas brancas. Para Ruth Henig, essa promoção "podia resultar em realizações de grande importância para o bem geral da humanidade" (1991, p. 28).

A referida sociedade primava pela promoção dos estados-membros nas condições de trabalho igualitárias entre homens, mulheres e crianças.

Arnaldo Süssekind afirma nesse sentido que "o Pacto da Sociedade nas Nações, estatuiu o seu art. 23 que os seus membros se esforçarão para assegurar condições de trabalho equitativas e humanitárias para o homem, a mulher e a criança, em seus próprios territórios e nos países a que estendam suas relações de comércio e indústria e, como tal objetivo, estabelecerão e manterão as organizações necessárias" (2005, p. 1541).

---

(52) Nessa liga, inicialmente denominada de "Conferência", havia delegados e assessores que formaram o Conselho Superior de Guerra, com a participação inicial da Grã-Bretanha, França, Itália e os Estados Unidos. Defendiam que o Japão também deveria ser reconhecido como potência aliada de importância com interesses gerais. O que restou contraditório no início da Conferência foi a inclusão dos vinte e sete aliados menores, que possuíam interesses específicos no acordo global. Nas etapas iniciais da Liga, definiu-se que todos os Estados-membros, inclusive os vinte e sete menores, participariam de um leque de discussões gerais de certos pontos, quais sejam: a instituição da Liga das Nações, a culpa pela guerra, reparações e legislação trabalhista internacional, entre outros. (HENIG, 1991, p. 24-25)

Tratava-se de uma associação intergovernamental, de caráter permanente, de alcance geral e com vocação universal, baseada nos princípios da segurança coletiva e da igualdade entre estados soberanos. As suas três funções essenciais foram: a) a segurança; b) a cooperação econômica, social e humanitária; c) a execução de certos dispositivos dos tratados de paz de Versailles. No preâmbulo da parte XIII do referido Tratado, restou disposto sobre a constituição da Organização Internacional do Trabalho — OIT, apresentando o escopo da universalização das leis social-trabalhistas baseadas numa visão humanitária, política e econômica (OLIVEIRA, 2004, p. 80).

Ante os fatos históricos apresentados e as iniciativas internacionais que objetivaram as primeiras normas de proteção do trabalhador no ambiente laboral (inclusive o de crianças e adolescentes)[53], ainda, assim, não havia uma disseminação dessas regras para todo o mundo. Conforme expõe Sergio Pinto Martins: "O estudo do Direito Internacional do Trabalho passa a assumir especial importância com o Tratado de Versailles" (2009, p. 69).

Em função desses fatos e argumentos, bem como no intuito de materializar as políticas econômicas, sociais e técnicas envolvendo o trabalho, é que então foi criada a Organização Internacional do Trabalho, com o fito de amplificar a proteção do trabalhador em todo o globo, além de, no tocante ao pano de fundo desta obra, promover a tutela da criança e do adolescente no ambiente de trabalho.

3.2. A CRIAÇÃO DA OIT: A MATERIALIZAÇÃO DA PROTEÇÃO INTERNACIONAL DO TRABALHO

Restou ponderado acima que o Tratado de Versailles objetivou a constituição da Organização Internacional do Trabalho — OIT, vinculada à Sociedade das Nações, uma vez apresentar o escopo da universalização das leis social-trabalhistas baseadas numa visão humanitária, política e econômica.

A parte XIII do tratado é considerada por todos os doutrinadores — dentre eles Maurílio Leite Ribeiro; citado por Adalberto Martins — a constituição jurídica da OIT, cujo preâmbulo é o seguinte:

> Considerando que a Sociedade nas Nações tem por fim estabelecer a paz universal e qual tal paz só poder ser fundada sobre a justiça social;
>
> Considerando que existem condições de trabalho que implicam para grande número de indivíduos miséria e privações, o que gera tal

---

(53) No Tratado de Versailles já se buscava a universalização das leis social-trabalhistas baseadas numa visão humanitária, política e econômica. O referido diploma assinalou entre seus princípios: "Art. 6º A supressão do trabalho das crianças e a obrigação de impor aos trabalhos dos menores de ambos os sexos as limitações necessárias para permitir-lhes continuar sua instrução e assegurar seu desenvolvimento físico". (OLIVEIRA, 1994, p. 43)

descontentamento que a paz e a harmonia universais entram em perigo, e considerando que é urgente melhorar essas condições, por exemplo, no que se refere à regulamentação das horas de trabalho, o recrutamento da mão de obra, a luta contra a paralisação do trabalho, a garantia de um salário que assegure condições de existência convenientes, a proteção dos trabalhadores contra as doenças graves ou profissionais e os acidentes do trabalho, a proteção das crianças, dos adolescentes e das mulheres, as pensões de velhice e de invalidez, a defesa dos interesses dos trabalhadores empregados no estrangeiro, a afirmação do princípio da liberdade sindical, a organização do ensino profissional e técnico, e outras medidas análogas;

Considerando que a não adoção por qualquer nação de um regime de trabalho realmente humano cria obstáculos aos esforços das outras nações desejosas de melhorar a sorte dos trabalhadores dos seus próprios territórios. (2002, p. 39-40)

A Organização Internacional do Trabalho foi instituída[54] no ano de 1919 com o objetivo de realizar a Justiça Social entre os povos, condicionando a proteção básica para a manutenção da paz internacional, no que se refere a toda a legislação referente ao trabalho (NASCIMENTO, 2009, p. 29).

Como missão, a OIT promove oportunidades para que homens e mulheres possam ter acesso a um trabalho decente e produtivo, em condições de liberdade, equidade, segurança e dignidade (OIT, 2011a).

Do ponto de vista organizacional, Arnaldo Süssekind afirma que a OIT deveria constituir-se de três órgãos: a) Assembleia Geral, destinada à Conferência Internacional do Trabalho, responsável pela aprovação de projetos de Convenções e Recomendações, sujeitos à ratificação posterior de cada país[55]; b) Conselho de Administração, destinado à direção colegiada dos Estados-membros; c) Secretaria, responsável pelas repartições da própria organização. Tanto a Assembleia Geral quanto o Conselho de Administração seriam integrados por representantes governamentais, patronais e dos trabalhadores, na proporção de dois para os primeiros e um para cada um dos demais, estabelecendo-se, assim, igual número de representantes oficiais e das classes produtoras (2005, p. 1541).

Assim surge a entidade que conveniona, recomenda, debate e engrandece as normais internacionais voltadas ao Direito Individual e Coletivo do Trabalho, notadamente por uma composição tripartite[56] em seus colegiados.

---

(54) A OIT foi instituída em Genebra, em função da isenção política da Suíça, além de sua posição geográfica.
(55) O Brasil está entre os membros fundadores da Organização Internacional do Trabalho e participa da Conferência Internacional do Trabalho desde sua primeira reunião. (OIT, 2011a)
(56) Composição com representantes dos governos ou Estados-membros, dos empregados ou trabalhadores e dos empregadores.

A Organização Internacional do Trabalho não é um parlamento internacional ou uma organização supranacional com total força de determinação sobre os Estados-membros e daí justificar-se o fato de que suas decisões dependem da concordância dos participantes, decisões que se materializam sob a forma de Convenções, Recomendações e Resoluções (MARTINS, 2002, p. 41).

No mesmo ano de sua instituição, a OIT realizou a primeira Conferência Internacional do Trabalho, na qual adotou seis Convenções, sendo que a primeira delas respondia a uma das principais reivindicações do movimento sindical e operário do final do século XIX e começo do século XX: "a limitação da jornada de trabalho a oito horas diárias e quarenta e oito semanais." As demais convenções adotadas nessa ocasião referem-se à proteção à maternidade, à luta contra o desemprego, à definição da idade mínima de quatorze anos para o trabalho na indústria e à proibição do trabalho noturno de mulheres e menores de dezoito anos (OIT, 2011b).

Quanto à proteção à criança e ao adolescente, as duas primeiras Convenções da OIT foram aprovadas pela Conferência de Washington em 1919, sendo que a de n. 5[57] estabelecia a idade mínima para o trabalho, salvo nas atividades familiares e quando se tratasse de escolas profissionais, e a de número 6 na forma do já exposto, que vedou o trabalho noturno aos menores de dezoito anos e trabalhos industriais (MARTINS, 2002, p. 43).

Durante seus primeiros quarenta anos de existência, a OIT consagrou a maior parte de suas energias a desenvolver normas internacionais do trabalho e a garantir sua aplicação. Entre 1919 e 1939, foram adotadas 67 convenções e 66 recomendações. A eclosão da Segunda Guerra Mundial interrompeu temporariamente esse processo.

Em 1944, os delegados da Conferência Internacional do Trabalho adotaram a Declaração de Filadélfia que, como anexo à sua Constituição, constitui, desde então, a carta de princípios e objetivos da OIT.

Quanto às finalidades dessa Conferência, prescreve Arnaldo Süssekind que versavam sobre:

a) a plenitude do emprego e a elevação do nível de vida;

b) o emprego de trabalhadores em atividades que possam lhes dar a satisfação de utilizar, da melhor maneira possível, suas habilidades e conhecimentos e de contribuir, ao máximo, com o bem-estar;

c) uma formação profissional adequada e emprego de acordo com as aptidões de cada um, e a transferência de trabalhadores, incluindo as migrações de mão de obra;

d) uma justa participação de todos nos frutos do trabalho, salário mínimo vital e melhoria das condições de trabalho;

---

(57) Esta Convenção foi revisada pela de n. 59, no ano de 1937.

e) o reconhecimento efetivo do direito às negociações coletivas e cooperação entre trabalhadores e empregadores na contínua melhoria da produção;

f) a extensão das medidas de seguridade social e proteção adequada da vida e saúde dos trabalhadores;

g) a proteção adequada à vida e à saúde dos trabalhadores, em todas as ocupações;

h) a proteção à infância e maternidade;

i) o nível adequado de alimentação, habitação e meios de lazer e cultura;

j) a garantia de igualdade de oportunidades na área profissional e acesso à educação. (2005, p. 1546)

Essas finalidades possuem como objetivo fundamental a promoção das condições de trabalho e da própria vida dos trabalhadores, inclusive no que se refere ao trabalhador infantil, nos termos da alínea "h" antes transcrita.

Adota a referida Conferência Geral, reunida em Filadélfia, os seguintes princípios fundamentais sobre os quais se funda a Organização Internacional do Trabalho:

a) o trabalho não é uma mercadoria;

b) a liberdade de expressão e de associação é uma condição indispensável para um progresso constante;

c) a pobreza, onde quer que exista, constitui um perigo para a prosperidade de todos;

d) a luta contra a necessidade deve ser conduzida com uma energia inesgotável por cada nação e através de um esforço internacional contínuo e organizado pelo qual os representantes dos trabalhadores e dos empregadores, colaborando em pé de igualdade como os dos Governos, participem em discussões livres e em decisões de caráter democrático tendo em vista promover o bem comum. (PORTUGAL, 2007, p. 25)

Essa Declaração antecipava em quatro meses a adoção da Carta das Nações Unidas (1946) e em quatro anos a Declaração Universal dos Direitos Humanos (1948), para as quais serviu de referência. Reafirmava o princípio de que a paz permanente só pode estar baseada na justiça social e estabelecia quatro ideias fundamentais, que constituem valores e princípios básicos da OIT até hoje: que o trabalho deve ser fonte de dignidade, que o trabalho não é uma mercadoria, que a pobreza, em qualquer lugar, é uma ameaça à prosperidade de todos e que todos os seres humanos tem o direito de perseguir o seu bem-estar material em condições de liberdade e dignidade, segurança econômica e igualdade de oportunidades.

Em suas atividades administrativas e normativas, como antes exposto, a OIT se manifesta por meio de Convenções[58] e Recomendações[59], sendo que tais instrumentos são também apreciados no que se refere à proteção do trabalho da criança e do adolescente.

Esses instrumentos, que visam a orientar o direito internacional e o próprio mundo, para o momento histórico que trazia a crescente exploração de crianças e adolescentes no mercado de trabalho, serão vistos no item a seguir de forma individualizada, com o fito de demonstrar a relação de interdependência entre a criação da OIT, que atribuiu grande importância à questão do emprego desses indivíduos ao redor do mundo, e as relações econômicas e comerciais que trouxeram à tona a vulnerabilidade desse grupo ao mercado de trabalho.

Naquele momento histórico após a Segunda Guerra Mundial, relevantes fatores contribuíram para que se fortalecesse o processo de internacionalização dos direitos.

Louis Henkin, citado por Flávia Piovesan, afirma que dentre todos os fatores, o mais importante foi a expansão de organizações internacionais com propósitos de cooperação internacional:

> O processo de universalização e internacionalização dos direitos humanos situa-se como um movimento extremamente recente na história do direito, apresentando delineamentos mais concretos apenas após a Segunda Guerra Mundial. Após a Segunda Guerra Mundial, os acordos internacionais de direitos humanos têm criado obrigações e responsabilidades para os Estados, com respeito às pessoas sujeitas à sua jurisdição, e um direito costumeiro tem se desenvolvido. [...] Esse Direito reflete a aceitação geral de que todo indivíduo deve ter direitos, os quais todos os Estados devem respeitar e proteger. Logo, a observância dos direitos humanos é não apenas um assunto de interesse particular do Estado (e relacionado à jurisdição doméstica), mas é matéria de interesse internacional e objeto próprio de regulação do Direito Internacional. (1997, p. 31)

---

(58) A Convenção é um instrumento concebido como Tratado Internacional. O Estado que ratifica uma Convenção contrai obrigações legais que deve cumprir e que estão sujeitas a um permanente controle internacional. (GRUNSPUN, 2000, p. 105) Para Amauri Mascaro Nascimento, "Convenção é um acordo internacional votado pela Conferência da OIT. [...] Uma vez aprovada uma Convenção, a OIT dá conhecimento dela aos Estados-membros para fins de ratificação." (2011, p. 138) Para Sergio Pinto Martins, as "Convenções [...] formulam regras, condições ou princípios de ordem geral, destinados a reger certas relações internacionais, estabelecendo normas gerais de ação". (2009, p. 71)

(59) As Recomendações são também aprovadas pela Conferência Internacional da OIT e não estão abertas à ratificação dos países-membros, sendo utilizadas quando "o tema não é apropriado ou conveniente para ser, no momento, objeto de Convenção". (MARTINS, 2002, p. 42) Para Grasiele Augusta Ferreira Nascimento, a "recomendação destina-se apenas a sugerir normas que podem ser adotadas do direito nacional, por qualquer das fontes formais do Direito do Trabalho, tendo em vista que o assunto tratado não permite a imediata adoção de uma convenção". (NASCIMENTO, 2004, p. 13) Para Sergio Pinto Martins, a "recomendação é uma norma da OIT, em que não houve número suficiente de adesões para que ela viesse a transformar-se numa Convenção". (MARTINS, 2009, p. 71)

Nesses termos, o Direito Internacional pode ser classificado como o Direito anterior à Segunda Guerra Mundial e o Direito posterior a ela. Em 1945, a vitória dos Aliados introduziu uma nova ordem com importantes transformações no Direito Internacional, simbolizadas pela Carta das Nações Unidas e pelas suas Organizações (PIOVESAN, 1997, p. 149-150).

Com a criação da Organização das Nações Unidas — ONU — em 24 de outubro de 1945, após a ratificação da Carta das Nações Unidas pela China, Estados Unidos, França, Reino Unido e a ex-União Soviética, além da maioria dos países signatários[60], incluindo o Brasil, é que a OIT passou a se vincular a essa entidade.

Para ser mais exato, a abertura para a vinculação da OIT perante a ONU se deu por força do art. 57 da Carta das Nações Unidas:

> 1. As várias entidades especializadas, criadas por acordos intergovernamentais e com amplas responsabilidades internacionais, definidas em seus instrumentos básicos, nos campos econômico, social, cultural, educacional, sanitário e conexos, serão vinculadas às Nações Unidas, de conformidade com as disposições do art. 63.
>
> 2. Tais entidades assim vinculadas às Nações Unidas serão designadas, daqui por diante, como entidades especializadas. (ONU, 2011a)

A partir do referido artigo, estava configurado o ingresso da OIT à ONU afirmando consequentemente sua sobrevivência como instituição especializada para as questões atinentes à regulamentação internacional do trabalho e problemas conexos. Com esse ingresso, o texto original de constituição da OIT passou por revisão geral consubstanciada pelo instrumento de Emenda de 1945, que entrou em vigor a 26 de setembro de 1946 (SÜSSEKIND, 2005, p. 1544).

Com a Declaração Universal dos Direitos Humanos de 1948, ao introduzir a concepção contemporânea de direitos humanos, particularmente no tocante ao artigo XXII, já se enunciava que "toda pessoa tem direito ao trabalho, à livre escolha de emprego, a condições justas e favoráveis de trabalho e à proteção contra o desemprego"; "direito a igual remuneração por igual trabalho"; "direito a uma remuneração justa e satisfatória, que lhe assegure uma existência digna" (OIT, 2007).

Criada em 1919 e vinculada à Organização das Nações Unidas em 1946, a OIT passa a materializar a proteção internacional do trabalho em todo o mundo, com o objetivo de promover parâmetros internacionais referentes às condições de trabalho e bem-estar (PIOVESAN; CARVALHO, 2010, p. 15).

No item a seguir, essa materialização passa para o campo da tutela da criança e do adolescente, tendo em vista que, desde a Conferência Internacional do Trabalho, adotando a Declaração de Filadélfia, priorizou-se, também, a proteção à infância no ambiente de trabalho.

---

(60) História da Organização das Nações Unidas. (ONU, 2011b)

3.3. Convenções e recomendações da Organização Internacional do Trabalho

Como órgão especializado nas temáticas trabalhistas e sociais da Organização das Nações Unidas, a OIT sempre cuidou da proteção dos direitos humanos da criança e do adolescente, mas nunca é demais enfatizar que, desde a Conferência de Berlim (mar.1890) já se estudavam as bases para a regulamentação internacional do trabalho do menor, deixando clara a necessidade de intervenção estatal nessa área[61].

A preocupação em proporcionar maior proteção ao trabalho infantil passou então a ser manifestada por meio da aprovação (ou ratificação) de várias Convenções Internacionais que tivessem vários países signatários, inclusive o Brasil.

Foi a partir da criação da OIT, com suas Convenções, Recomendações e Resoluções, e com a sua vinculação à ONU que a proteção dos trabalhadores e notadamente a das crianças e adolescentes, que o mundo passou a adotar e materializar as normas universais do Direito Internacional do Trabalho.

Arnaldo Süssekind, nesse ínterim, assevera que:

> Com a finalidade de preparar e fomentar, no âmbito da competência da OIT, a criação de um direito comum a vários Estados, cabe à Conferência promover a universalização das normas da justiça social, preferindo, sempre que possível, a forma de convenção, dada a sua maior hierarquia e eficácia jurídica. (2005, p. 1558)

Convenção internacional são normas jurídicas e emanadas da Conferência Internacional da OIT, destinadas a constituir gerais e obrigatórias para os Estados deliberantes, que as incluem no seu ordenamento jurídico interno, observadas as respectivas prescrições constitucionais[62] (NASCIMENTO, 2004, p. 98).

A Recomendação destina-se apenas a sugerir normas que podem ser adotadas pelo direito nacional, por qualquer das fontes formais do Direito do Trabalho, tendo em vista que o assunto tratado não permite a imediata adoção de uma convenção (NASCIMENTO, 1997, p. 13).

---

(61) Fundamentos extraídos a partir do entendimento de Alice Monteiro de Barros. (2008, p. 521)
(62) Após ser a Convenção aprovada pela Conferência Internacional do Trabalho, o governo do Estado-membro deve submetê-la, no prazo máximo de dezoito meses, ao órgão nacional competente (art. 19, § 5º, *b*, da Constituição da OIT), que, no caso do Brasil, é o Congresso Nacional (art. 49, I, da CF/1988). O Chefe de Estado poderá ratificá-la em ato formal dirigido ao Diretor-Geral da Repartição Internacional do Trabalho (art. 19, § 5º, *d*, da Constituição da OIT). A Convenção entrará em vigor no país, depois de certo período da data em que haja sido registrada na OIT sua ratificação, e que normalmente é especificado na referida norma internacional. A ratificação tem validade decenal. No Brasil, a Convenção é aprovada por meio de decreto legislativo. Há necessidade, ainda, de que a Convenção seja tornada pública, para efeito de divulgação de seu texto, o que é feito por meio de decreto do Presidente da República, pois a lei ou a norma internacional só vige "depois de oficialmente publicada" no *Diário Oficial*. (MARTINS, 2009, p. 71)

É indiscutível a importância de Convenções e Recomendações por parte da OIT, bem como a ratificação delas por parte de seus países-membros, uma vez que o objetivo buscado é a regulamentação internacional das normas trabalhistas, aqui relacionadas à tutela da criança e do adolescente.

Luciana Paula Vaz de Carvalho compila as principais normas e diretrizes da OIT na proteção ao trabalho infantil. Aduz a autora que a normas que tutelam a criança e o adolescente em relação ao trabalho versam sobre "a limitação em relação à idade mínima para o trabalho, trabalho noturno, escolas técnicas, trabalhos proibidos, exames médicos, férias, orientações e formação profissional, aprendizagem, doenças profissionais, repouso semanal remunerado, desemprego, dentre outras" (PIOVESAN; CARVALHO, 2010, p. 201).

Além dessas, as normas e diretrizes também versam sobre o peso máximo transportado durante o trabalho de forma que não comprometa a saúde e a efetiva participação de associações de empregados e empregadores na incorporação (no direito interno de cada Estado-membro) das normas internacionais que regulamentam direitos a esses indivíduos em crescimento.

Não pode passar despercebido neste momento que o trabalho infantil ainda causa muitas controvérsias sobre direitos humanos. Tanto é verdade que, apesar das diversas Convenções e Recomendações tentarem obter a internacionalização dessa tutela, há países que não ratificaram algumas dessas normas (GRUNSPUN, 2000, p. 104).

Várias foram as Convenções e Recomendações que buscaram tutelar o trabalho infantil. Assim, no item a seguir, abordar-se-á cada uma delas, uma vez que todas merecem especial atenção.

3.3.1. CONVENÇÕES E RECOMENDAÇÕES DA OIT: A ORDEM CRONOLÓGICA DA TUTELA INTERNACIONAL DO TRABALHO INFANTIL

Desde 1919, várias Convenções e Recomendações expressam a necessidade de os Estados internacionais incorporarem a seu ordenamento jurídico interno, a proteção aos direitos das crianças e dos adolescentes trabalhadores.

Para isso, os instrumentos normativos da OIT demonstram que a comunidade internacional atribuiu grande importância à questão do emprego do trabalho desses indivíduos, sendo que, conforme exposto anteriormente, inúmeros são os temas envolvendo essa proteção, dentre os quais: idade mínima permitida para o trabalho, trabalho noturno, necessidade de exames médicos antes da admissão e durante a prestação de serviços, peso máximo a ser transportado, férias, escolas técnicas etc.

A OIT, em 1919, aprovou a Convenção n. 5[63] que limitou em quatorze anos a idade mínima para a admissão em minas, canteiros, indústrias, construção naval, centrais elétricas, transportes e construções. Além disso, poder-se-ia limitar idade superior aos quatorze anos para labores perigosos, insalubres ou que pudesse afetar a moralidade desses indivíduos. Excetua-se essa proteção ao trabalho desenvolvido em escolas profissionais autorizadas e em empresas familiares.

No mesmo ano, a Convenção n. 6 proibiu o trabalho noturno[64] ao menor de dezoito anos na indústria. A proibição se estendeu aos menores acima de dezesseis anos nos trabalhos que, por sua natureza, deviam prosseguir dia e noite, tais como fábricas de ferro, vidro, papel, açúcar, redução de minério de ouro. Essa Convenção também excetuou, ou seja, permitiu o trabalho noturno, naquelas indústrias que empregassem os membros de uma mesma família, permitindo-o, em alguns tipos de fábricas, a partir dos dezesseis anos.

Em 1920, a Convenção n. 7[65] estabeleceu em quatorze anos a idade mínima para o trabalho marítimo. Seguindo a tendência anterior em impor algumas exceções à aplicabilidade das Convenções, essa não se aplicará ao trabalho de menores em navios-escola.

A Convenção n. 10, de 1921, proibiu o trabalho agrícola aos menores de quatorze anos e vedou a ocupação durante o horário de estudo nas escolas. Permitiu, entretanto, empregar menores em trabalho de colheita e com finalidade de formação profissional, sempre que o período de assistência às aulas não se reduzisse a menos de oito meses. A exceção para essa norma se refere às escolas técnicas.

Também no ano de 1921 restou aprovada a Convenção de n. 13, vedando o trabalho em serviços, notadamente o de pintura industrial, que implicassem o uso de cerusa [alvaiade], sulfato de chumbo e outras substâncias insalubres aos menores de dezoito anos.

Em seguida, a Convenção n. 15, de 1921, fixou em dezoito anos a idade para o trabalho em navios, na condição de foguista e paioleiros, salvo nos navios-escola, conforme também exposto na Convenção n. 10, ou nos que tivessem propulsão a vapor.

A Convenção n. 16, de 1921, determinou que os menores de dezoito anos se submetessem a exame médico antes de ingressarem em empregos a bordo e realizassem novo exame anualmente, salvo se trabalhassem em embarcação, cuja tripulação fosse constituída de familiares.

---

(63) Aprovada na primeira reunião da Conferência Internacional do Trabalho em Washington, entrando em vigor no plano internacional em 13.6.1921. (OLIVA, 2006a, p. 55) Esta Convenção foi revista pela de n. 59, de 1937, e denunciada posteriormente com a ratificação da Convenção n. 138 em 28.6.2001.
(64) Considerou trabalho noturno um período de onze horas consecutivas, abrangido o "intervalo que medeia entre as dez da noite e as cinco da manhã".
(65) Esta Convenção foi revisada em 1936.

Já no que se refere às Recomendações, a Organização Internacional do Trabalho regulamentou algumas que versaram sobre a proteção da criança e adolescente, do ambiente de trabalho, entres elas a de n. 14.

A Recomendação n. 14, de 1921, preocupou-se com a proteção do trabalho noturno de menores de quatorze anos em atividades agrícolas, de modo a lhes ser assegurado um descanso, segundo as exigências de sua saúde, pelo menos por dez horas consecutivas.

De 1932 é a Convenção n. 33[66] sobre a idade mínima de quinze anos para contratação em trabalhos não industriais, conforme definido na legislação interna dos países e no caso de não prejudicar a frequência escolar, não se aplicando às oficinas de família, se o trabalho não é nocivo, tampouco ao serviço doméstico. Insta salientar que essa Convenção se flexibilizou, ou seja, permitiu a contratação de menores de treze e quatorze anos em trabalhos leves por um máximo de duas horas por dia que não fosse domingo, feriado e à noite. Por razões científicas e artísticas, flexibilizou-se também pela permissão desses menores até a meia-noite.

Em 1932, houve a regulamentação da Recomendação n. 41 que também versou sobre a idade mínima para o trabalho em algumas atividades.

A Recomendação n. 41, de 1932, aprovou a idade mínima de admissão de menores em trabalhos não industriais, estabelecendo que, durante o período escolar, fossem ocupados o menos possível e que, fora do horário escolar, suas ocupações fossem leves, podendo servir como meninos de recados, distribuidores de jornais, em serviços de desportos e diversões, venda de flores e frutas, sempre com certificado médico sobre sua capacidade física. Além disso, essa Recomendação proibiu o emprego de menores de doze anos em espetáculos públicos, seja como atores ou figurantes, exceto quando houvesse autorização especial, no interesse da arte, da ciência ou do ensino e com a condição de não prejudicar os estudos.

A Convenção n. 37, aprovada em 1933, estabeleceu o seguro-invalidez para os trabalhadores empregados em empresas industriais e comerciais, nas profissões liberais, no trabalho em domicílio e no serviço doméstico, inclusive para os menores.

A Convenção n. 38, também do ano de 1933, estabeleceu o benefício do seguro-invalidez para os menores na atividade agrícola.

Outra Convenção aprovada em 1933 foi a n. 39, que consagrou o seguro por morte aos menores que laboravam nas indústrias.

A última Convenção que se referiu ao trabalho da criança e adolescente no ano de 1933 foi a n. 40, estabelecendo o seguro por morte aos aprendizes que laboravam nas atividades agrícolas.

Em 1936, foi aprovada a Convenção n. 52, que dispôs sobre o direito às férias remuneradas aos trabalhadores menores.

---

(66) Esta Convenção foi revista em 1937, pela de n. 60.

A Convenção n. 58, também aprovada em 1936, promoveu a revisão da Convenção n. 7 e fixou a idade mínima para o trabalho marítimo em quinze anos, excetuando navios em que trabalhassem apenas membros de uma mesma família.

Naquele mesmo ano se aprovou a Recomendação n. 48 que, além de outras matérias, recomendou a proibição da atuação de adolescentes no comércio de bebidas e produtos congêneres.

Em 1937, restou aprovada a Convenção n. 59, promovendo a revisão da Convenção n. 5, a fim de estabelecer em quinze anos a idade mínima para o trabalho na indústria.

A Convenção n. 60, também de 1937, revisou a Convenção n. 33, estabelecendo em quinze anos a idade mínima para o trabalho em estabelecimentos não industriais.

Nesse mesmo ano houve a aprovação da Recomendação n. 52, que versou sobre a idade mínima de quatorze anos para serviços não industriais, inclusive para as empresas familiares.

Em 1946, houve a aprovação da Convenção n. 77, que estabeleceu a obrigatoriedade do exame médico de aptidão para o emprego de menores na indústria.

Também de 1946 é a Convenção n. 78 que estabeleceu a obrigatoriedade do exame médico de aptidão para o emprego de menores em trabalhos não industriais.

A Convenção n. 79, de 1946, aprovou a limitação do trabalho noturno de menores nas atividades não industriais[67].

No mesmo sentido, foi a Recomendação n. 80, desse mesmo ano, regulando o trabalho noturno de adolescentes em atividades não industriais.

Em 1948, deu-se a aprovação da Convenção n. 90, promovendo a limitação da idade mínima para o trabalho noturno na indústria. Para essa Convenção, labor noturno é o trabalho realizado entre as 22 horas de um dia às 6 horas do dia subsequente. A exceção para a referida proteção se tratou do trabalho noturno de adolescentes com dezesseis anos nos casos de força maior.

Em 1952, aprovou-se a Recomendação n. 93, desencadeando, conforme a Convenção n. 101, critérios favoráveis às férias dos adolescentes, sendo recomendado aos menores de dezesseis anos que a duração das férias fosse de duas semanas por cada ano trabalhado e proporcionais, nos casos em que o período trabalho fosse inferior a um ano.

Em 1953, houve a aprovação da Recomendação n. 96, a qual versou sobre a idade mínima de dezesseis anos para o trabalho em subterrâneo, notadamente no

---

(67) No mesmo sentido, tem-se a Recomendação n. 80.

que se refere às minas de carvão. A exceção que traz essa norma se refere à atividade que promovesse o aprendizado e formação profissional.

A Convenção n. 112, de 1959, estabeleceu idade mínima de 15 anos para o trabalho em barcos de pesca.

A Convenção n. 123, aprovada em 1965, limitou a idade mínima para o trabalho subterrâneo nas minas, sendo fixada em dezesseis anos a idade mínima para o exercício de tal atividade[68].

Em 1965, restou aprovada a Convenção n. 124, estabelecendo a exigência de atestado médico periódico para o trabalho do menor em subterrâneos até que completasse vinte e um anos de idade[69].

Nesse mesmo ano, restou aprovada a Recomendação n. 124 para a vedação do trabalho de menores de dezoito anos no subterrâneo.

Em 1967, restou aprovada a Recomendação n. 128 que passou a recomendar a proibição de transporte manual de carga aos menores de dezoito anos de idade.

A Convenção n. 136, aprovada em 1971, tratou de proteger os menores contra os riscos de intoxicação pelo benzeno e proibiu, em seu art. 11, o trabalho de menores de dezoito anos em locais que acarretem exposição ao referido produto ou a outros que a contenham[70]. A exceção para sua aplicação refere-se aos menores que receberem instrução ou treinamento adequados e estiverem sob o controle médico.

Também em 1971 se aprovou a Recomendação n. 144 que recomendou a idade mínima de dezoito anos para o trabalho em atividades que estivessem condicionadas ao manuseio ou influência de agentes químicos, notadamente do benzeno.

Em 1973, houve a aprovação da Recomendação n. 146, versando sobre a idade mínima de dezesseis anos para o trabalho em qualquer atividade econômica, sendo que passaria para dezoito anos, caso a atividade estivesse condicionada à exposição perigosa da vida. Além disso, essa Recomendação traz orientações para se buscar a erradicação do trabalho infantil, bem como para a implantação de políticas nacionais que atendam às necessidades das crianças e de seus familiares.

Sobre a Convenção n. 138, aprovada em 1973, vale tecer maiores especificações, pois dispõe sobre a idade mínima para ingresso no mercado de trabalho e

---

(68) No mesmo sentido, tem-se a Recomendação n. 124 e a Recomendação n. 125.
(69) Aprovada na 49ª reunião da Conferência Internacional do Trabalho, realizada em Genebra, entrou em vigor no plano internacional em 13.12.1967. No Brasil, foi aprovada pelo Decreto-lei n. 67.342/1970, tendo entrado em vigor na data de 21.8.1971.
(70) Aprovada pela 56ª reunião da Conferência Internacional do Trabalho, realizada em Genebra, entrou em vigor no plano internacional em 27.7.1973. No Brasil, foi aprovada pelo Decreto-legislativo n. 76, de 19.11.1992, ratificada em 24.3.1993 e promulgada pelo Decreto n. 1.253/1994, entrando, portanto, em vigência no plano nacional.

merece destaque, uma vez que indica a política de erradicação do trabalho infantil, segundo a qual os países signatários devem comprometer-se a elevar à progressividade a idade de ingresso no mercado até atingir a total erradicação do trabalho infantil (NASCIMENTO, 2004, p. 32).

Com vigência a partir de 1976, a referida Convenção levou em consideração todas as convenções anteriores que disciplinavam a idade mínima para admissão no trabalho e estabeleceu, como disposto antes, que cada país que viesse a ratificá-la deveria especificar uma idade mínima para admissão no emprego, a qual não seria inferior à idade de conclusão da escolaridade compulsória[71] ou, em qualquer hipótese, não inferior a quinze anos. Pregou ainda que a idade para admissão em serviços que pudessem ser prejudiciais à saúde, à segurança e à moral do jovem não fosse inferior a dezoito anos.

Segadas Vianna aduz quanto a essa Convenção, notadamente no que se refere ao artigo primeiro que: "A premissa utilizada é a de que a faixa etária para esse fim depende do nível adequado ao pleno desenvolvimento físico e mental do jovem". Como regra geral, essa norma fixa em quinze anos, admitindo-se, excepcionalmente, quatorze anos como idade mínima para admissão no emprego[72] (2005, p. 1028).

Para Ricardo Tadeu Marques da Fonseca, a Convenção n. 138 incorporou a última posição da OIT, podendo ser resumida nos seguintes parâmetros:

a) preconiza a idade mínima para o trabalho em 15 anos de idade, com o mister de garantir escolaridade mínima sem trabalho durante o primeiro grau;

b) admite que países em desenvolvimento adotem a idade de 14 anos para o trabalho e, excepcionalmente, a de 12 anos em caso de aprendizagem;

c) nesses casos, porém, os eventuais signatários devem implementar política de elevação progressiva da idade mínima;

d) as atividades que afetem a integridade física ou psíquica, a preservação da moralidade, ou a própria segurança do adolescente devem ser desempenhadas somente a partir dos 18 anos. Tolera, no entanto, a idade de 16 anos em tais hipóteses, desde que o adolescente esteja submetido a cursos profissionalizantes. (2011)

A Convenção n. 182, aprovada em 1999[73], regulamentou a proibição das piores formas de trabalho infantil[74] e a ação imediata para sua eliminação.

---

(71) Acredita Adalberto Martins que a escolaridade compulsória deva corresponder aos oito anos do ensino fundamental, antigo primeiro grau.
(72) Veremos na próxima seção (a proteção do trabalho infantil no Brasil) que a Emenda Constitucional n. 20, de 1998, foi mais realista que a própria Organização Internacional do Trabalho, uma vez que elevou a idade mínima para dezesseis anos.
(73) Aprovada na 87ª reunião da Assembleia Geral da OIT. Foi enviada para apreciação do Congresso Nacional brasileiro, pelo presidente da República, no dia 10.10.1999, juntamente com a Convenção n. 138, e foi aprovada pelo Decreto-legislativo n. 178, de 15.12.1999.
(74) Entre as piores formas de trabalho infantil, compreensivas de menores com até dezoito anos de idade, incluem-se a escravidão e práticas análogas, como a venda e tráfico de crianças, o trabalho forçado ou obrigatório, inclusive em conflitos armados, o recrutamento para prostituição ou práticas

Essa Convenção exige para os Estados-membros da OIT que passem a ratificá-la, maior proteção e assistência direta, necessária e adequada, para livrar as crianças das piores formas de trabalho infantil, bem como a reabilitação e a integração social desses indivíduos[75].

Seja essa última Convenção ou aquela anterior, importante frisar que o Brasil promoveu a ratificação de ambas, diga-se de passagem, no sentido de se apresentar à comunidade internacional como nação protetora e fiscalizadora das mazelas sociais que norteiam o trabalho de inúmeras crianças e adolescentes. Essa última ponderação poderá ser mais bem observada na seção seguinte, uma vez tratar-se da proteção do trabalho infantil no Brasil.

Ainda sobre essa Convenção, Adalberto Martins assinala que "trata-se de um ato político que objetiva mostrar aos países desenvolvidos que o Brasil também está preocupado com o problema do trabalho infantil e objetiva sua erradicação, mas não tem maiores repercussões no âmbito do direito interno" (2002, p. 47).

A título ilustrativo, é importante informar que, até o presente momento, mais de 150 países já ratificaram ao menos uma das duas últimas Convenções aqui trazidas, quais sejam, as de ns. 138 e 182 (OIT, 2011c).

Quanto à última Recomendação atinente ao trabalho infantil, foi aprovada no ano de 1999 a de n. 190, completando o que muito já trouxera a Convenção n. 182.

Essa Recomendação objetivou identificar, denunciar e impedir a ocupação de crianças nas piores formas de trabalho infantil[76], provendo a proteção necessária para a sua inserção social por meio de medidas que atendam as suas necessidades educacionais, físicas e psicológicas.

Ante todas essas Convenções e Recomendações, pôde ser observado, ao longo da cronologia histórica da Organização Internacional do Trabalho, que o tema "criança e adolescente" ou "trabalho infantil" foi bastante debatido e regulamentado.

São mais de vinte instrumentos que trataram sobre a idade mínima para o labor, locais de trabalho (indústria, não indústria, marítimo, agricultura, minas etc.),

---

pornográficas, para a produção e tráfico de entorpecentes, o trabalho que possa produzir danos à saúde, à segurança ou à moralidade das crianças. (SÜSSEKIND, 2005, p. 1028)

(75) No sentido de cumprir com estas exigências, os Estados-membros deverão garantir o acesso gratuito à educação básica, e, sempre que possível e adequado, a formação profissional aos menores liberados das piores formas de trabalho infantil. (OIT, 2011c)

(76) Para fins desta Recomendação, consideram-se formas piores de trabalho infantil aquele que expuser a criança ao abuso físico, psicológico ou sexual; no trabalho seja subterrâneo, debaixo d'água, em alturas perigosas ou em espaços confinados; com máquinas, equipamentos e instrumentos perigosos ou que envolvam manejo ou transporte manual de cargas pesadas; em ambiente insalubre que possa, por exemplo, expor a criança a substância, agentes ou processamentos perigosos, ou a temperaturas ou a níveis de barulho ou vibrações prejudiciais a sua saúde; em condições particularmente difíceis, como o trabalho por longas horas ou noturno, ou trabalho em que a criança é injustificadamente confinada ao estabelecimento do empregador.

condições de trabalho (salubridade e periculosidade), escolaridade e o ensino profissional, até a culminância que seu deu por meio da Convenção n. 182 e Recomendação n. 190, ambas no ano de 1999.

3.4. Demais normas internacionais de proteção ao trabalho infantil

Verificou-se em linhas volvidas que a proteção internacional do trabalho infantil perpassou especialmente pela criação da Liga das Nações, da Organização das Nações Unidas e pela Organização Internacional do Trabalho, sendo essa última a entidade competente para aprovar normas versando sobre o trabalho como gênero e o trabalho infantil como espécie.

A partir dos laços internacionais estreitados pelos Estados-membros pertencentes à ONU e OIT, inclusive tendo o Brasil como membro partícipe de ambas as organizações, em dezembro de 1948, foi aprovada a Declaração Universal dos Direitos Humanos, com a finalidade principiológica de proteger os direitos humanos considerados universais, indivisíveis e interdependentes, sempre em favor da pessoa humana.

Ao introduzir a concepção contemporânea de direitos humanos, particularmente no tocante ao artigo XXII, já se enunciava que "toda pessoa tem direito ao trabalho, à livre escolha de emprego, a condições justas e favoráveis de trabalho e à proteção contra o desemprego"; "direito a igual remuneração por igual trabalho"; "direito a uma remuneração justa e satisfatória, que lhe assegurasse uma existência digna"[77]; "direito a repouso e lazer, inclusive à limitação razoável de horas de trabalho e a férias remuneradas periódicas"[78].

A Declaração Universal dos Direitos Humanos de 1948 constituiu um marco para a elaboração de normas direcionadas à tutela dos direitos humanos em âmbito doméstico e internacional, aqui notadamente o Direito do Trabalho e a proteção contra o trabalho infantil, também considerado fundamento da dignidade da pessoa humana.

Especificadamente quanto ao trabalho infantil, no art. 32 dessa Declaração, se depreende a responsabilidade de os Estados-membros reconhecerem "o direito da criança de estar protegida contra a exploração econômica e contra o desempenho de qualquer trabalho que possa ser perigoso ou interferir em sua educação, ou que seja nocivo para sua saúde ou para seu desenvolvimento".

No mesmo artigo, há outras obrigações para os Estados-membros:

---

(77) Art. 23 da Declaração Universal dos Direitos Humanos.
(78) Art. 24 da Declaração Universal dos Direitos Humanos.

a) estabelecer uma idade ou idades mínimas para a admissão em empregos;

b) estabelecer regulamentação apropriada relativa a horários e condições de emprego;

c) estabelecer penalidades ou outras sanções apropriadas a fim de assegurar o cumprimento efetivo do presente artigo. (ONU, 2011c)

Durante esse momento histórico, importante salientar que a Assembleia Geral das Nações Unidas, em 1953, transformou a UNICEF em uma organização permanente de ajuda às crianças, para melhorar "as indescritíveis condições miseráveis nas quais centenas de milhares de crianças vivem nos países em desenvolvimento". Desde então, o Fundo tem estado na vanguarda do compromisso pela sobrevivência, proteção e desenvolvimento das crianças (ONU, 2011b).

Seguindo no processo de universalização da proteção da criança e do adolescente contra o trabalho infantil, a Organização das Nações Unidas proclamou, em 1959, a Declaração dos Direitos da Criança[79], baseada na Declaração dos Direitos Humanos, apresentando-se como o ato político responsável pelo reconhecimento universal dos direitos humanos desses indivíduos e sua proteção integral.

Em seu princípio 9, restou estabelecido que "a criança gozará de proteção contra quaisquer formas de negligência, crueldade e exploração. Não será jamais objeto de tráfico, sob qualquer forma." Além disso, trouxe também referido princípio que "Não será permitido à criança empregar-se antes da idade mínima conveniente; de nenhuma forma será levada a, ou ser-lhe-á permitido, empenhar-se em qualquer ocupação ou emprego que lhe prejudique a saúde ou a educação ou que interfira em seu desenvolvimento físico, mental ou moral".

Essa Declaração condensa, em dez princípios, a proteção especial aos direitos da criança, a fim de que lhe sejam propiciadas oportunidades e facilidades capazes de permitir o seu desenvolvimento de modo sadio e normal e em condições de liberdade e dignidade. Além disso, o mesmo diploma e seus princípios são considerados normas pragmáticas ou de natureza moral, que não representam obrigações para os Estados, propondo, apenas, sugestões de que os Estados poderão utilizar-se ou não. Portanto, a Declaração ora mencionada abriu caminho para novas conquistas e influenciou o surgimento de outros documentos em prol da criança e do adolescente (PES, 2010, p. 51).

Em 1966, a promulgação dos Pactos Internacionais de Direitos Humanos estabeleceu o reconhecimento a todas as pessoas dos seus Estados-membros, direitos civis, políticos, sociais, econômicos e culturais.

Para João Hélio Ferreira Pes, coordenador da obra intitulada *Direitos humanos: crianças e adolescente*, "tais pactos[80] esmiuçaram o conteúdo da Declaração

---

(79) Adotada pela Assembleia das Nações Unidas de 20 de novembro de 1959 e ratificada pelo Brasil através do art. 84, inciso XXI, da Constituição, e tendo em vista o disposto nos arts. 1º da Lei n. 91, de 28 de agosto de 1935, e 1º do Decreto n. 50.517, de 02 de maio de 1961.

(80) Pacto Internacional de Direitos Civis e Políticos e Pacto Internacional de Direitos Econômicos, Sociais e Culturais.

Universal de 1948", afirmando ainda que "esses direitos também são aplicáveis às crianças e aos adolescentes. Ademais, eles fazem menção expressa a diversos aspectos peculiares dos menores de dezoito anos" (2010, p. 47).

Tal preceito é visto no Pacto Internacional de Direitos Econômicos, Sociais e Culturais, especialmente em seu art. 10, quando trata da "obrigatoriedade de proteção e assistência especial em favor das crianças e adolescentes, sem discriminação alguma, quando se refere à proteção contra a exploração econômica e social, à proibição de emprego em trabalhos nocivos para a sua moral e saúde e idade mínima para tanto". O mesmo artigo ainda traz nuanças quanto à responsabilidade dos Estados: "Os Estados devem também estabelecer limites de idades, sob as quais fique proibido e punido por lei o emprego de assalariado da mão de obra infantil".

Três anos depois da promulgação do pacto referido, houve no continente Americano a edição da Convenção Americana de Direitos Humanos, também conhecida como Pacto de São José da Costa Rica, aprovada em 1969, reproduzindo grande parte dos preceitos constantes no Pacto Internacional de Direitos Civis e Políticos, notadamente no que se refere à proibição da escravidão e da servidão de qualquer cidadão, logicamente incluindo a criança e do adolescente[81].

Na tentativa de limitar a idade para o ingresso no mercado de trabalho, a proteção da saúde, da educação e do desenvolvimento integral da criança, essa Declaração não alterou o quadro de exploração da mão de obra das crianças ao redor do mundo, até que em 1989, por meio da própria ONU, editou-se a Convenção dos Direitos da Criança.

Viviane Matos González Perez, neste diapasão, afirma que:

> O quadro de exploração da mão de obra dos pequenos ao redor do mundo, apesar da existência de vasto conteúdo normativo emanado pela Organização Internacional do Trabalho e das orientações políticas acerca da garantia dos direitos fundamentais do grupo, fez com que a ONU, no ano de 1989 — trinta anos após a proclamação da Declaração dos Direitos das Crianças — editasse a Convenção sobre os Direitos da Criança, positivando em caráter universal as normas de tutela dos direitos humanos da comunidade. (2008, p. 69)

Nos termos da Convenção sobre Direitos da Criança, adotada pela ONU, em 1989 e vigente desde 1990, a criança é definida como todo ser humano com menos de dezoito anos de idade, a não ser que, pela legislação aplicável, a maioridade seja atingida mais cedo[82].

---

[81] Art. 6º do Pacto Internacional de São José da Costa Rica.
[82] Esta Convenção foi ratificada por praticamente por todas as nações e referendada em seus próprios países, exceto nos Estados Unidos e Somália. (UNICEF, 2011)

Tanto é verdade que essa Convenção aprimora aquela relativa aos direitos humanos, de 1959, que o art. 32 desta praticamente transcreve o também art. 32 daquela.

Essa referida Convenção promove todos os direitos humanos das crianças e assim como a educação é um dos direitos das crianças, o trabalho também é um direito humano (GRUNSPUN, 2000, p. 104).

Para Haim Grunspun:

> Quando foi aprovada, em 1989, a Convenção foi o ponto culminante de 60 anos de trabalho de organizações não governamentais, especialistas em direitos humanos e um consenso extraordinário entre governos. Atualmente todos os países do mundo ratificaram a Convenções (com exceção de apenas dois países: os Estados Unidos e a Somália), marco dos direitos das crianças — entendidas pelas Nações Unidas como toda pessoa com menos de 18 anos. (2000, p. 105)

Ainda sobre a exploração do trabalho infantil, a UNICEF, em 1997, definiu na Declaração denominada de "Estado das Crianças no Mundo", o que se trata de exploração do trabalho infantil, como abuso dos direitos humanos, caracterizado como tal, dentre outros casos, o trabalho:

— que é realizado em tempo integral e iniciado muito cedo em idade;

— que exerce excessivo estresse físico, social e psicológico;

— que tem inadequado pagamento;

— de responsabilidade exagerada;

— que prejudica o direito à educação;

— que abala a dignidade e a autoestima;

— que é nocivo para o desenvolvimento social e psicológico da criança e do adolescente. (CHERMONT, 2011)

Cabe ressaltar ainda que, no sentido de dar força às provisões da aludida Convenção de 1989, foram adotados dois Protocolos Facultativos, sendo o primeiro relativo à venda de crianças, prostituição e pornografia (válido em 18.1.2002), e o segundo mencionando a inclusão de crianças em conflitos armados, válido em 12.2.2002.

O primeiro protocolo, Protocolo Facultativo à Convenção sobre os Direitos da Criança relativos à venda de crianças, prostituição e pornografia infantil, adotado pela Assembleia Geral das Nações Unidas em 25 de maio de 2000, mas que somente se tornou válido em 18.1.2001, traz em seu preâmbulo o reconhecimento pela proteção da criança contra a exploração econômica ou contra a sujeição a qualquer trabalho que prejudique a saúde ou a educação ou que interfira em seu desenvolvimento físico, mental ou moral.

Além do preâmbulo, o art. 3º do mesmo diploma assevera que os Estados-membros ou denominados "Partes" deverão garantir a inserção em suas normas internas, especialmente no que se refere ao Direito Penal, o abuso de atos acometidos com "a oferta, entrega, ou aceitação de uma criança, por qualquer meio, para fins de: [...]; c — Submissão da criança a trabalho forçado".

Ante todas essas normas internacionais, diga-se, por oportuno, algumas ratificadas pelos Estados, outras não; algumas convencionando, outras somente sugerindo o seu cumprimento; e, algumas no afã de promover o esforço de construir mecanismos jurídicos de proteção à criança e ao adolescente, outras descontruindo a própria história tutelar desses indivíduos, resulta evidente que são instrumentos pertencentes a vários campos do saber, instituindo normas para que os Estados signatários realizem efetivamente os direitos nelas expressos.

Cumprida a apresentação desses instrumentos reguladores contra as piores formas do trabalho infantil, o passo agora é o estudo e a análise de como o Mercosul tem trabalhado para proteger suas crianças e adolescentes que se encontram diante dessas mesmas situações de risco.

3.5. O MERCOSUL CONTRA O TRABALHO INFANTIL

No tocante ao trabalho da criança e do adolescente, é cediço que, da mesma forma que ao redor do mundo, observou-se essa mazela social, também não foi diferente com o Mercosul, conforme se verificará a seguir.

O Mercado Comum do Sul — Mercosul, criado pelo Tratado de Assunção em março de 1991, subscrito por Argentina, Brasil, Uruguai e Paraguai, somado com as adesões de Chile e Bolívia, destina-se à ampliação dos mercados nacionais como condição fundamental para acelerar os processos de desenvolvimento econômico com justiça social, a necessidade de aproveitamento mais eficaz dos recursos disponíveis, a preservação do meio ambiente, a coordenação de políticas macroeconômicas e a complementação dos vários setores da economia com base nos princípios da gratuidade, flexibilidade e equilíbrio (NASCIMENTO, 2004, p. 112).

No referido Tratado, não se observa a preocupação com os direitos sociais dos cidadãos dos respectivos Estados-membros. Diante disso, somente a partir de 2000 é que o Mercosul intensificou a cooperação e união no tocante às negociações aduaneiras e à proteção ao trabalho de crianças e adolescentes, notadamente por meio de regras aprovadas direta e internamente por cada um de seus membros.

Sobre o Brasil e a mencionada proteção aos direitos sociais, particularmente, o trabalhista Amauri Mascaro Nascimento aduz que:

> [...] os efeitos do Mercosul já se fizeram sentir no Brasil, com as diretrizes [...] na política trabalhista, no sentido de elevar o valor do salário mínimo

para aproximá-lo dos valores observados nos demais países da Comunidade [...], a revisão dos encargos sociais que pesam sobre o custo do trabalho, a circulação de trabalhadores e outras matérias, iniciativas que acabam acelerando a modernização do direito do trabalho brasileiro em diversos dos seus aspectos. (2004, p. 112/113)

Oportuno informar ao leitor desta pesquisa, a título ilustrativo, que — ao contrário do Tratado da União Europeia — o Tratado de Assunção não prevê a uniformização, e sim a harmonização das leis trabalhistas dos países integrantes[83] (MARTINS, 2002, p. 58).

Essa harmonização está sempre em pontos de pauta entre os Estados-membros. Tanto é verdade que em 10.10.1998 foi criada e assinada a Declaração Sociolaboral do Mercosul, na qual os países-membros reconhecem a necessidade de buscar novos processos de desenvolvimento econômico, porém, com justiça social. Nesse ínterim, adotaram como princípios a área do trabalho, entre outros, o da não discriminação[84], da promoção de igualdade[85], da eliminação do trabalho forçado e do não trabalho infantil e de menores[86].

Há também outras referências de harmonização das normas trabalhistas entre os países.

Em 24.11.2010 os Ministros do Trabalho dos países do Mercosul se reuniram em Brasília, a fim de dar sequência à discussão iniciada na Argentina, em agosto de 2011, redundando, por conseguinte, na aprovação de dois projetos, quais sejam: a) o primeiro voltado à prevenção e à erradicação do trabalho infantil; e b) o segundo relacionado à promoção de cooperação na área da seguridade social.

(83) Diante deste aspecto, já se faculta a noção de que as normas trabalhistas no Cone Sul não irão passar por qualquer revisão que busque a unificação das mesmas em todos os países-membros da Comunidade, a menos que seja reformulado o Tratado de Assunção e as normas que o sucederam.
(84) Todo trabalhador tem garantida a igualdade efetiva de direitos, tratamento e oportunidades no emprego e ocupação, sem distinção ou exclusão por motivo de raça, origem nacional, cor, sexo ou orientação sexual, idade, credo, opinião política ou sindical, ideologia, posição econômica ou qualquer outra condição social ou familiar, em conformidade com as disposições legais vigentes.
(85) As pessoas portadoras de necessidades especiais serão tratadas de forma digna e não discriminatória, favorecendo-se sua inserção social e no mercado de trabalho.
(86) A idade mínima de admissão ao trabalho será aquela estabelecida conforme as legislações nacionais dos Estados Partes, não podendo ser inferior àquela em que cessa a escolaridade obrigatória.
Os Estados Partes comprometem-se a adotar políticas e ações que conduzam à abolição do trabalho infantil e à elevação progressiva da idade mínima para ingressar no mercado de trabalho. O trabalho dos menores será objeto de proteção especial pelos Estados Partes, especialmente no que concerne à idade mínima para o ingresso no mercado de trabalho e a outras medidas que possibilitem seu pleno desenvolvimento físico, intelectual, profissional e moral. A jornada de trabalho para esses menores, limitada conforme as legislações nacionais, não admitirá sua extensão mediante a realização de horas extras nem em horários noturnos. O trabalho dos menores não deverá realizar-se em um ambiente insalubre, perigoso ou imoral, que possa afetar o pleno desenvolvimento de suas faculdades físicas, mentais e morais. A idade de admissão a um trabalho com alguma das características antes assinaladas não poderá ser inferior a 18 anos.

Considerando que o primeiro projeto aprovado se refere ao tema "trabalho", bem como o desta seção, oportuno então enfatizar que o mesmo se denomina "Plano Regional para a Prevenção e Erradicação do Trabalho Infantil", cujos objetivos são definidos pela contribuição e implementação de políticas regionais para a mencionada prevenção e erradicação do trabalho infantil no Mercosul[87].

Outro destaque quanto à harmonização das leis trabalhistas e políticas governamentais voltadas para o trabalho infantil, os Ministérios do Trabalho e Emprego brasileiro, argentino, uruguaio e paraguaio lançaram em conjunto, no início de 2011, a cartilha "Como trabalhar nos países do Mercosul" (criada em 2010), no sentido de orientar os trabalhadores e com o objetivo de oferecer-lhes informações importantes sobre o emprego nos demais países integrantes do bloco. Essa cartilha dispõe sobre a própria legislação trabalhista, seguridade social, sindicalização e regras de saúde e segurança no trabalho, inclusive contendo um capítulo para cada um dos quatro países.

Quanto ao trabalho infantil, essa cartilha traz alguns alertas. No capítulo três, depreende-se que o Mercosul está comprometido, ao menos por meio de um discurso político e/ou por leis rígidas, porém ineficazes, com a luta pela prevenção e erradicação do trabalho da criança e do adolescente. Como justificativa dessa abordagem, está a ponderação de que os todos os países-membros ratificaram as duas principais Convenções da OIT sobre o tema: a Convenção n. 138 (sobre a idade mínima) e a Convenção n. 182 (sobre as piores formas de trabalho infantil).

Como visto por meio das três exemplificações de que no Mercosul não há uma uniformização, mas sim uma harmonização das leis trabalhistas, inclusive ponderando sobre a necessidade de se erradicar o trabalho infantil, torna-se necessário, agora, apresentar como estão as legislações internas, o que dizem os jornais dos países-membros do Mercosul e os dados estatísticos.

3.5.1. LEGISLAÇÃO TRABALHISTA COMPARADA, FATOS SOCIAIS E SEUS DADOS ESTATÍSTICOS

Antes de apresentar qualquer informação pormenorizada da existência do trabalho infantil no Cone Sul, importante salientar que as referências aqui utilizadas foram extraídas de pesquisas já realizadas e publicadas nos respectivos Estados-membros, além de recortes de jornais e bibliografias que tratam diretamente desse tema.

---

(87) O então ministro do Trabalho e Emprego, Carlos Lupi, que exercia a presidência Pro Tempore do grupo, afirmou que o encontro contribui em avanços significativos sobre as relações de trabalho. "Temos que promover o diálogo entre os atores sociais para continuarmos avançando e progredindo nas relações sociolaborais dos países". Participaram da reunião ministros de estado dos países do Mercosul e seus representantes, integrantes das bancadas de trabalhadores e empregadores dos países e representantes da Organização Internacional do Trabalho (OIT) e Agência Brasileira de Cooperação. (BRASIL, 2011g)

O trabalho infantil nos países do Mercosul é notado em relação ao sexo e faixa etária, por áreas (rural e urbana), por função (doméstico, artesanatos, indústrias etc.), pela geografia dos países e suas regiões e pelo grau de instrução das crianças e adolescentes envolvidos (SPRANDEL; CARVALHO; MONTONAGA, 2007, p. 41).

Com relação aos dados estatísticos, em 1998 havia aproximadamente dezoito milhões de menores entre dez e quatorze anos trabalhando em condições insalubres e perigosas no Mercosul (MARTINS, 2002, p. 58).

Deixa-se, por hora, de demonstrar e justificar as informações trazidas no parágrafo anterior, a fim de buscar, inicialmente, uma análise comparativa entre as principais normas trabalhistas que norteiam o trabalho infantil nos países do Mercosul, sendo a Argentina, Paraguai e Uruguai, por serem os fundadores, com a exceção do Brasil, também como fundador, tendo em vista que sua legislação envolvendo o tema aqui tratado será abordada em tópico próprio, de forma específica e detalhada.

3.5.1.1. ARGENTINA

Na Argentina, a exemplo do Brasil, a necessidade de colaborar na subsistência familiar justifica a inserção de crianças no mercado informal de trabalho, fato que gera a evasão escolar e contribui para o agravamento da taxa de analfabetismo (MARTINS, 2002, p. 59).

Primeiramente, foi promulgada a Lei n. 5.921, de 14 de outubro de 1907, proibindo o trabalho de menores de dez anos, bem como o trabalho noturno de menores de dezesseis anos e o trabalho de menores de doze anos em estabelecimentos industriais (NASCIMENTO, 2009, p. 43).

Posteriormente, a Lei n. 5.291 foi revogada pela Lei n. 11.317, de 30 de setembro de 1924, que sofreu sucessivas alterações e que acabou sendo derrogada pela Lei n. 20.744[88], Lei de Contrato de Trabalho, como a Consolidação das Leis do Trabalho do Brasil (MARTINS, 2002, p. 43).

Adalberto Martins afirma que, quanto à proteção constitucional da criança e do adolescente:

> [...] é certo que somente após a Reforma de 1994 a Constituição Argentina passou a dispor, especificamente, sobre o trabalho do menor. Foi através da referida reforma constitucional que a convenção sobre os

---

(88) O capítulo VIII da Lei de Contrato de Trabalho — LCT — é dedicado aos adolescentes. O art. 189 proíbe, em princípio, a ocupação de menores de quatorze anos em qualquer atividade, lucrativa ou não. A proibição se estende aos maiores de quatorze anos, que não tenham completado sua instrução escolar obrigatória. (NASCIMENTO, 2009, p. 44)

direitos da criança adquiriu hierarquia constitucional, tendo suas normas o *status* de complemento aos direitos e garantias da primeira parte da Constituição (art. 75, inciso 22). (2002, p. 60)

A República Argentina estabeleceu, como objetivo de sua política pública, a prevenção e erradicação do trabalho infantil, a elevação da idade mínima de admissão no emprego, a fim de assegurar um maior nível de escolaridade da população adolescente.

Nesse sentido, restou sancionada em 2008 a Lei n. 26.390, que elevou a idade mínima de admissão no emprego para os dezesseis anos, a partir de 25 de maio de 2010, contemplando, por conseguinte, um período de transição a partir da aprovação da lei, no qual a idade mínima de admissão ao trabalho é de quinze anos.

Quanto às Convenções da OIT sobre a proteção da criança e do adolescente, a Argentina ratificou as de ns. 5, 7, 33, 58, 138, 6, 90 e 79 (NASCIMENTO, 2009, p. 45).

Quanto às informações estatísticas, de 1998 a 2006, o trabalho infantil na Argentina cresceu 600%, especialmente como consequência da crise econômica. Assim, das duzentas e cinquenta mil crianças em 1998, em 2006, passou para um milhão e quinhentas mil crianças trabalhando (SINDICATO Mercosul, 2011a).

Já os resultados da Pesquisa de Atividades de Criança e Adolescentes (EANNA), referentes aos últimos quatro meses de 2004, divulgados pelo Ministério do Trabalho, Emprego e Seguridade Social e pela Organização Internacional do Trabalho em 12 de junho de 2005, republicado em abril de 2006, por meio do documento "Infância e adolescência: trabalho e outras atividades econômicas", e reeditadas em 2007 pela OIT, apresentam o levantamento, apuração e consolidação do trabalho infantil na Argentina, chegando à conclusão de que 6,5% das crianças e 20,1% dos adolescentes trabalhavam. A sua magnitude varia segundo o sexo, afetando principalmente os de sexo masculino. Em contrapartida, as atividades domésticas intensas estão mais difundidas entre as mulheres, especialmente as adolescentes. Por sua vez, a porcentagem de crianças de cinco a treze anos que trabalham é maior nas zonas rurais (35,5% dos adolescentes), que nas urbanas, e a diferença é ainda maior no caso dos adolescentes (SPRANDEL; CARVALHO; MONTONAGA, 2007, p. 42).

Essa pesquisa aponta ainda que:

> A maior proporção de crianças e adolescentes trabalhadores foi encontrada na província de Mendoza, enquanto as sub-regiões NEA e NOA se caracterizam por uma elevada proporção de crianças e adolescentes em atividade doméstica intensa. Quatro atividades laborais concentram 63% das crianças trabalhadoras e 56% dos adolescentes. Entre elas, se incluem atividades de risco que se enquadram nas piores

formas de trabalho infantil, como a de catadores de papel e a de vendas nas ruas em condições precárias.

A forma preponderante de trabalho é a ajuda aos pais ou outros familiares. Não obstante, cerca de 30% das crianças e adolescentes trabalham por conta própria, evidenciando uma relação de trabalho particularmente desprotegida para os grupos de idade analisados.

18,6% das crianças trabalham entre 10 e 36 horas semanais e 15% dos jovens trabalham, ao menos, 36 horas semanais, o que corresponde ao tempo da jornada de trabalho adulta completa. Na área rural, 10% dos meninos e mais de 15% das meninas realizam suas atividades de trabalho no horário noturno. Quase 30% das crianças desenvolvem suas atividades nas ruas e/ou meios de transporte. A remuneração média de crianças e adolescentes é baixa: as crianças recebem, mensalmente, o equivalente a 21 dólares, e os adolescentes, o equivalente a 97 dólares. Apenas 10% dos jovens que exercem atividades laborais recebe algum benefício trabalhista.

O principal déficit educativo associado à condição laboral — a exclusão do sistema educacional — se manifesta claramente entre os adolescentes, uma vez que cerca de 26% dos que trabalham não frequentam a escola. Esta situação é particularmente significativa nas áreas rurais e nas sub-regiões do NEA e do NOA, que incluem as províncias mais pobres da Argentina. As razões do abandono do sistema educacional estão ligadas a fatores de oferta (escassez de escolas próximas, falta de vagas e outras), que estão expressos nas elevadas porcentagens de faltas, atrasos e repetições de ano.

As crianças e adolescentes que trabalham começaram a fazê-lo muito cedo (as crianças aos 9 anos e meio, na média, e os adolescentes ao redor de 14 anos). O início é ainda mais precoce para as crianças residentes em áreas rurais, que começam a trabalhar um ano antes de seus pares urbanas, em média (SPRANDEL et al., 2007, p. 42).

Além de evolução legislativa e de pesquisas apontando a existência do trabalho infantil na Argentina, os jornais locais, especialmente o Diário Gremial, trazem informações da intensa guerra política entre o governo, os empresários, os sindicatos, os trabalhadores e toda a sociedade.

A título de exemplo, em 2.5.2006 o jornal Diário Gremial publicou a notícia de que milhões de crianças argentinas seriam beneficiadas pelo acordo visando a combater o trabalho infantil. Nessa reportagem se verifica a existência de mais de vinte e sete mil crianças menores de quatorze anos ocupadas com o trabalho na indústria do tabaco, especialmente na província de Salta (SINDICATO Mercosul, 20011b).

Em 27 de junho de 2006, antes da Lei n. 26.390 que aumentou a idade mínima para o trabalho, houve o encontro com cerca de cinquenta empresários de diferentes setores do mercado argentino, no sentido de desenvolverem estratégias para a erradicação do trabalho infantil (SINDICATO Mercosul, 20011c).

Verifica-se, da mesma forma que no Brasil, a preocupação argentina com a proteção da criança e do adolescente por meio de legislação específica, de políticas públicas, ações empresariais e da própria sociedade.

3.5.1.2. PARAGUAI

Seguindo o mesmo raciocínio lógico, a questão do trabalho infantil no Paraguai não foge à regra existente em seus irmãos vizinhos do Mercosul.

Do ponto de vista da legislação constitucional, o art. 90 da Constituição do Paraguai, promulgada em 20 de junho de 1992, menciona que será dada prioridade aos direitos do menor trabalhador, a fim de garantir seu normal desenvolvimento físico, intelectual e moral.

Contudo, o legislador paraguaio, a despeito de reconhecer a necessidade de proteção especial ao menor trabalhador, preferiu remeter à legislação infraconstitucional, Carta Laboral, a regulamentação sobre a matéria.

Assim, a Carta Laboral do Paraguai, promulgada pela Lei n. 213/1993, dispõe sobre o trabalho de crianças a adolescentes entre os arts. 119 e 127.

O art. 119 veda qualquer tipo de trabalho aos menores de quinze anos, dispondo ainda sobre algumas exceções.

O art. 121 do referido documento arrola os requisitos necessários para o trabalho dos menores de dezoito anos, dentre os quais menciona a proibição de trabalho perigoso para a vida, a saúde ou moralidade ou que requeiram esforços superiores à capacidade própria de sua idade.

Além disso, verifica-se no art. 122 que os menores entre quatorze e dezoito anos podem se ocupar nas indústrias, caso todos respeitem determinadas condições[89].

Observa-se, também, na legislação infraconstitucional paraguaia que não se limitou à proibição de trabalho perigoso ou insalubre ao menor de dezoito anos, pois também teve a preocupação com o trabalho penoso. Ademais, a proibição do trabalho noturno, assim compreendido aquele desenvolvido das vinte às seis horas, encontra-se disposta no referido art. 122.

---

(89) São condições para a reflexibilidade de contratação dos menores: ter completado a educação primária; laudo médico atestando a capacidade física e mental para o trabalho; tarefas diurnas, não insalubres ou perigosas; autorização do representante legal do menor; no máximo por quatro horas diárias; e, somente durante a semana, vedando o trabalho aos domingos e dias de festa dispostos pela lei.

Além da Carta do Trabalho, a República do Paraguai, no âmbito da promoção e da defesa dos direitos humanos, destaca seu compromisso na prevenção e erradicação do trabalho infantil, levando adiante ações coordenadas e articuladas com organismos e entidades do Estado e organizações da sociedade civil envolvidos e comprometidos com essa luta, mediante a abordagem frontal e decidida dessa problemática, no intuito de responder de forma efetiva e oportuna à exploração do trabalho e ao tráfico de crianças e adolescentes.

Em 2005, o Poder Executivo paraguaio emitiu o Decreto n. 5.093, de 15 de abril, por meio do qual se criou a "Mesa Interinstitucional para a prevenção e o combate ao tráfico de Pessoas" (BRASIL, 2010, p. 37).

Dentre as várias Convenções da OIT sobre o trabalho infantil, constatamos que o Paraguai ratificou as de ns. 29, 60, 79, 105, 123 e 124 (MARTINS, 2002, p. 65).

Já no que se refere aos dados estatísticos, a pesquisa de 1995, apontada por Adalberto Martins, registrou, pela primeira vez, crianças trabalhando a partir dos sete anos de idade. E, ainda, de cada dez crianças e adolescentes trabalhadores, quatro não frequentavam a escola, proporção que se verifica na razão de um para dez quando se trata de crianças e adolescentes não trabalhadores, fato que demonstra ser o trabalho infantil um dos responsáveis pela evasão escolar (2002, p. 64-65).

Em 2004, os menores de dezoito anos representavam cerca de 43% da população total do país, sendo no total de 2.462.000 pessoas. Ao redor de 322.000 crianças e adolescentes de cinco a dezessete anos (17,7% do total de pessoas de cinco a dezessete anos) trabalhavam realizando atividades econômicas, remuneradas (ao menos 1 hora em uma semana, em qualquer empresa) ou não remuneradas (ao menos 15 horas em empresas exploradas pela família). A proporção é superior em áreas rurais, onde cerca de 23 de cada 100 pessoas de 5 a 17anos de idade realizam alguma atividade econômica, contra 13 de cada 100 em áreas urbanas (SPRANDEL; CARVALHO; MONTONAGA, 2007, p. 43-44).

Essa pesquisa aponta ainda que:

> 37,7% das pessoas de 5 a 17 anos de idade realizam tarefas no próprio lar, o que corresponde a aproximadamente 687.000 pessoas. A incidência deste tipo de atividade é maior em áreas rurais, onde 46 em cada 100 pessoas deste grupo colaboram com as atividades de casa, o que nas áreas urbanas se reduz a cerca de 30 em cada 100.
>
> Na faixa etária de 10-14 anos a taxa de ocupação é de 20,8% (28,6% dos homens e 12,8% das mulheres). Na faixa etária dos 15 aos 19 anos, 52,8% estavam ocupados (67,8% dos homens e 37,7% das mulheres).
>
> Um problema a ser enfrentado no Paraguai é a tradição da utilização das "criaditas", crianças trabalhadoras domésticas que vivem em uma

família que as recebe em condições de grande vulnerabilidade a todo tipo de abuso e violações de seus direitos.

Segundo a Secretaria Nacional da Infância e Adolescência (SNNA), existem no país cerca de 40 mil "criaditas" de 6 a 12 anos de idade, sendo 12.000 apenas em Assunção.

Aproximadamente 69 em cada 100 crianças e adolescentes que realizam alguma atividade econômica frequentam regularmente uma instituição de ensino formal e existem diferenças em termos de área de residência e grupos de idade. Os níveis de frequência escolar são superiores nas áreas urbanas e nos grupos etários mais jovens. (2007, p. 44)

Da mesma forma como abordado no caso da Argentina, os jornais do Paraguai também trazem informações sobre o trabalho infantil.

Em 9.5.2006, o jornal *Última Hora* que "o índice de crianças que trabalham não diminuiu no Paraguai". Essa reportagem foi extraída de fontes da OIT, demonstrando que a Direção Geral de Estatística e Censo indicou que 322 mil crianças e adolescentes entre cinco e dezessete anos realizavam atividades econômicas, remuneradas ou não (ÚLTIMA HORA, 2011a).

Quanto às faixas etárias, bem como às atividades de ocupação de crianças e adolescentes paraguaios, 322 mil entre cinco a dezessete anos trabalhavam, realizando atividades econômicas, sendo que, nas empresas familiares, a jornada chegava a quinze horas por semana. E mais: de cada 100 crianças, 23 entre cinco e dezessete anos realizavam alguma atividade na área rural, frente a 13, de cada 100, nas áreas urbanas. Nos trabalhos domésticos, a conta era ainda mais alarmante, pois de cada 100 pessoas, 46 entre cinco e dezessete anos trabalhavam com serviços domésticos na área rural, sendo que esse número diminuía para 30, a cada 100, na área urbana. Por fim, na região de fronteira, notadamente na Ciudad del Este, 250 meninas de dezoito anos eram exploradas sexualmente e 3.500 outras crianças trabalhavam nas diversas áreas daquele mercado local (ÚLTIMA HORA, 2011a).

Já em 27 de agosto de 2011, o mesmo jornal eletrônico apontou que, em Hernandarias, cidade no Alto Paraná, existe um dos principais pontos em que se concentram o trabalho infantil. A edição demonstrou que, em frente aos semáforos do Paraná Country Club, havia crianças e adolescentes vendendo, como ambulantes, produtos frutos de contrabando, além de limparem os parabrisas dos carros (ÚLTIMA HORA, 2011b).

Depreende-se, assim, que não há qualquer diferença entre as mazelas sociais envolvendo o trabalho infantil na Argentina, Paraguai, Brasil (como se verá na seção seguinte) e, agora, o Uruguai.

3.5.1.3. Uruguai

Da mesma forma que se deu com o Paraguai, o legislador constitucional uruguaio remete a regulação do trabalho infantil às demais normas infraconstitucionais (URUGUAI, 2011a).

Para tanto, Adalberto Martins dispõe que: "No âmbito do direito interno, verificamos que a Constituição Uruguaia, a exemplo da paraguaia, remete para a legislação infraconstitucional a necessária regulamentação do trabalho do menor" (2002, p. 68).

Dessa forma, com o Código da Criança datado de 1934, vigente até os dias de hoje, e a despeito de algumas alterações (MARTINS, 2002, p. 68), é que se nota a totalidade das normas que protegem a criança e os adolescentes trabalhadores.

Sobre o Código da Criança, Grasiele Augusta Ferreira Nascimento assevera que "A idade mínima para o ingresso no mercado de trabalho no Uruguai é de quinze anos, fixada pelo Código da Criança, de 1934" (2009, p. 47).

O trabalho perigoso ou que possa acarretar danos à moralidade está autorizado apenas ao maior de dezoito anos, conforme se observa por meio do art. 226 do Código da Criança, e o trabalho em atividades insalubres só é permitido aos maiores de vinte e um anos, conforme o art. 14 da Lei n. 11.577 de 14 de outubro de 1950 (MARTINS, 2002, p. 68).

O Decreto n. 852/1971 enumera as atividades leves que poderão ser autorizadas ao trabalho infantil, dentre elas o trabalho de mensageiro, trabalhos relacionados com os esportes e jogos, colheita e venda de flores e frutas (URUGUAI, 2011c).

Já o Decreto n. 367/2000 criou no Uruguai o Comitê Nacional para a Erradicação do Trabalho infantil, integrado por organizações governamentais, sindicais, empresariais e da sociedade civil, tendo como principais finalidades: a) assegurar, coordenar e propor políticas e programas visando à eliminação do trabalho infantil; e, b) elaborar e propor o Plano Nacional de Ação para a eliminação progressiva do trabalho infantil e a proteção do adolescente trabalhador (URUGUAI, 2011b).

Quanto às Convenções da OIT sobre o tema, ratificadas pelo Uruguai, destacam-se as ns. 5, 6, 7, 10, 15, 16, 20, 33, 58, 59, 60, 77, 78, 79, 105, 112 e 138 (NASCIMENTO, 2009, p. 47).

No que se refere aos dados estatísticos, no Uruguai as informações sobre o trabalho infantil começaram a ser coletadas na Pesquisa Contínua de Domicílio (ECH/INE), no segundo semestre de 1999 (SPRANDEL; CARVALHO; MONTONAGA, 2007, p. 44).

Adalberto Martins assevera que o número de adolescentes trabalhadores tem aumentado significativamente nos últimos anos. Contudo, trata-se do único país da América Latina em que o trabalho infantil é praticamente inexistente, motivo pelo qual a questão é pouco abordada pelos estudiosos, pelo governo e pela sociedade em geral (MARTINS, 2002, p. 67).

O mesmo autor afirma que, no ano de 1994, cerca de 40.000 adolescentes uruguaios encontravam-se trabalhando, a maioria pertencente a famílias cujas necessidades básicas se revelavam insatisfeitas, sendo 13.091 de Montevidéu e 25.197 pertencentes às demais regiões do país. No ano de 1995, conclui o autor, a OIT apurou que 2,08% das crianças entre dez e quatorze anos de idade estavam ocupadas, totalizando 5.780 crianças (MARTINS, 2002, p. 67-68).

O trabalho realizado pela UNICEF concluiu que, no Uruguai, em 1999, nas áreas urbanas, uma de cada 100 crianças entre cinco e onze anos de idade e uma em cada 20 entre doze e quatorze anos estava trabalhando. Da mesma forma, um de cada cinco adolescentes entre quinze e dezessete anos trabalhava naquele período.

Essa pesquisa aponta ainda que:

> Conforme o documento do Unicef, em 1999 havia nas áreas urbanas aproximadamente 34.000 crianças e adolescentes trabalhadores, dos quais 10.110 viviam em Montevidéu, 6.900 na área metropolitana e 17.000 no resto do país. 7,9% desta população (2.700 crianças) correspondia à faixa etária de 5 a 11 anos de idade. As crianças trabalhadoras de 5 a 11 anos representavam cerca de 15% do total da população nesta faixa etária.

Por outro lado, a informação recolhida através da pesquisa rural realizada pelo Departamento de Programação e Política Agropecuária do Ministério de Pecuária, Agricultura e Pescaria (ER-OPYPA-MGAP) indica que, nas áreas rurais, praticamente uma de cada três pessoas maiores de 13 e menores de 18 anos de idade participava de atividades laborais no segundo semestre de 1999.

Combinando ambas as fontes de informação (ECH-INE e ER-OPYPA-MGAP), pode-se afirmar que no segundo semestre de 1999, entre as crianças e adolescentes (de 5 a 17 anos de idade) que trabalhavam nas áreas urbanas e os adolescentes trabalhadores (de 14 a 17 anos) do meio rural, este fenômeno compreendia 47.900 pessoas em todo o país. Embora não exista informação confiável e precisa sobre a dimensão do trabalho infantil (5 a 13 anos de idade) nas áreas menores de 5.000 habitantes, o documento do UNICEF afirma ser possível estimar que a incidência porcentual que este fenômeno tem no meio rural — não trabalho de crianças e adolescentes nos países do Mercosul — difere significativamente das zonas urbanas (1% para a faixa de 5 a 11 anos de idade e 5% para os maiores de 11 e menores de 14 anos).

Sendo assim, à cifra de 47.900 crianças e adolescentes trabalhadores a que se havia chegado devem ser somadas 1.800 crianças do meio rural que provavelmente participam de atividades laborais. Consequentemente, afirma o documento, pode-

-se estimar que, no final de 1999, aproximadamente 50.000 crianças e adolescentes (entre 5 e 17 anos de idade) trabalhavam em todo o país (áreas urbanas e rurais).

O estudo do UNICEF demonstra que o volume mais significativo de adolescentes com dedicação exclusiva ao estudo está nas localidades urbanas. Também no meio urbano se constata um crescimento significativo das taxas de ocupação entre uma idade e outra: de 4,4% aos 14 anos a 6,7% aos 15 anos, e chega a 20,8% aos 17 anos. No meio rural, a taxa de ocupação já parte de um patamar superior (20,4%) e chega a 43,7% aos 17 anos.

A taxa de ocupação entre adolescentes provenientes de lares mais desfavorecidos é quase 55% superior à registrada entre os que provêm de famílias de renda média e alta. No que se refere à relação entre educação e trabalho, de acordo com as características que esta assume no Uruguai, seria praticamente impossível articular inserção laboral e a assistência educativa. As jornadas de trabalho de cinco a sete horas diárias em média, as elevadas taxas de evasão escolar registradas entre a totalidade da população e, particularmente, entre os que trabalham, indicam que a frequência escolar e a inserção no mercado de trabalho constituem duas condições difíceis de combinar.

Da mesma forma como foi abordado, nos países citados anteriormente, os jornais do Uruguai também debatem esse tema.

Na edição eletrônica do jornal *La República*, datada em 18.6.2006, abordou-se a intensa campanha para erradicar o trabalho infantil. Aduziu ainda que há crianças que são utilizadas no trabalho da agricultura e indústrias têxteis, recebendo ínfimos salários (SINDICATO Mercosul, 2011d).

Considerando a evolução histórica, a proteção internacional de proteção e erradicação do trabalho infantil, inclusive a que se findou com a apresentação dos enunciados oriundos do Mercosul, oportuno, agora, inserir o Brasil de forma pormenorizada, a fim de concluir a análise comparativa com os demais países do Cone Sul, bem como ensejar ao leitor o conhecimento de há quantas anda a norma brasileira que protege a criança e o adolescente no mercado de trabalho.

4

Proposições Jurídicas no Direito Brasileiro como Fonte de Proteção ao Trabalho Infantil

No advento da vida pós-industrial, um dos elementos principais foi constituído pela difusão velocíssima das informações por redes de jornais, rádios, TV e atualmente o computador com suas mídias eletrônicas, que puseram diretamente em questão os modos de pensar, os esquemas mentais, as tradições, a cultura ideal e social de milhões e milhões de leitores, ouvintes de rádio, telespectadores e navegadores em rede, muitas vezes em suas próprias redes sociais.

É bem verdade que da vida pós-industrial até o início desta segunda década do século XXI, muito se experimentou, evoluiu, concretizou e também se tornou ineficiente e ultrapassado, inclusive o próprio Direito, aqui o Direito do Trabalho, como também a proteção à criança e ao adolescente no respectivo ambiente laboral.

De toda essa linha histórica, dos argumentos e demais aspirações atinentes à proteção ao trabalho infantil, inclusive no âmbito internacional, como visto na seção anterior, oportuno salientar, agora, que as relevantes transformações jurídicas internas que hoje se acentuam e repercutem, são originadas por meio do equacionamento dos direitos humanos por meio de proposições jurídicas.

Não resta dúvida de que é direito fundamental no Brasil a proteção da criança e do adolescente em não trabalhar antes dos dezesseis anos, ressalvada a hipótese do ensino técnico-profissionalizante, como também não serem submetidos a atividades nocivas à sua formação e integridade física e moral.

Antes de apresentar qualquer norma que venha a limitar o trabalho de crianças e adolescentes, há a necessidade de se fazer uma conexão sistêmica entre o Direito Brasileiro em sua efetividade (ou não) com a respectiva fonte de criação.

Partindo do pressuposto de que os direitos e garantias fundamentais do homem foram inspirados em valores históricos surgidos em dado momento na comunidade brasileira, constata-se que, para que o sistema de normas se apresente capaz de acompanhar suas transformações históricas, é necessário que contenha proposições jurídicas que vinculem as ideias, as intenções, conceituações e valorações do que hoje se denomina de um sistema de proteção jurídica.

É por meio da epistemologia do Direito, como ciência do conhecimento jurídico, representando a apropriação de um objeto pelo pensamento, como quer que se conceba essa apropriação (SERRANO, 2011, p. 36), que se fará a conexão sistêmica entre esta, a fim de apresentar suas respectivas proposições jurídicas.

4.1. Proposições jurídicas

O Direito, sendo fruto do próprio homem, um conhecimento sobre o mundo jurídico, a partir de concepções e pesquisas sobre objetos com que o mesmo se preocupa, explica e regula, traz à baila a necessidade de formar o conhecimento jurídico com suas premissas fundamentais.

Pablo Jimenez Serrano fundamenta o conhecimento jurídico como "sendo o conjunto de ideias, noções, conceitos, modelos, princípios, acepções, proposições e teorias jurídicas que correspondem a um objeto (realidade existencial) histórico (bem delimitado no tempo e no espaço), conformam o saber jurídico (ciência do direito)" (2011, p. 36).

Não se pode, portanto, fechar os olhos sobre esse entendimento, uma vez que as proposições jurídicas, intituladas como fonte de proteção contra o trabalho infantil, integradas como partes integrantes do conhecimento jurídico, sofrerão grandes influências do conhecimento jurídico, pois também fazem corpo ao próprio conhecimento humano por assentarem na realidade existencial.

Por proposição, entende-se o conjunto de palavras que possuem um significado em sua unidade, sendo que sua forma mais comum é o que na lógica clássica[90] se chama de juízo, uma proposição composta de um sujeito e de um predicado, unidos por uma cópula[91].

Para Norberto Bobbio, nem toda proposição é um juízo, além de ser necessário o desmembramento de seu enunciado, uma vez que este é a forma gramatical e linguística pela qual um determinado significado é expresso, por isso a mesma proposição pode ter enunciados diferentes, e o mesmo enunciado pode exprimir

---

(90) O mesmo que lógica aristotélica, sendo o método ou estudo do raciocínio no qual uma afirmação pode ser falsa ou verdadeira, mas, de modo algum, pode ser verdadeira e falsa ao mesmo tempo.
(91) Na gramática, cópula significa o verbo que une o sujeito ao nome predicativo do sujeito, ou seja, um verbo copulativo. Exemplo: O sapo é verde, sendo que "é", do verbo ser, é a própria cópula.

proposições diversas. Uma mesma proposição pode ser expressa por enunciados diversos quando altera a forma gramatical (2001, p. 73-74).

Nesses termos, tem-se o conceito de proposição como uma construção linguística por meio da qual, de forma lógica e coerente, procura-se descrever, explicar, relacionar ou prescrever alguma coisa, como objetos, fenômeno, ideias e condutas capazes de inter-relacionar com os demais estágios da ciência do Direito, quais sejam: a) o primeiro estágio como um conjunto de fatos, fenômenos ou acontecimentos sociojurídicos; b) o segundo estágio como um conjunto de conceitos impressos por meio de símbolos ou simbologias; e, c) o quarto estágio, uma vez que o terceiro é o das proposições jurídicas, como um conjunto de doutrinas e contextos teóricos (SERRANO, 2007, p. 16-23).

Como tipologia geral de proposições jurídicas válidas e capazes de auxiliar na tutela do trabalho infantil, muito em função da tradição jusfilosófica, histórica e contemporânea, tem-se a oportunidade de classificá-las, ora por sua afirmação e ora por negação em: a) proposições descritivas ou enunciativas, declarativas e indicativas; b) proposições prescritivas ou normativas; e, c) proposições valorativas ou afirmações baseadas em valores.

4.1.1. Proposições descritivas

As proposições descritivas ou definições jurídicas, como qualquer outro enunciado que tenha definição certa, é constatada pela experiência.

Para Norberto Bobbio, a proposição descritiva, própria da linguagem científica, consiste em dar informações, em comunicar certas notícias na transmissão do saber, em suma, em fazer conhecer a função expressiva própria da linguagem poética, consistindo em evidenciar certos sentimentos e em tentar evocá-los de modo a fazer participar os outros de certa situação sentimental (2001, p. 73-74).

Com o fito de buscar uma maior compreensão sobre o tema, importante entrelaçar as proposições jurídicas ao trabalho infantil, sem perder de vista os conceitos eficientes de determinados institutos da epistemologia do Direito, como a definição de "menor" tendo o mesmo significado de "infantil".

Por oportuno, a expressão "menor" tem sido empregada inadequadamente pelo legislador pátrio e por alguns juristas quando pretendem designar a pessoa que ainda não atingiu a idade adulta, pois, embora a Consolidação das Leis do Trabalho adote essa terminologia, a Constituição de 1988 instituiu, no ordenamento jurídico, o uso dos termos "crianças" e "adolescentes".

Para a Consolidação das Leis do Trabalho, o termo correto é "menor", conforme se depreende através do art. 402.

Já a Constituição Federal de 1988, por sua vez, adota a terminologia "criança e adolescente", nos termos dos arts. 203, II, e 227, o que é seguido pelo Estatuto da Criança e do Adolescente.

A Emenda Constitucional n. 65, de 13 de julho de 2010, inseriu a palavra jovem na denominação do Capítulo VII do Título VIII da Constituição (Da Família, da Criança, do Adolescente, do Jovem e do Idoso), assim como no interior do art. 227 da Constituição de 1988, que fixa parâmetros nessa seara não somente para a legislação ordinária, como também para as políticas públicas. No inciso I do § 8º desse artigo, a EC n. 65 fixou que a "lei estabelecerá [...] o estatuto da juventude, destinado a regular os direitos dos jovens".

Considerando trabalhos, artigos e entendimentos científicos que o tema envolve, além de diversos posicionamentos doutrinários e jurisprudenciais, define-se por meio da proposição jurídica descritiva a expressão correta de "menor" como "criança e adolescente". No entanto, utilizando da prerrogativa que a própria proposição descritiva permite[92], basta ter mesmo significado de "menor" ou "criança" e "adolescente" para que a proposição seja válida e útil visando ao certo entendimento desse artigo.

A proposição descritiva consistente no uso de palavras, conceitos, definições etc., que dão a ideia de uma coisa, fatos ou assuntos suporta a obrigação jurídica de tutelar, por meio dessas ferramentas (conceitos, definições etc.), o instituto do trabalho infantil.

4.1.2. Proposições prescritivas

As proposições prescritivas notadamente tidas como um conjunto de palavras que possuem um significado em sua unidade, são aquelas por meio das quais "pretende exercer influência no comportamento individual ou coletivo, próprio da linguagem normativa" (BOBBIO, 2006, p. 142-143). São também denominadas de práticas, por constituírem preceitos normativos, que dizem o que é ou o que deve ser.

Ainda citando Norberto Bobbio, as proposições prescritivas, própria da referida linguagem normativa, consistem em dar comandos, conselhos, recomendações, advertências, influenciar o comportamento alheio e modificá-lo (2001, p. 73-74).

Elas são também chamadas de práticas, por constituírem preceitos normativos pelos quais o aparato legislativo estabelece não o que é, mas o que deve ser ou não

---

[92] A definição é empregada de diferentes maneiras, ora para focalizar as características essenciais de alguma entidade, ora para representar simbolicamente ou sinteticamente os atributos de algum fato, fenômeno, condição, corpo etc., ora para enunciar ou descrever o que se aceita como significado, ora para atribuir uma estipulação, ora porque através de definições podem-se realizar as operações de fatos e fenômenos que elas simbolizam ou representam. Tais definições em certos casos podem se excluir, ou podem aparecer umas compreendidas dentro de outras. (SERRANO, 2011, p. 44)

deve ser feito. Essas proposições se caracterizam por serem válidas ou não válidas, eficazes ou ineficazes, justas ou injustas etc., e nunca verdadeiras ou falsas. No entanto, a forma geralmente usada na sua construção poderá ser, muitas vezes, similar às formas das proposições descritivas, que dizem o que é.

Quanto a essa proposição, também não faltam exemplos para materializar o raciocínio exposto.

Contextualizando a prescrição anterior, e novamente corroborando-a com o trabalho infantil, a Consolidação das Leis do Trabalho, particularmente no art. 403, prescreve que "é proibido qualquer trabalho a menores de dezesseis anos de idade, salvo na condição de aprendiz, a partir dos quatorze anos".

É apresentada a proposição jurídica prescritiva, pois anuncia o que não deve ser feito (a proibição do trabalho do menor nessas condições), além de ser válida, porém muitas vezes ineficaz, se observar os últimos resultados da Pesquisa Nacional por Amostra de Domicílios — PNAD, realizado *em convênio com o Ministério de Desenvolvimento Social e Combate à Fome (MDS)*.

Outro exemplo também extraído da Consolidação das Leis do Trabalho relacionado ao trabalho infantil é a prescrição de que o "empregador, cuja empresa ou estabelecimento ocupar menores, será obrigado a conceder-lhes o tempo que for necessário para a frequência às aulas"[93]. Nesse, depreende-se a influência no comportamento individual ou coletivo de cada empregador que empregar menores, a fim de obrigá-los à concessão de tempo para a assiduidade do menor às aulas. Ainda, tem-se que essa proposição jurídica é válida e justa, uma vez que tem como pano de fundo o aprimoramento técnico e científico do menor por meio da educação formal[94].

Para Norberto Bobbio, do ponto de vista formal, essa proposição prescreve que a norma é uma proposição, como as que foram transcritas antes. Do mesmo modo é também um código, uma Constituição, com um conjunto de proposições (2001, p. 74).

Na doutrina nacional e internacional, alguns autores preferem distinguir as regras das proposições prescritivas e essas das diretrizes, pois, para eles, há regras dos jogos, da gramática, da lógica e da matemática; prescrições há aquelas que ordenam, proíbem ou permitem uma dada conduta; e, diretrizes são normas técnicas que servem de meio para atingir determinados fins (SERRANO, 2007, p. 54).

Esta seção não está restrita às proposições descritivas fora da seara jurídica, mas tão somente suas especificidades que norteiam as práticas e preceitos normativos que dizem o que é ou o que deve ser.

---

(93) Art. 427 da CLT (BRASIL, 2011b).
(94) Entende-se por educação formal aquela exercida e oferecida pelos estabelecimentos de ensino, público ou privado.

A proposição prescritiva consistente nas práticas e normas que influenciam o comportamento do indivíduo e de toda a sociedade é também pilar, ponto de partida para a tutela do trabalho infantil.

4.1.3. PROPOSIÇÕES VALORATIVAS

Como analisado até aqui, as proposições jurídicas são ferramentas para viabilizar o entendimento teórico ou doutrinário, do mesmo modo em que prescreve ou normatiza condutas humanas.

Não é demais frisar que as proposições jurídicas apresentam-se como objeto de pesquisas científicas, a fim de distinguir experiências, valorações e regras jurídicas como finalidade precípua.

Quanto à finalidade de valoração no mundo jurídico, as proposições também são vistas como juízos de valores observando-se a qualidade das pessoas ou objetos, além de possibilitar o reconhecimento de teses, regras, normas, leis e todo o ordenamento jurídico como bom ou ruim, justo ou injusto, conveniente ou inconveniente, adequado ou inadequado, segundo a persuasão do espírito de cada juiz[95]. Na visão de Pablo Jimenez Serrano, "antes de definir o que venha a ser uma proposição valorativa, importante entender que o juízo[96] valorativo é o ato pelo qual o espírito afirma uma coisa com base num valor ou valores" (2007, p. 56).

Sobre o valor ou a finalidade valorativa na formação da norma jurídica, sem perder de vista a necessidade de compreender o atual sistema jurídico brasileiro de proteção ao trabalho infantil, Miguel Reale apresenta por meio de sua *Teoria Tridimensional do Direito* que "é a de que o valor se apresenta como princípio animador e sentido imanente ao fato, como um realizar-se histórico" [...], no qual "os valores são interpretados como qualidades que o sujeito confere aos objetos em virtude de sensações de aceitação ou rejeição que eles nos apresentam, ou como qualidades ideais extraídas da realidade, contudo, independentes dela" (2006, p. 172-175).

Em relação ao tema envolvendo a tutela do trabalho infantil, as proposições jurídicas valorativas definem que a exploração do trabalho infantil é injusta, como

---

(95) Para uma melhor compreensão, Deus é bom; o homem é racional. Encerra, pois, três elementos: duas ideias e uma afirmação. A ideia da qual se afirma alguma coisa chama-se sujeito. A ideia que se afirma do sujeito chama-se atributo, ou predicado. A afirmação é representada pelo verbo ser (é), chamado cópula ou liame, modo unindo o atributo ao sujeito. A nossa inteligência não se limita a conceber as ideias, mas procura descobrir lhes as relações, pois a tanto é habilitada graças aos princípios dirigentes; ora, afirmar uma relação entre duas ideias chama-se julgar.
(96) O juízo é o ato essencial da inteligência; só ele lhe dá posse plena da verdade, que é seu objeto; pois não há verdade no sentido perfeito da palavra, senão quando o espírito afirmar a conveniência do que percebe com o que é. Por isso pôde Kant definir a inteligência como a faculdade de julgar. O juízo é parte em quase todas as operações do espírito; a própria memória, considerada em seu traço característico, que é o reconhecimento, consiste em julgar que uma ideia atual corresponde a um fato passado. (SERRANO, 2011, p. 47)

também é conveniente que todo empregador conceda o tempo necessário para que o empregado menor tenha acesso às aulas.

O que também se deve ponderar quanto a essa proposição jurídica valorativa é que os juízos de valor estão sujeitos a três regras, quais sejam: a) analítica, sendo que o juízo é verdadeiro; b) sintética, sendo que o juízo não é contraditório à ideia do sujeito, ou seja, não se prende ao que é verdadeiro ou falso, mas simplesmente ao possível e provável. Essa regra pertence à experiência, ao silogismo e não à lógica formal, assegurando-se realmente se o atributo pertence ou não ao sujeito; e c) sintética, nesse caso é diferente o do anterior, quando o juízo for um absurdo e, necessariamente, falso.

Outro exemplo de peculiar importância sobre esse tema é quando os tribunais emitem juízos de valor ao determinar — constatada a presença de menores empregados em funções insalubres, diga-se de passagem, proibidas e inconvenientes, por força do art. 407 da Consolidação das Leis do Trabalho — que se proceda à transferência deles para postos de trabalho que não lhes ofereçam riscos à saúde e à segurança.

De fato, as proposições jurídicas são ferramentas pertencentes à epistemologia do Direito, capazes de servirem como fonte de proteção ao trabalho infantil.

Como as proposições jurídicas tratam de enunciados e definições que demonstram a maneira de ser e de estar dos objetivos, institutos normativos, fenômenos ou coisas, atribuindo um adjetivo para afirmar ou negar (proposições descritivas), ou aquelas práticas por constituírem preceitos normativos que influenciam o comportamento da sociedade, ditando o que deve ser ou não deve ser feito (proposições prescritivas), ou, por fim, aquelas que apresentam juízos de valor, a fim de emitir uma verdade moral, reconhecendo teses, regras, normas, leis etc., segundo a persuasão do espírito de cada intérprete (proposições valorativas) — alguém já se perguntou o porquê da importância dessas proposições quando muitas vezes não há uma correta interpretação da norma, seu cumprimento ou uma verdadeira efetividade jurídica ou social?

No caso do trabalho infantil, essas proposições jurídicas se apresentam com finco na proteção da criança e do adolescente em razão das adversidades físicas, psíquicas, ideológicas e sociais, pois as mesmas definem, prescrevem e permitem a valoração justa do correto sentido da norma jurídica.

Como se depreenderá, por meio do item a seguir, são essas proposições a fonte formal da proteção e, por conseguinte, de vedação ao trabalho noturno, excessivo, insalubre, perigosos [entre outros], envolvendo a criança e o adolescente.

4.2. O TRABALHO INFANTIL E SUAS PROPOSIÇÕES JURÍDICAS

A criança e o adolescente sempre encontraram no trabalho uma modalidade de obtenção de recursos financeiros que macula a sua integridade e intelectualidade, frustrando e pervertendo a sua efetiva profissionalização, ocorrendo uma precoce castração dos sonhos e tornando-se, em análise última, um adulto sucateado[97].

Assevera-se, também, que entre as consequências do trabalho infantil estão a dificuldade de crescimento, problemas de saúde, a exclusão educacional, a perda da própria vida, sendo muitas vezes vítima de abusos morais e sexuais (NASCIMENTO, 2004, p. 29).

Há o antagonismo, mesmo que de forma hermética e literal, pois devido às proposições jurídicas amplamente apresentadas como fonte de proteção à tutela do trabalho infantil, e porque não afirmar em defesa da igualdade social, muitos povos aproveitam do período axial da história para defender o interesse da família em vender, escravizar ou até mesmo impor a necessidade do trabalho ao filho menor de idade.

A convicção de que todos os seres humanos têm direito de serem igualmente respeitados e valorados, pelo simples fato de sua humanidade nascer vinculada a uma instituição social de capital importância, advém da lei escrita, como regra geral e uniforme, igualmente aplicável a todos os indivíduos que vivem numa sociedade organizada (COMPARATO, 2008, p. 12-13). No Brasil, as primeiras proposições que nortearam esse tema advêm do término da primeira grande guerra, quando houve a exasperação dos tormentos e das preocupações para o trabalho dos menores, que permearam algumas cabeças de formação humanista e algumas consciências de lucidez mais latente.

De lá pra cá, em que pese o fato de a Constituição Federal de 1988, no seu art. 7º, inciso XXXIII[98] [proposição prescritiva], estabelecer expediente normativo que veda o trabalho infantil e, no seu art. 227, § 3º, asseverar o direito à proteção especial da criança e do adolescente, obstando, portanto, essa possibilidade, as incessantes escaladas das espirais inflacionárias, ancoradas em planos econômicos tão bombásticos quanto insanos, atrelados a uma população geometricamente empobrecida por essas supostas reformas que acirram os conflitos distributivos, somados, ainda, à carência e escassez de fiscalização por parte do Ministério do Trabalho e à proeminente concordância dos pais, contribuem para o nefando e desmedido agravamento do quadro dos menores trabalhadores (TALAVERA, 2006, p. 94).

Há de se questionar a ausência de um adequado sistema educativo e de leis eficazes que imponham e fiscalizem a escolarização, até, no mínimo os quatorze anos de idade, pois a indiferença, ignorância, negligência de autoridades, pais,

---

(97) As jornadas intensivas e excessivas de trabalho causam prejuízos cuja reversibilidade não é possível: relação peso/altura inferior aos padrões de normalidade, conformando um quadro de nanismo; graves alterações osteomusculares e retardo na desenvoltura mental, entre outros.
(98) "[...] proibição do trabalho noturno, perigoso ou insalubre a menores de 18 (dezoito) anos e de qualquer trabalho a menores de 16 (dezesseis) anos, salvo na condição de aprendiz, a partir de 14 (quatorze) anos." (BRASIL, 2011a)

mestres e do público em geral contribuem significativamente, e de forma preponderante, para a perpetuação e disseminação dessa chaga social que, além de violar os direitos básicos e elementares da criança, agride a consciência e os princípios humanitários da sociedade.

Não bastassem as trágicas sequelas do desequilíbrio social e econômico que pune nossas crianças, até com trabalho escravo, com trabalho insalubre, penoso ou perigoso, um exército, cada vez mais numeroso, de crianças e jovens de todas as idades ocupa as ruas das metrópoles, onde se fazem presas fáceis da exploração, da opressão, do lenocínio e da violência, inclusive por parte do Estado a quem, por princípio, incumbe a obrigação de protegê-las.

Mesmo diante de tantas constatações, as crianças e adolescentes têm direito à proteção à vida e à saúde, mediante a efetivação de políticas sociais públicas que permitam o nascimento e o desenvolvimento sadio e harmonioso, em condições dignas de existência[99].

Verifica-se então que há antagonismos existentes entre as proposições jurídicas e a sua correta interpretação e cumprimento. No entanto, quais são essas proposições que permitem os referidos antagonismos, porém tidas como fonte de proteção para a tutela do trabalho infantil?

4.2.1. Proposições jurídicas quanto à idade mínima

Os técnicos da Organização Internacional do Trabalho distinguem a "idade mínima básica" de quinze anos, a "idade mínima inferior" de treze ou doze anos e a "idade mínima superior", aquela em que o indivíduo tenha mais de dezoito anos de idade (OLIVEIRA, 2009, p. 145).

Tal definição serve para contextualizar com o que foi exposto anteriormente [inciso XXXIII do art. 7º da CF/1988], que na Constituição Federal de 1988, após o advento da Emenda n. 20, de 15 de dezembro de 1998, proibiu-se qualquer[100] trabalho a menor de dezesseis anos de idade, exceto na condição de aprendiz, a partir dos quatorze anos[101].

A alteração introduzida pela EC n. 20/1998 objetivou conceder maior garantia à formação educacional, devendo toda criança ou adolescente até essa idade dedicar-se à formação familiar e escolar (NASCIMENTO, 2004, p. 34).

---

(99) Art. 7º da Lei n. 8.069/1990 — Estatuto da Criança e do Adolescente. (BRASIL, 2011c)
(100) A indeterminação derivada do adjetivo "qualquer" significa que, em nenhuma hipótese, o trabalho será permitido para crianças ou adolescentes com idade inferior a dezesseis anos, a não ser na condição de aprendiz (e somente a partir dos quatorze), porque essa é expressamente excepcionada pelo próprio texto constitucional. (OLIVA, 2006a, p. 156)
(101) Art. 7º, XXXIII da Constituição Federal de 1988. (BRASIL, 2011a)

Quanto à essência do referido art. 7º, XXXIII, observa-se que são definidas idades mínimas para o trabalho, as quais são atualmente identificadas da seguinte forma: a) quatorze anos — para o trabalho em regime de aprendizagem; b) dezesseis anos — para o trabalho comum; c) dezoito anos — para o trabalho noturno, insalubre e perigoso (STEPHAN, 2002, p. 69).

Além do inciso XXXIII do art. 7º, a Constituição estabelece no art. 227, § 3º, I, o princípio de proteção integral à criança e ao adolescente, responsabilizando a família, a sociedade e o Estado pela proteção prioritária e absoluta desses indivíduos, inclusive na proteção especial de somente permitir o trabalho com idade mínima de quatorze anos[102].

Crianças e os adolescentes são concebidos como cidadãos plenos, sujeitos de direitos e obrigações a quem o Estado, a família e a sociedade devem atender prioritariamente. Criaram-se os Conselhos, Nacional, Estaduais e Municipais, justamente para implementar a ação paritária entre o Estado e a sociedade na fixação das políticas de atendimento aos pequenos cidadãos (FONSECA, 2011).

Ricardo Tadeu Marques da Fonseca articula também que nos termos do art. 227 da Constituição Federal de 1988:

> Abandonou-se, portanto, a visão meramente assistencialista que orientava os códigos de menores de 1927 e de 1979. Esta legislação contemplava aspectos inerentes ao atendimento de crianças e adolescentes carentes ou infratores, estabelecendo política de assistência social ou de repressão em entidades correcionais. Como exemplo dos efeitos da doutrina da proteção integral e da ruptura com a ideologia reinante anteriormente a 88, podemos citar algumas inovações atinentes ao campo da cidadania. O Estatuto da Criança e do Adolescente outorga o direito de participação na discussão sobre o currículo escolar e entidades de implementação de política estudantil (art. 53 do ECA). (2011)

O Estatuto da Criança e do Adolescente, mais precisamente no art. 60, proíbe da mesma forma como trouxe o art. 227 da CF/1988, qualquer trabalho aos menores de quatorze anos, salvo na condição de aprendiz.

Mas, ao passo que proíbe qualquer trabalho de menores de quatorze anos, admite o ECA o trabalho do adolescente maior de dezesseis anos, condicionando a certos requisitos, quais sejam: a) respeito à condição peculiar de pessoa em desenvolvimento; b) capacitação profissional adequada ao mercado de trabalho[103].

Ainda no ECA, o art. 61 prevê que "a proteção ao trabalho dos adolescentes é regulada por legislação especial, sem prejuízo do disposto nesta Lei", remetendo, por conseguinte, para a observância da Consolidação das Leis do Trabalho.

---

(102) O correto após a EC n. 20/1998 é dezesseis anos, mas o texto original do inciso I do § 3º do art. 227 da Constituição Federal de 1988 ainda não foi alterado. (BRASIL, 2011a)
(103) Art. 69, incisos I e II do Estatuto da Criança e do Adolescente. (BRASIL, 2011c)

A Consolidação das Leis do Trabalho, por sua vez, mais precisamente em seus arts. 402 e 403, também proíbe o trabalho por força da idade mínima.

Analisando comparativamente a Constituição Federal de 1988, o Estatuto da Criança e do Adolescente e a Consolidação das Leis do Trabalho, verifica-se que o legislador constitucional, no que tange o art. 227, e o infraconstitucional, quanto ao art. 60 do ECA, não promoveram a revisão necessária após a referida Emenda Constitucional n. 20/1998, razão pela qual se concluiu que, da forma como estão mencionados, os mesmos não foram recepcionados pelo texto constitucional vigente[104].

A CLT traz ainda em seus arts. 402 e 403 a definição de menor, aqui como proposição descritiva, relacionando-o com a idade, qual seja, o indivíduo com até dezoito anos de idade e a proibição de qualquer trabalho a menores de dezesseis anos de idade, mais uma vez ressalvada a hipótese do aprendiz, a partir dos quatorze anos.

Esses dois artigos da CLT já se encontram adequados à ordem constitucional pós Emenda n. 20/1998.

O Brasil, ao ter ratificado a Convenção n. 138 sem nenhuma ressalva, renunciou à faculdade prevista nos arts. 4º e 5º, respectivamente, de excluir "limitado número de categorias de emprego e trabalho a respeito dos quais se levantarem reais e especiais problemas de aplicação" ou "limitar inicialmente o alcance de aplicação desta Convenção".

Para Oris de Oliveira:

> A norma constitucional brasileira proibindo "qualquer trabalho" abaixo dos dezesseis anos, exceto na condição de aprendiz, não deixou margem para o legislador ordinário dispor sobre modalidades de trabalho abaixo dos dezesseis anos (exceto aprendizagem), não podendo dispor sobre "trabalhos leves" abaixo da idade mínima básica expressamente previstos na Convenção n. 138. (2009, p. 145)

Também quanto ao limite etário, recentemente o Brasil incorporou à sua ordem jurídica interna, novas restrições ao labor do indivíduo abaixo dos dezoito anos. É que o Decreto Presidencial n. 6.481, de 12 de junho de 2008, que entrou em vigor em setembro do mesmo ano, aprovou a Lista TIP, Lista das Piores Formas de Trabalho

---

(104) Quanto à idade mínima de dezesseis anos para o trabalho, Oris de Oliveira assevera que na oportunidade em que o Brasil optou em ratificar a Convenção n. 138 da OIT, contudo, majorando em um ano a referida idade (uma vez que a Convenção traz em quinze anos a idade mínima básica para o trabalho), houve uma visível hesitação por meio de uma leitura desatenta da Convenção que, explicitamente, excluiu, no art. 6º, trabalho em escola de educação vocacional ou técnica com as especificações das letras a, b, e c, (...) entre estas a de (...), mesmo em regime de profissionalização, proibição de efetivar em empresa abaixo dos quatorze anos. Prevaleceu o entendimento correto do governo brasileiro indicando a idade mínima de dezesseis anos porque o efetuado na condição de aprendiz situa-se em uma das hipóteses do art. 6º mencionado. (OLIVEIRA, 2009, p. 146)

Infantil, em conformidade com os arts. 3º, *d*, e 4º da mencionada Convenção n. 182 da OIT.

Quanto aos efeitos da inobservância de tais proposições, importante mensurar que, segundo a disciplina das invalidades do contrato de trabalho, esse se revelará nulo nos mesmos casos em que o for o negócio jurídico civil, mesmo em ocorrendo qualquer das hipóteses a que se refere o art. 166 do Código Civil, ou ainda quando o contrato tenha o objetivo de desvirtuar, impedir ou fraudar as normas de proteção ao trabalho, tal como estipulado no art. 9º da Consolidação das Leis do Trabalho.

Para Maria do Socorro Almeida de Sousa:

> [...] a concretização de pactuação laboral com afronta aos limites etários mínimos estabelecidos por via legislativa para tal fim revela a ocorrência de "impossibilidade jurídica ou legal" que recai sobre o objeto do negócio jurídico laboral, sendo que daí decorre a "nulidade" do contrato de trabalho, eis que então se terá atingido um elemento essencial do negócio jurídico (art. 166, II, do Código Civil). (NOCCHI; VELLOSO; FAVA (orgs.). In: SOUSA, 2010, p. 111)

Mas o fato de somente considerar nulo o contrato de trabalho do menor não resolve totalmente a celeuma.

O leitor pode questionar, a partir de tal raciocínio, como ficarão os direitos trabalhistas do interessado, o menor que dispendeu sua força de trabalho para o aferimento da respectiva contraprestação financeira, em caso da decretação de nulidade contratual? Haverá o direito ao recebimento da remuneração? Haverá penalidade para o empregador que inobservou as proposições prescritivas que limitam a contratação de crianças e adolescentes?

No que se refere aos dois primeiros questionamentos, o Egrégio Tribunal Superior do Trabalho, há tempos, entende que, caso seja decretada a nulidade do contrato de trabalho daquele que labora em idade mínima, deverá o empregador ser compelido ao pagamento de "todas as parcelas que faria jus acaso fosse válida a avença laboral em questão. [...] ao obreiro deverão ser pagos, além do salário, todas as demais parcelas comportadas no âmbito da relação de trabalho" (BRASIL, 2002).

Já no tocante ao terceiro e último questionamento, os efeitos da inobservância das referidas proposições por parte dos empregadores poderá acarretar infração também no âmbito penal, uma vez que o auto de infração oriundo do Ministério do Trabalho e Emprego, o termo de ajustamento de conduta promovido pelo Ministério Público do Trabalho, entre outros, são punições corriqueiras e comuns, que, por isso, justifica-se a dispensa de ora serem comentadas.

Mas qual seria a tipificação que ensejaria a respectiva punição no âmbito penal?

Maria do Socorro Almeida de Sousa aduz que:

> [...] nada obstante o ordenamento jurídico brasileiro não contemplar norma que estipule uma consequência penal diretamente decorrente da afronta às normas protetoras do menor trabalhador, a infração à idade mínima para o trabalho pode configurar o crime de "perigo para a vida ou saúde de outrem", capitulado no art. 132 do Código Penal brasileiro, consistente em "expor a vida ou a saúde de outrem a perigo direto e iminente...", ressalvando-se, no entanto, que em hipóteses tais é possível identificar o perigo direto, mas nem sempre o perigo iminente, que, nada obstante, "poderá decorrer da própria atividade e até mesmo da pouca idade ou da impossibilidade de acesso aos bancos escolares em face do trabalho". (NOCCHI; VELLOSO; FAVA (org.). In: SOUSA, 2010, p. 114)

No mesmo plano é o posicionamento de Adalberto Martins:

> [...] acreditamos que o ilícito penal insculpido no art. 132 do Código Penal estará plenamente configurado, eis que presentes o dolo eventual, bem como o perigo direto e iminente. No entanto, impõe-se ressalvar as hipóteses em que a conduta possa se enquadrar em outro tipo penal, como, por exemplo, o crime de maus-tratos tipificado no art. 136 do Código Penal. (2002, p. 125)

Pelas linhas volvidas, resta demonstrado que a proposição jurídica de proibir qualquer trabalho antes dos dezesseis anos de idade, salvo como aprendiz, prescreve, define e valora como proposições, a obrigação de se colocarem crianças e adolescentes num patamar máximo de proteção, no que se refere à tutela dos direitos e garantias fundamentais, em vista da profunda carga ideológica que deu margem à elaboração da Constituição de 1988.

Ao fixar a idade mínima de admissão ao trabalho, as proposições jurídicas estabelecem uma linha divisória de maior importância, ou seja, abaixo dela o trabalho é proibido e, acima dela, o trabalho é permitido. Saber os limites talvez não seja o bastante, pois, como observou Oris de Oliveira "se não se entender a sua teleologia ou seus fins sociais, às exigências do bem comum a que ela visa, sem atentar, consequentemente, para o valor ou valor que ela quer preservar" (1994, p. 66).

Com relação à terminologia de jovem aduzida antes, que alterou o art. 227 da Constituição de 1988, por força da EC n. 65/2010, Mauricio Godinho Delgado afirma que:

> É inconcebível se restringirem proteções normativas em face do novo conceito mais abrangente criado (jovem), parece também imprudente se estenderem todas as restrições e limites aplicáveis aos menores de dezoito anos à faixa etária superior a essa fronteira cardeal. Tais observações são oportunas, mesmo antes do preenchimento normativo

já propiciado pelo vindouro Estatuto da Juventude. É que a ordem jurídica já possui certo conceito legal de jovem, bastante ampliativo a propósito: a Lei n. 11.692, de 10.6.2008 [...], por exemplo, instituindo o Programa Nacional de Inclusão de Jovens — Projovem —, referenciou-se a jovens entre quinze e vinte a nove anos no tocante aos objetivos do diploma legal. (2011, p. 760)

A confrontação entre as proposições jurídicas brasileiras sobre a idade mínima de admissão no emprego e a realidade[105] com seus dados estatísticos, mostrará na seção seguinte que ainda há um desajuste aparente, capaz de se exigir uma maior coerência entre essas proposições e sua ineficácia parcial em algumas áreas e regiões no Brasil.

O médico psiquiatra Luiz Renato Carazzai concedeu em 1999, à *Revista da Associação Nacional dos Magistrados da Justiça do Trabalho — ANAMATRA*, entrevista na qual abordou o aspecto envolvendo a idade mínima para o trabalho e as consequências de sua inobservância:

Anamatra — Quais as consequências do trabalho precoce no desenvolvimento mental e emocional da criança?

Dr. Carazzai — A criança não deve envolver-se em qualquer atividade laborativa, mas sim educativa e de lazer. A criança deve brincar e estudar, para que possa ter um desenvolvimento adequado de suas funções físicas e psíquicas. É importante percebermos que a criança não tem seus sentidos estruturados, tais como atenção, coordenação e reflexos estando mais facilmente vulnerável a erros e acidentes.

Anamatra — Em que fase da vida o ser humano está preparado para o trabalho formal?

Dr. Carazzai — A pessoa está preparada para desenvolver qualquer atividade laborativa após ter sua estrutura física e psíquica desenvolvida, o que ocorre em idade aproximada de 18 anos. Devendo ser iniciado em processo de aprendizagem supervisionada, com caráter educativo que preserve a possibilidade de desenvolvimento pessoal social, acima do caráter produtivo. Importante ressaltar que as características da adolescência são: expressão pela ação — o que se manifesta pela agitação, impetuosidade e inconsequência; e expressão pela afetividade, brigas, questionamento e insubordinação. O trabalho adolescente deve levar em consideração essas características.

---

(105) No que se refere à realidade e à norma jurídica que protege a criança e o adolescente, Adalberto Martins articula que "na questão do trabalho do 'menor' é a realidade social que precisa se adaptar ao Direito, mormente quando se considera que vivemos num país em desenvolvimento". (2002, p. 80)

Anamatra — Do ponto de vista da psiquiatria, é possível prever o futuro das crianças que começam a trabalhar aos 4, 6 anos?

Dr. Carazzai — É difícil fazer previsões. Mas com certeza essas crianças estarão mais longe de seus direitos de plena cidadania. Deixaram de viver fases importantes de suas vidas, são exigidas em responsabilidade e disciplina para adultos, quando ainda suas atitudes funcionam como crianças. Esse processo elimina etapas de desenvolvimento de suas vidas, suscitando maior probabilidade de desenvolvimento de transtornos psíquicos, tais como ansiedade, depressão, estresse e dificuldades de adaptação social e emocional. (1999, p. 18)

Seja do ponto de vista do Direito ou da medicina, resta comprovado que a inobservância da idade mínima para o trabalho de crianças e adolescentes acarreta distúrbios físicos e psicológicos, ficando comprometido o desenvolvimento para a formação de um adulto saudável.

Mesmo diante de tantas ponderações, ainda cabe mais uma.

Alguém já se perguntou sobre a razão de tantas autorizações judiciais outorgando o direito às crianças e aos adolescentes de laborarem mesmo antes dos dezesseis anos, independentemente da condição de aprendiz?

Sobre essas autorizações, porém contrastando-as com o princípio da proteção integral oriundo do ECA e do Estado Democrático de Direito, Viviane Colucci e Roberto Basilone Leite aduzem que:

> Não obstante as alterações promovidas pelo ECA sobre as atribuições da autoridade judiciária em face da doutrina da proteção integral, verifica-se em diversos Estados da Federação a expedição de alvarás judiciais que autorizam o trabalho de adolescentes antes da idade mínima, em afronta à Emenda Constitucional n. 20/1998, que revogou as disposições legais que permitiam o trabalho comum antes dos 16 anos.
>
> [...]
>
> Tais decisões, a exemplo daquelas que permitem o trabalho comum antes dos dezesseis anos, respaldam-se no argumento de que a sociedade brasileira não se encontra preparada para a mudança da legislação. Note-se, contudo, que as atribuições outorgadas ao magistrado encontram-se devidamente enumeradas nos arts. 148 e 149 do ECA, não se incluindo entre essas o ato de autorizar o trabalho de crianças e adolescentes, como era possível extrair-se do já revogado Código de Menores.
>
> Ademais, o Estado Democrático de Direito, apenas por meio de processo legislativo é possível alterar-se a norma legal. Ao magistrado não é permitido inová-la, ainda que sob o fundamento — por sinal contestável — de que a lei não está em sintonia com as necessidades sociais e

econômicas da criança e do adolescente. (NOCCHI; VELLOSO; FAVA (orgs.). In: COLUCCI; LEITE, 2010, p. 130-131)

Resta verificado que, enquanto não alterar a legislação vigente, ao magistrado não caberá inovar para, assim, autorizar o trabalho da criança e do adolescente antes que o mesmo complete dezesseis anos.

Com ou sem autorização judicial, é evidente, portanto, que os limites etários constitucionais e as demais normas infraconstitucionais aplicam-se a qualquer modalidade de labor da criança e do adolescente no Brasil, pois a limitação da idade mínima preserva a higidez física e psicológica dos adolescentes e, ainda, a sua escolaridade, sem perder de vista que a inobservância dessas proposições acarreta a nulidade do contrato de trabalho e uma possível punição ao empregador [ou pessoa/entidade a ele equiparado] no âmbito penal.

A sociedade brasileira clama por medidas que possam salvaguardar esses valores, a fim de que a norma constitucional não se esvazie em face das carências sociais.

4.2.2. Proposições jurídicas quanto ao trabalho noturno

Quanto à origem ao trabalho noturno, Oris de Oliveira assevera que: "A possibilidade da utilização da máquina dia e noite, no século XIX, criou certo deslumbramento. A partir de então, o trabalho noturno passou a ser amplamente utilizado, não se excepcionando a mão de obra infantojuvenil" (1994, p. 72).

A afirmação de que o trabalho noturno é prejudicial à saúde e ao bem-estar do trabalhador, e que o repouso durante a noite é o que repara, de maneira eficaz, as energias consumidas ao longo do dia, não encontra contestação entre os doutrinadores e o próprio Poder Judiciário.

A preocupação com a limitação da jornada de trabalho e com o trabalho noturno é recente, como pôde ser observado após o apanhado histórico apresentado em linhas volvidas.

A Organização Internacional do Trabalho, conforme já exposto, aprovou várias Convenções e Recomendações, algumas ratificadas pelo Brasil, entre elas a Convenção n. 6, relativa ao trabalho noturno dos menores de dezoito anos na indústria e a Recomendação n. 14, sobre o trabalho noturno de menores na agricultura.

O Brasil, depois de ratificados tais instrumentos internacionais, tem como proposição prescritiva envolvendo o trabalho noturno, a proibição aos menores de dezoito anos ao trabalho noturno. Essa norma é extraída da Constituição Federal de 1988, mais precisamente no art. 7º, XXXIII, conforme também restou abordado no item anterior [idade mínima para o trabalho].

De plano já se verifica que o legislador constitucional fixou a mesma jornada de trabalho noturno tanto para os adultos quanto para os adolescentes.

Já como proposição descritiva, a Consolidação das Leis do Trabalho, especificadamente no art. 404, reproduzindo a disposição contida no § 2º do art. 73 do mesmo diploma, definiu como noturno, o trabalho executado entre 22h00 de um dia e 5h00 do dia seguinte. Essa referência trata de trabalho no meio urbano ou urbano e rural? Caso seja também para esse último, o dispositivo não considerou as peculiaridades da jornada noturna no meio rural[106].

Outra proposição que também define e conceitua o que vem a ser o trabalho noturno é a Convenção n. 171 da Organização Internacional do Trabalho, incorporada ao ordenamento jurídico brasileiro por meio do Decreto n. 5.005, de 8 de março de 2004, quando sustenta que o trabalho noturno é aquele realizado durante um período de pelo menos sete horas consecutivas, que abranja o intervalo compreendido entre meia-noite e cinco da manhã, e reconhece como trabalhador noturno "todo trabalhador assalariado cujo trabalho exija horas de trabalho noturno em número substancial"[107].

Verifica-se mais uma vez que os trabalhadores rurais foram excluídos de tal conceituação, porém, no caso da referida Convenção internacional, restou expressamente diferenciado o trabalho noturno urbano, por força do art. 2º do Decreto n. 5.005/2004.

No sentido de definir o que vem a ser o trabalho noturno no meio rural, a fim de adaptar-se a suas peculiaridades específicas, a Lei n. 5.889/1973, que regula as relações de trabalho rural, especificadamente nos arts. 11, parágrafo único e 12, ambos do Decreto n. 73.626/1974, descreve outras proposições, quais sejam: na execução da pecuária, a jornada noturna se refere das 20h00 de um dia às 4h00 do dia seguinte; ou das 21h00 de um dia as 5h00 do dia seguinte, se exercidas nas atividades de agricultura.

O art. 8º da referida Lei n. 5.889/1973 proíbe o emprego de menor de dezoito anos em trabalho noturno[108].

---

(106) Para José Roberto Dantas Oliva, quanto ao horário noturno rural, deve-se realizar uma interpretação sistemática quanto aos horários mencionados ao trabalho noturno urbano, uma vez que o legislador constitucional o equiparou por força do art. 7º, *caput*, da Constituição Federal de 1988. No entanto, defende que mesmo após a referida interpretação, ainda não se devem afastar as peculiaridade do campo, as quais devem ser entendidas de conformidade com o disposto na Lei n. 5.889/1973, que estatui normas reguladoras específicas do trabalho rural, sendo, por isto, especial. (2006a, p. 167)
(107) Art. 1º do Decreto n. 5.005/2004.
(108) Por meio de uma simples análise comparativa entre a Consolidação das Leis do Trabalho e a Lei n. 5.889/1973, depreende-se que nessa última há certa abrangência em relação à primeira, pois o período de duração restou majorado do que o previsto no diploma celetista (para o trabalhador urbano o período inicia-se às 22h, sendo que o rural na agricultura é a partir das 21h, ambos terminando às 5h do dia seguinte).

Seguindo o mesmo sistema de proteção, o Estatuto da Criança e do Adolescente veda ao adolescente empregado, ao aprendiz que esteja em regime familiar de trabalho, ao aluno de escola técnica, ou assistido por entidade governamental, o trabalho noturno "realizado entre as 22h de um dia e as 5h do dia seguinte"[109].

Ante tais considerações, surge a questão da omissão do ECA quanto à vedação do trabalho noturno também ao adolescente trabalhador rural, uma vez que, ao pretender mencionar nominalmente as formas de trabalho não permitidas ao adolescente e protegidas pelo norma do art. 67, não o incluiu, deixando dúvida quanto à sua abrangência.

A partir de tal omissão, surge, para Viviane Matos González Perez, o questionamento sobre qual das normas deverá ser aplicada, na hipótese de trabalho exercido por adolescentes no âmbito rural, para se compreender a partir de que horas será considerado noturno e, portanto, impróprio ao adolescente.

Respondendo à dúvida, a referida autora assevera que:

> Constata-se, preliminarmente, que é excluída da hipótese a aplicação do princípio da especialidade[110], uma vez que tanto o ECA quanto a Lei do Trabalhador Rural são normas gerais, pois tratam exclusivamente da proteção do trabalho do adolescente. Contudo, recorre-se a outro princípio para a solução do tema, que é o princípio da norma mais favorável, dado o caráter tutelar do Direito do Trabalho e a condição do adolescente de recorrer tratamento prioritário de acordo com os seus direitos fundamentais. (PEREZ, 2008, p. 98)

Quanto à dúvida lançada, Adalberto Martins propõe a mesma solução, porém, com maior profundidade de discussão, pois aborda ponderações com critérios cronológico, hierárquico ou da especialidade:

> A aplicação do critério cronológico nos levaria à conclusão de que deve prevalecer o ECA em detrimento da Lei n. 5.889/1973. Neste caso, o menor de dezoito anos, que mais deve ser protegido, poderia trabalhar na pecuária, até às 22h00 ou a partir das 4h00, enquanto haveria proibição de trabalho ao maior de dezoito anos em idênticas condições, solução que nos parece inadequada.
>
> O critério hierárquico também não encontra eco na questão proposta. Tanto o ECA quanto a Lei n. 5.889/1973 têm *status* de lei federal e são ordinárias.

---

(109) Art. 67 do ECA. (BRASIL, 2011c)
(110) O princípio da especialidade é aplicado como forma de solução de conflito aparente de normas, que surge quando duas ou mais normas aparentemente dispõem sobre determinada matéria. Nessa hipótese, analisam-se os elementos contidos em cada qual e aquela que se apresentar mais detalhada, com requisitos especiais em relação às demais normas, devem ser interpretadas no contexto para se chegar à conclusão de qual norma é mais específica para ser aplicada. (PEREZ, 2008, p. 98)

Finalmente, o critério da especialidade também nos revela adequado à solução de nosso problema. Isto porque, nas palavras de Maria Helena Diniz, "uma norma é especial se possuir em sua definição legal os elementos típicos da norma geral e mais alguns de natureza objetiva ou subjetiva, denominados especializantes", e tanto o ECA quanto a Lei n. 5.889/1973 são gerais, eis que não se destinam à proteção do trabalhador menor.

Assim, entendemos que continua prevalecendo o critério da norma mais favorável, que deve ser aplicado levando-se em consideração o desmembramento do art. 67, I, do Estatuto da Criança e do Adolescente e do art. 7º da Lei n. 5.889/1973 em duas normas. [...]. (2002, p. 115-116)

Como se observa, o leitor pode se deparar com dificuldades até mesmo para definir o que seria mais favorável ao trabalhador, optando ou pelo posicionamento de Viviane Matos González Perez e Adalberto Martins, [definição da dúvida por meio da norma mais favorável[111], extraindo dessa as disposições que lhe parecerem mais favoráveis], ou pela teoria do conglobamento[112], sustentando que as normas, por mais diversas que sejam, devem ser comparadas em seu conjunto e não de forma fragmentada.

Ao analisar a teoria do conglobamento, Mauricio Godinho Delgado pondera que a mesma busca informar os critérios de determinação da norma mais favorável, a partir de processos lógicos de avaliação e seleção entre as normas jurídicas postas em análise. E conclui: "A teoria do conglobamento é certamente a mais adequada à operacionalização do critério hierárquico normativo preponderante no Direito do Trabalho" (2011, p. 177-179).

O trabalho noturno é indicado em três hipóteses de Decreto Presidencial n. 6.481, de 12 de junho de 2008, que sistematiza as piores formas de trabalho infantil consagradas pela Convenção n. 182 da OIT, ou seja, enumera o labor na cata de iscas de pescas em horário noturno e o labor doméstico em horário noturno entre as piores formas de trabalho infantil que devem ser extirpadas do Brasil (NOCCHI; VELLOSO; FAVA (org.). In: JÚNIOR; MARANHÃO, 2010, p. 67).

Como proposição valorativa, justificam-se a prescrição e descrições anteriores, na efetiva prejudicialidade ao desenvolvimento da criança e do adolescente ao trabalho por laborarem durante a jornada noturna.

---

(111) O princípio da norma mais favorável, pertencente ao núcleo basilar dos princípios especiais do Direito do Trabalho, dispõe que o operador do Direito do Trabalho deve optar pela regra mais favorável ao obreiro em três situações ou dimensões distintas: no instante da elaboração da regra ou no contexto de confronto entre regras concorrentes ou, por fim, no contexto de interpretação das regras jurídicas. (DELGADO, 2011, p. 193)
(112) Por esta teoria não se fracionam preceitos ou institutos jurídicos. Cada conjunto normativo é apreendido globalmente, considerado o mesmo universo temático; respeitada essa seleção, é o referido conjunto comparado aos demais, também globalmente apreendidos, encaminhando-se, então, pelo cotejo analítico, à determinação do conjunto normativo mais favorável. (DELGADO, 2011, p. 178)

Outra proposição valorativa se refere ao fato de que a proibição desse tipo de trabalho se justifica sob o argumento de que o trabalho executado nesse período é mais estafante do que aquele realizado no período diurno, tendo em vista que o corpo e o sistema nervoso trabalham no período em que estão preparados para dormir, exigindo um esforço adicional. Além do fato de que o horário de repouso, nesse caso, acontece durante o período em que o corpo e o sistema nervoso se preparam para se ativar, contrastando também com o meio ambiente em plena atividade (PEREZ, 2008, p. 97).

Especificadamente quanto aos efeitos do trabalho noturno àqueles que se encontram abaixo do limite etário permito, Oris de Oliveira assevera que:

> Um grande contingente de adolescentes trabalha de dia e estuda à noite. O período compreendido entre o término das aulas e o início do trabalho não é suficiente para um descanso reparador, sobretudo levando em consideração o tempo que se despende entre a escola e o lar, à noite, e entre esse e o trabalho no dia subsequente. (1994, p. 73)

Em meio a essas consequências, há também a disfunção do relógio biológico, uma vez que fixa regularmente os horários de ingestão do alimento, preparando o sistema digestivo para receber os nutrientes, sendo importante a manutenção dos horários de refeição, pois o consumo de alimento fora do horário estabelecido pelo relógio biológico pode ocasionar o aparecimento de desordens gastrointestinais como azia, má digestão, gastrite e úlceras (NOCCHI; VELLOSO; FAVA (orgs.). In: JÚNIOR; MARANHÃO, 2010, p. 66).

Francisco Milton Araújo Júnior e Nery Stany Morais Maranhão aduzem ainda que "afirmam que a limitação do trabalho do menor em ambiente insalubre constitui--se como fato de promoção do amadurecimento físico e psicológico do cidadão, coadunando-se, por conseguinte, com o patamar mínimo de existência digna do ser humano" (NOCCHI; VELLOSO; FAVA (org.). In: JÚNIOR; MARANHÃO, 2010, p. 66).

Além de todos os fatores físicos, fisiológicos e mentais acima contextualizados, é com a vedação ao trabalho noturno que crianças e adolescentes terão a possibilidade de se transformarem em adultos sadios, sem deixar de enfatizar que, caso se descumpram as proposições prescritivas e descritivas aqui trazidas, a esses trabalhadores deverão ser assegurados todos os direitos cabíveis, uma vez que as normas que visam a protegê-los não podem ser interpretadas a seu desfavor.

4.2.3. Proposições jurídicas quanto ao trabalho perigoso, insalubre e penoso

Inicia-se este item trazendo a proposição descritiva, a fim de conceituar atividades perigosas e insalubres.

Consideram-se, portanto, atividades perigosas aquelas que, por sua natureza ou método de trabalho, impliquem contato permanente com substâncias inflamáveis, explosivos e com eletricidade e em condições de risco acentuado[113].

Por insalubres, compreendem-se as operações que, por sua natureza, exponham o trabalhador a agentes nocivos à sua saúde, acima dos limites de tolerância, em razão do tempo de exposição aos seus efeitos[114].

A diferença entre as consequências pelas duas condições de trabalho reside no dano possível de ser acarretado, quais sejam, a periculosidade com o risco que a atividade exercida oferece e insalubridade no efeito cumulativo causado pelo decorrer do tempo de contato com agentes nocivos.

De forma mais objetiva e direta, Grasiele Augusta Ferreira Nascimento aduz que "enquanto a periculosidade implica risco de vida ou à integridade física do empregado, a insalubridade implica dano à sua saúde" (2009, p. 22).

Já a atividade penosa, embora não prevista diretamente, mas implícita no inciso XXIII do art. 7º da Constituição Federal de 1988, sua proteção e eventual remuneração não são autoaplicáveis, uma vez que depende de lei que os regulamente[115].

O Estatuto da Criança e do Adolescente apresenta, sem contudo definir o instituto, a vedação ao trabalho penoso, conforme se depreende do inciso II do art. 67.

Viviane Matos González Perez afirma, quanto à referida omissão legislativa que perdura até o presente momento, que:

> A vedação contida no § 5º do art. 405 da CLT pode ser compreendida como forma de proibição ao trabalho penoso, pois proíbe o empregador de contratar adolescente para praticar serviço que demande o uso de força muscular superior a vinte quilos para o trabalho contínuo ou vinte e cinco quilos para o trabalho ocasional, na forma do art. 390. (2008, p. 102)

Ante a omissão legislativa quanto à regulamentação da atividade penosa, bem como à omissão do ECA no que se refere à proposição descritiva, doutrinadores e estudiosos buscam caracterizar e conceituar atividades penosas atualmente por dois métodos[116].

---

(113) Art. 193 da Consolidação das Leis do Trabalho. (BRASIL, 2011b)
(114) Art. 189 da Consolidação das Leis do Trabalho. (BRASIL, 2011b)
(115) Nesse sentido, durante dezessete anos, foram apresentados vários projetos com esse objetivo sem, contudo, alcançarem êxito pela enorme dificuldade de se caracterizar e conceituar as atividades penosas em vista do caráter evidentemente subjetivo do instituto. (SILVA, 2005, p. 3)
(116) A título de complementação, caso persista a omissão legislativa quanto à inexistência de regulamentação da atividade penosa (e do respectivo adicional de penosidade), o legislador constituinte estabeleceu no art. 5º, LXXI da Constituição Federal de 1988 o mandado de injunção. Dessa forma, sempre que a falta de norma regulamentadora tornar inviável o exercício de direitos

Maria Auxiliadora da Silva afirma que, entre esses métodos, tem-se o primeiro que se refere à conceituação das atividades propriamente ditas, tal qual prevista da Consolidação das Leis do Trabalho para as atividades insalubres ou perigosas, e o segundo, o da enumeração das atividades específicas dessa modalidade de proteção (SILVA, 2005, p. 6).

Somente em 2006, por força do Projeto de Lei do Senado n. 301, que tem por objetivo acrescentar dispositivos na Consolidação das Leis do Trabalho para regulamentar o adicional de penosidade previsto no inciso XXIII do art. 7º da Constituição Federal de 1988, atualmente em trâmite pela Comissão de Constituição, Justiça e Cidadania[117], é que se define o que vem a ser atividade penosa:

> Consideram-se atividades ou operações penosas, na forma da regulamentação aprovada pelo Ministério do Trabalho e Emprego, ou na forma acordada entre empregados e empregadores, por meio de convenção ou acordo coletivo de trabalho, aquelas que, por sua natureza ou métodos de trabalho, submetem o trabalhador à fadiga física ou psicológica. (BRASIL, 2011e)

Como o referido projeto de lei não faz menção ao trabalho infantil, à primeira vista parece que, em atividades penosas, haverá certa parcimônia quanto à utilização de jovens e crianças. Contudo, considerando que esse projeto se propõe a acrescentar dispositivos junto à seção XIII da CLT, que traz em seu bojo as atividades insalubres e perigosas, o mesmo deverá estar adstrito ao inciso XXXIII do art. 7º da Constituição Federal de 1988, uma vez que sua finalidade e conteúdo dizem respeito à proteção à saúde do trabalhador, inclusive dos menores de dezoito anos.

Como proposição prescritiva, a Constituição Federal de 1988, no seu art. 7º, inciso XXXIII, proíbe o trabalho insalubre e perigoso aos menores de dezoito anos em locais ou serviços prejudiciais à saúde, proibindo, sem exceção, qualquer tipo de trabalho em locais ou serviços insalubres e perigosos[118].

Verifica-se — quanto à vedação ao trabalho do menor de dezoito anos em condições insalubres — que a grande maioria das 89 atividades profissionais consideradas como piores formas de trabalho infantil descritas no Decreto

---

e liberdades constitucionais e das prerrogativas inerentes à nacionalidade, à soberania e à cidadania, conceder-se-á mandado de injunção. Assim, caso seja intentado o referido mandado, o STF, ao verificar a omissão, comunicará, em primeiro lugar, o Congresso Nacional para que este exerça sua função e crie a lei respectiva.

(117) Consulta realizada em 13 de setembro de 2011, diretamente no endereço eletrônico do Senado.
(118) O quadro de serviços perigosos ou insalubres proibidos aos menores, independentemente do uso de equipamento de proteção individual, está previsto na Portaria MTE/SIT n. 88, de 28 de abril de 2009 (dispondo para efeitos do inciso I do art. 405 da CLT, os locais e serviços perigosos ou insalubres, proibidos ao trabalho do menor de dezoito anos, os descritos no item I — Trabalhos Prejudiciais à Saúde e à Segurança, do Decreto n. 6.481, de 12 de junho de 2008, que publicou a Lista das Piores Formas do Trabalho Infantil), alterando, portanto, a Portaria MTE/SIT n. 6, de 2001.

Presidencial n. 6.481, de 12 de junho de 2008, que sistematiza a Convenção da OIT de n. 182, são de natureza insalubres.

Já nos termos do inciso II da Recomendação n. 190 da Organização Internacional do Trabalho, mais especificadamente em suas cinco alíneas, são consideradas perigosas as atividades desenvolvidas de forma não eventual com substâncias inflamáveis, explosivos e com eletricidade; e as insalubres pressupõem contato com agentes químicos, físicos ou biológicos prejudiciais à saúde.

Na CLT, a proposição proíbe o trabalho em locais perigosos ou insalubres ao menor de dezoito anos[119].

A proibição constitucional do trabalho perigoso, insalubre e ao penoso vindouro, aos menores de dezoito anos de idade, seguida das legislações infraconstitucionais, é regra de proteção de extrema importância, surgindo, assim, as proposições valorativas.

Nesse contexto, Francisco Milton Araújo Júnior e Nery Stany Morais Maranhão afirmam que a limitação ao trabalho do menor em ambiente insalubre constitui-se como fato de promoção do amadurecimento físico e psicológico do cidadão, coadunando-se, por conseguinte, com o patamar mínimo de existência digna do ser humano (NOCCHI; VELLOSO; FAVA (org.). In: JÚNIOR; MARANHÃO, 2010, p. 58).

Como proposição valorativa referenciando o trabalho perigoso, os fundamentos da proibição visam a proteger a saúde, a integridade física e a segurança do menor que, em razão de sua imaturidade mental, não pode perceber os riscos potenciais que envolvem uma atividade perigosa específica, ou até mesmo os riscos decorrentes das condições em que trabalha. Como insalubre, a proposição é porque, nesse tipo de trabalho, há uma das formas mais danosas e agressivas à higidez do trabalhador e de forma ainda mais insidiosa ao trabalhador menor; pois além de comprometer sua saúde, afeta o seu pleno desenvolvimento físico e mental (PIOVESAN; CARVALHO, 2010, p. 212).

A restrição ainda se justifica, considerando que o organismo do menor está em crescimento e não reage, como o dos adultos, aos agentes químicos e biológicos nos ambientes de trabalho, pois não possuem defesas maduras. A título de exemplo, nas atividades de manipulação de compostos à base de chumbo, constatou-se que 50% de chumbo ingerido por crianças são absorvidos, enquanto nos adultos esse percentual é de 15% (BARROS, 2008, p. 318).

O trabalho perigoso pode ocasionar a morte súbita ou acidentes que impossibilitem o trabalho para o resto da vida, mormente aqueles que implicam a perda de algum membro do corpo. Isso reforça a ideia de que a proibição de trabalho perigoso à criança e ao adolescente, não se circunscreve àquelas hipóteses nas

---

(119) Art. 405, I, da Consolidação das Leis do Trabalho. (BRASIL, 2011b)

quais haveria o direito ao adicional de periculosidade, mas diz respeito a todo e qualquer trabalho, cujo risco de acidentes se revele acentuado (MARTINS, 2002, p. 109).

É cediço que o trabalho perigoso pode causar a morte, súbita ou não, do menor. Tanto é verdade que, por meio da transcrição a seguir, verifica-se que há pouco mais de um ano o *Tribunal Regional do Trabalho da 17ª Região* se debruçou sobre o fato de um menor ter falecido em plena atividade perigosa:

> ACIDENTE DE TRABALHO — MORTE DO TRABALHADOR MENOR — RESPONSABILIDADE CIVIL – 1 — A contratação de trabalhador menor para o exercício de atividade na construção civil é perigosa e malfere o disposto nos arts. 7º, XXII e XXXIII, 227, *caput* e § 3º, I, da CRFB, art. 405, I, da CLT e art. 67, II, da Lei n. 8.069/1990 (ECA). 2 — A proibição do trabalho do menor nessa atividade decorre, naturalmente, de sua falta de experiência e da limitação de sua capacidade para presumir e evitar acidentes, donde se conclui não haver qualquer espaço para a responsabilização exclusiva da vítima pelo evento que ceifou sua vida. 3 — Além disso, se o ato ilícito que acarretou o acidente foi materializado por colega de trabalho, no local de trabalho e em razão dele, o empregador é responsável pelos atos de seus empregados, nos termos dos arts. 136, 927 e 932, III, do CCB. Inteligência da Súmula n. 341 do E. STF. (TRT 17ª R. — RO 172000-58.2006.5.17.0014 — Relª Desª Cláudia Cardoso de Souza — DJe 12.7.2010 — p. 23)

Além da ilicitude na contração de menores para o desempenho de tais trabalhos, não resta dúvida de que, havendo morte ou qualquer outro dano à criança ou ao adolescente, o empregador será compelido à reparação de tais danos, tendo em vista que o mesmo, por assumir os riscos da atividade econômica, é também o responsável por tudo o que ocorre no ambiente laboral.

Já no tocante à justificativa para também se coibir o labor de menores em atividades penosas, tem-se que — a princípio — são as atividades que não apresentam riscos imediatos à saúde física ou mental, mas que, pelas condições adversas ao físico, ou ao psíquico, acabam minando as forças e a autoestima do trabalhador, quiçá as da criança e do adolescente (Justificação do Projeto de Lei do Senado n. 301/2006).

Pode-se dizer, por linhas transversas, que o trabalho penoso está ligado ao respeito à dignidade da pessoa do trabalhador, conforme já exposto, porém, aliada a um meio ambiente do trabalho sadio (PIOVESAN; CARVALHO, 2010, p. 233).

Ainda como forma de fomentar a proposição valorativa quanto às atividades insalubres e perigosas, importante asseverar que ainda há a obrigação [proposição prescritiva]de se pagarem os adicionais respectivos (o de penosidade está em discussão por meio do Projeto de Lei do Senado n. 301/2006). Contudo, tal dispêndio é visto pela doutrina específica como uma forma de se monetização do risco.

Nesse sentido, Adalberto Martins aduz ser "menos oneroso o pagamento do adicional [...] do que o investimento para tornar o ambiente de trabalho salubre" (2002, p. 106).

Reduzindo esse entendimento ao trabalho dos menores de dezoito anos, o referido autor ainda afirma que:

> No caso dos menores de dezoito anos, não se encontra legitimada a monetização do risco. Todavia, é certo que o trabalho em condições insalubres acarreta sempre o direito ao respectivo adicional, mesmo que o trabalhador seja menor de dezoito anos, eis que se trata de norma que objetiva a proteção do menor e não disposição legal que dá ensanchas ao enriquecimento sem causa do empregador. (MARTINS, 2002, p. 106)

Depreende-se, pelas linhas volvidas, que a Constituição Federal de 1988 [art. 7º, inciso XXXIII], proíbe o trabalho insalubre, perigoso e o penoso, mesmo antes de sua regulamentação, aos menores de dezoito anos, sem exceção qualquer. Assim, não há de se autorizar a monetização ou mesmo a parcimônia das entidades competentes de fiscalização, uma vez que a proposição que descreveu o que vêm a ser tais atividades, a proposição prescritiva se responsabilizou pela proibição sem qualquer espécie de exceção, inclusive com a utilização de equipamentos de proteção individual — EPI.

Outro não tem sido o entendimento do Colendo Tribunal Superior do Trabalho, como pode ser observado a seguir a partir da recente decisão, *in verbis*:

> EMBARGOS DE DECLARAÇÃO — TRABALHO DO MENOR DE 18 (DEZOITO) ANOS E MAIOR DE 16 (DEZESSEIS) ANOS — ATIVIDADE INSALUBRE — OMISSÃO, OBSCURIDADE E CONTRADIÇÃO — INEXISTÊNCIA — NÃO PROVIMENTO — Não há falar em vício ensejador dos embargos de declaração, quando emerge das alegações recursais o mero inconformismo com a decisão desfavorável, sem a demonstração do enquadramento da hipótese nos arts. 897-A da CLT e 535 do CPC. A matéria foi expressamente analisada no v. acórdão embargado, que, ao analisar o recurso, consignou expressamente os motivos pelos quais entendeu que a proibição do trabalho do menor de 18 (dezoito) anos e maior de 16 (dezesseis) anos se dá em caráter absoluto, não sendo afastada nem pelo uso de EPI. Embargos de declaração a que se nega provimento. TST — ED-AIRR 9/2006-027-13-40.7 — Rel. Min. Guilherme Augusto Caputo Bastos — DJe 3.6.2011 — p. 593. (BRASIL, 2011f)

Restará, nesse sentido, o controle e fiscalização direta pelo Ministério do Trabalho e Emprego, como órgão do Poder Executivo e pelo Poder Judiciário trabalhista, de eventuais excessos em autuações a empregadores, após a Emenda Constitucional n. 45/2004, que ampliou as competências materiais da Justiça do Trabalho, sem retirar das crianças e dos adolescentes os direitos oriundos da norma geral.

Grasiele Augusta Ferreira Nascimento aduz que "mesmo sendo nulo o contrato de trabalho, todos os direitos trabalhistas serão devidos à criança ou ao adolescente trabalhador, até a declaração da ilicitude contratual" (2009, p. 23).

Ainda que não declarada a nulidade do contrato do menor de dezoito anos que milite em atividades prejudiciais à sua saúde e vida, caberá à autoridade competente, nos termos do art. 407 da CLT, estabelecer o direito líquido e certo de uma eventual realocação funcional.

Quanto a isso, a seguir se encontra a decisão do Tribunal Regional do Trabalho da 3ª Região, que preservou o direito e as garantias trabalhistas ao menor de dezoito anos, sem que seja obstado o seu emprego, *in verbis*:

> MANDADO DE SEGURANÇA — MENOR X TRABALHO INSALUBRE — AUTO DE INFRAÇÃO — DETERMINAÇÃO DE IMEDIATA RUPTURA CONTRATUAL — VIOLAÇÃO AO DIREITO LÍQUIDO E CERTO DE REALOCAÇÃO FUNCIONAL DOS JOVENS — ART. 407 DA CLT — Constatada a presença de menores empregados em funções insalubres, cumpre à autoridade administrativa observar a *mens legis* do art. 407 da CLT que, em consonância com o valor social do trabalho (arts. 1º, IV, e 3º, III, CR/1988), estabelece o direito líquido e certo de realocação funcional desses jovens que já angariaram um posto de trabalho em mercado tão escasso como o brasileiro. Neste diapasão, desproporcional e precipitado o ato impugnado no presente *mandamus*, que determinou a imediata ruptura dos contratos de trabalho. Recurso a que se nega provimento para manter a sentença que chancelou a mera transferência dos menores para setores que não lhes ofereçam riscos à saúde e segurança, com a ressalva de que compete aos órgãos administrativos proceder à constante e periódica fiscalização acerca do cumprimento da presente determinação judicial. (TRT 3ª R. — RO 00705-2007-143-03-00-1 — T.R. — Relª Juíza Maria Cristina D. Caixeta — DJe 3.6.2008)

Respeitadas essas colocações, tem-se o tão discutido conflito entre princípios ou colisão de direitos, qual seja, a controvérsia entre dignidade da pessoa humana e a proteção integral à criança e ao adolescente, com o próprio direito desses indivíduos trabalharem com o fito de favorecer a renda familiar.

A solução que se apresenta para o caso em comento é delicada e exige muita atenção. Entre outras justificativas, deve-se recorrer ao princípio de pertinência que envolve uma avaliação de peso — qual o direito mais "pesado", mais importante, no caso em discussão, pois a esse se deverá dar preferência (FERREIRA FILHO, 2008, p. 103).

Como visto, a proposição valorativa, após a proibição ao trabalho do menor de dezoito anos em atividades insalubres, perigosas e penosas, visa à proteção à saúde, à integridade física e mental, bem como à segurança ao desenvolvimento, sendo que, mesmo depois de contextualizada com a possibilidade de permanência do trabalhador, porém realocado em outro local e/ou função, com a intenção de proteger a renda e a própria família do menor, resta se fazer a ponderação pelo intérprete da lei, por empregadores e pelo Judiciário, uma vez que ao Ministério do Trabalho e Emprego cabe tão somente a execução da lei, entre o princípio da pertinência e o da norma mais favorável.

4.2.4. Proposições jurídicas quanto ao trabalho em locais prejudiciais à formação e ao desenvolvimento físico, psíquico, moral e social da criança e do adolescente

As proposições prescritivas quanto a essa modalidade de proteção à criança e ao adolescente são todas extraídas diretamente de normas infraconstitucionais.

Como proposição prescritiva, o Estatuto da Criança e do Adolescente veda, em seu art. 67, inciso III, o trabalho do adolescente "em locais prejudiciais à sua formação e ao seu desenvolvimento físico, psíquico, moral e social".

Em se tratando do desenvolvimento físico, a formulação do ECA é abrangente e até redundante na medida em que inclui a proibição de serviços e locais insalubres, perigosos e penosos (como já fizera no inciso II). Mas, ao passo que esses são, até certo ponto, a proteção de toda e qualquer modalidade de trabalho que, concretamente, cause mal físico ao adolescente (OLIVEIRA, 1994, p. 73). No mesmo passo é a consideração referente aos serviços e locais prejudiciais ao desenvolvimento psíquico.

Mas, quando o ECA prescreve a proibição de trabalho em locais prejudiciais à formação e ao desenvolvimento moral e social, há diferenças entre essas duas espécies de proibições?

Para responder essa dúvida, Oris de Oliveira aduz que:

> Há trabalhos que, pelos seus objetos, ofendem a moral e os bons costumes, sejam quais forem os locais em que se desenvolvam. [...] Tais trabalhos não podem ser exercidos por adultos e, com maior razão, por adolescentes.
>
> Há, em contrapartida, trabalhos que pelos seus objetos não são imorais, mas fatores circunstanciais podem não aconselhar que os adolescentes não o desempenhem, por falta de maturidade física ou psicológica.
>
> [...]
>
> Por mais paradoxal que possa parecer a afirmação, o trabalho que adolescentes realizavam nos antigos reformatórios para "menores" lhes era socialmente prejudicial porque havia uma segregação com comprometimento de sua educação integral.
>
> Qualquer trabalho (ainda que não efetuado em internatos) que, concretamente, tenha o efeito de confinar o adolescente e de isolá-lo da família, do convívio de outros adolescentes de meios abertos, que impeça o lazer, a cultura, é socialmente prejudicial.
>
> [...]

A CLT, repetindo, com pequenas modificações, o conteúdo do Código de Menores de 1927, [...] enumera os serviços e locais de trabalho que são prejudiciais à formação moral do adolescente. (1994, p. 74)

Também como proposição prescritiva, a Consolidação das Leis do Trabalho, com a nova redação que lhe emprestou a Lei n. 10.097, de 19 de dezembro de 2000, o parágrafo único do art. 403[120] reproduziu a mesma vedação verificada no ECA[121].

Tanto a proposição prescrita na CLT, quanto aquela do ECA mencionada, consideram a idade mínima da proteção após a Emenda Constitucional n. 20/1998, qual seja, de dezesseis a dezoito anos de idade.

Especificadamente no que se refere aos locais e espécies de trabalho considerados prejudiciais à moralidade do adolescente, coube à CLT tal definição, uma vez que nesses locais o adolescente e a criança em menor grau — como se verá na seção seguinte, estarão em contato com realidades que poderão influenciá-lo negativamente, uma vez que ainda se encontra em processo de construção de valores, não estando apto — do ponto de vista psíquico e muitas vezes físico — para tomar decisões que possam provocar a exposição e exploração de sua imagem ou de sua força física.

Neste sentido, a CLT prescreve no § 3º do inciso II do art. 405, que:

Art. 405. Ao menor não será permitido o trabalho:

[...]

II — em locais ou serviços prejudiciais à sua moralidade. (Antiga alínea *b* renomeada e com redação dada pelo Decreto-Lei n. 229, de 28.2.1967).

§ 3º Considera-se prejudicial à moralidade do menor o trabalho:

a) prestado de qualquer modo, em teatros de revista, cinemas, boates, cassinos, cabarés, dancings e estabelecimentos análogos;

b) em empresas circenses, em funções de acróbata, saltimbanco, ginasta e outras semelhantes;

c) de produção, composição, entrega ou venda de escritos, impressos, cartazes, desenhos, gravuras, pinturas, emblemas, imagens e quaisquer outros objetos que possam, a juízo da autoridade competente, prejudicar sua formação moral;

---

(120) É proibido qualquer trabalho a menores de dezesseis anos de idade, salvo na condição de aprendiz, a partir dos quatorze anos. Parágrafo único. O trabalho do menor não poderá ser realizado em locais prejudiciais à sua formação, ao seu desenvolvimento físico, psíquico, moral e social e em horários e locais que não permitam a frequência à escola.

(121) Nesse sentido, o inciso III do art. 67 do Estatuto da Criança e do Adolescente se coaduna com a vedação do art. 403 da Consolidação das Leis do Trabalho, especificamente quanto ao parágrafo único, ficando assim compreendidas as questões relativas à moralidade do adolescente, por não serem incompatíveis com a norma transcrita no referido Estatuto. (STEPHAN, 2002, p. 99)

d) consistente na venda, a varejo, de bebidas alcoólicas. (Redação dada ao parágrafo pelo Decreto-Lei n. 229, de 28.2.1967, DOU 28.2.1967). (BRASIL, 2011b)

Para as alíneas "a" e "b" do referido § 3º do art. 405 da CLT, o art. 406 do mesmo diploma prevê a possibilidade da concessão de autorização para o trabalho, oriunda do juiz da infância e da juventude, ou do juízo trabalhista[122], o qual analisará o caso concreto e autorizará — desde que o trabalho possua finalidade educativa, que não atente contra a formação moral[123], além de certificar ser a ocupação do menor indispensável à própria subsistência ou à de seus pais, avós ou irmãos, bem como de não advir nenhum prejuízo à sua formação moral[124].

A flexibilização do art. 405, especificadamente quanto às alíneas "a" e "b", segue a proposição prescrita na Convenção n. 138 da Organização Internacional do Trabalho, notadamente em seu art. 8º, que prevê a possibilidade da autoridade competente permitir a participação da criança em representações artísticas, significando essa participação o emprego de seu trabalho, mediante licença, observado o caso concreto.

Para José Roberto Dantas Oliva, o legislador perdeu oportunidade ímpar para reformular o art. 406 da CLT, por ocasião da Lei n. 10.097/2000, uma vez que, quanto às duas últimas alíneas do referido artigo, não são merecedoras de maiores considerações. E acrescenta: "A 'c' é de tipo aberto e deixa, portanto, ao prudente arbítrio do juiz, a deliberação, pontual e casuística, do que prejudicaria a formação moral do adolescente. Quanto à "d", ninguém, em sã consciência, defenderia, por exemplo, a possível ingestão de bebida alcoólica por criança ou adolescente" (2006a, p. 200).

Em relação à alínea "d" transcrita, cabe uma última ponderação.

Por meio de uma simples interpretação sistemática, verifica-se que o legislador justificou a proibição do trabalho de menores em vendas de bebidas alcoólicas, sem qualquer flexibilidade ou autorização de análise pormenorizada do Poder Judiciário, levando em consideração o caso concreto, tendo em vista que nos termos do art. 458, também da Consolidação das Leis do Trabalho, as bebidas alcoólicas são equiparadas às demais drogas nocivas ao ser humano, tanto é verdade que não poderão ser consideradas como salário ou parte dele.

De forma abrangente e como proposição descritiva aos trabalhos prejudiciais à formação e ao desenvolvimento físico, psíquico, moral e social, entendem-se os trabalhos que, por seus objetos, ofendem a moral e os bons costumes, sejam quais

---

(122) Quanto à referida autorização do Juizado da Infância e da Juventude, José Roberto Dantas Oliva põe em debate outra questão, qual seja, de que após o advento da Emenda Constitucional n. 45/2004, tal incumbência foi transferida para o Juiz do Trabalho, uma vez que, em sua nova redação do art. 114 da Constituição Federal de 1988, compete a justiça especializada processar e julgar as ações oriundas da relação de trabalho, sem abrir qualquer exceção. (2006a, p. 202)
(123) Inciso I do art. 406 da Consolidação das Leis do Trabalho. (BRASIL, 2011b)
(124) Inciso II do art. 406 da Consolidação das Leis do Trabalho. (BRASIL, 2011b)

forem os locais em que se desenvolvam, a exemplo dos trabalhos vinculados ao jogo proibido, à prostituição e ao tráfico de drogas (STEPHAN, 2002, p. 99).

Mas talvez o problema maior na definição do que vem a ser esses trabalhos prejudiciais, mesmo sendo permitida a sua flexibilidade, nos termos do art. 406 das CLT, é quando se incluem como atividades imorais aqueles frutos da cultura e/ou artísticas.

Sobre isso, questiona-se:

— Será que as permissões infraconstitucionais do ingresso de menores de dezesseis anos em trabalhos artísticos são normas superiores à proibição constitucional do trabalho ao menor de dezesseis anos?

Antes de responder ao questionamento, oportuno tecer outras ponderações.

Sem ignorar a doutrina que considera a autorização judicial para o trabalho infantil colidente com a Carta Maior, a partir da harmonização do art. 7º, XXXIII, com o art. 5º, IX, ambos da Constituição Federal, a aplicação das proposições contidas no art. 8º da Convenção n. 138 da OIT, bem como no ECA, assegurando, também aos pequenos artistas, a liberdade de expressão e o direito de desenvolverem talentos inatos, bem como o acesso aos níveis mais elevados de ensino, inclusive de criação artística, em conformidade com a capacidade de cada um, conforme preconiza o art. 208, inciso V, da Constituição Federal de 1988. O ideal, no entanto, seria que, para solucionar o impasse, conforme sugerido por Erotilde Ribeiro dos Santos Minharro, houvesse alteração constitucional para, "seguindo o exemplo da Convenção n. 138 e da Diretiva n. 33/1994 da União Europeia, acrescentar que não se sujeitam à limitação da idade as atividades artísticas, esportivas e afins" (2003, p. 64).

Mas, enquanto essa alteração constitucional não se apresenta, há também de se ponderar que, mesmo à luz do princípio da proteção integral (art. 227 da Constituição Federal de 1988, combinado com o art. 1º do ECA, ou seja, pelo prisma dos interesses da pessoa em peculiar condição de desenvolvimento, seja ela criança ou adolescente, e não sob a ótica daqueles — cinema, teatro ou televisão — que necessitam, por exemplo, de atores mirins para conferir maior realismo aos espetáculos), deve sempre ser levada em conta, ainda, a vontade manifestada pelos detentores do poder familiar, disciplinando o magistrado, ao expedir o alvará, como deverá se desenvolver o trabalho na tentativa de evitar que, de alguma forma, ele se torne prejudicial (OLIVA, 2006b).

Ainda sobre a referida omissão legislativa, importante frisar o que já foi tratado no item sobre a idade mínima, que cai, como uma luva, para a premente discussão.

Viviane Colucci e Roberto Basilone Leite defendem que, no Estado Democrático de Direito (como o brasileiro), apenas por meio de processo legislativo é possível alterar-se a norma legal, razão pela qual ao magistrado não é permitido inovar, autorizando o trabalho em atividades não permitidas por lei, ainda que sob o fundamento de que a lei não está em sintonia com as necessidades sociais e econômicas da criança e do adolescente (NOCCHI; VELLOSO; FAVA (orgs.). In: COLUCCI; LEITE, 2010, p. 130-131).

Se a doutrina que defende a possibilidade de autorização do trabalho infantil em atividades artísticas, mesmo aos menores de dezesseis anos, encontra lugar e força no mundo jurídico, o que se deve buscar, por conseguinte, é a modificação do texto constitucional para excepcionar tal modalidade de trabalho da limitação etária, pois somente assim a dúvida deixará de existir.

Gustavo Filipe Barbosa Garcia, nesse sentido, aduz ainda que, mesmo o menor não possuindo a idade mínima para o trabalho, a participação em tais atividades é admitida com o fulcro no princípio da razoabilidade, bem como por ser considerada, preponderantemente, uma atividade artística e não um trabalho ou emprego propriamente (2007, p. 683).

Contextualizando essas assertivas, ilustra-se que o menor sempre laborou em atividades artísticas.

Tanto é verdade que, com aproximadamente sete anos de idade, o ator Jackie Coogan (nascido em 1914), foi escolhido por Charlie Chaplin (em 1921), para ser o astro mirim do filme "O garoto" e se tornou sensação do dia para a noite, passando a ganhar de cinco a dez mil dólares por semana (GRUNSPUN, 2000, p. 67).

Em 1930, os Estados Unidos já possuía a atriz mirim Shirley Temple, a qual atuava no programa "Baby Burlesks" em que crianças faziam paródias de celebridades adultas. Shirley também atuou no cinema, em inúmeros filmes e musicais. Aos seis anos de idade, a atriz mirim já havia ganhado seu primeiro Oscar[125].

Outra contextualização, porém mais recente, é o caso de 2009 em que a apresentadora Maísa, à época com apenas sete anos de idade e despontando como artista revelação daquele ano, foi agredida em sua moralidade, tendo, inclusive, chorado por duas vezes, ao vivo e em rede nacional, em pleno "Programa Silvio Santos", do SBT. Sobre este caso, o Ministério Público do Trabalho em Osasco promoveu uma ação civil pública contra a emissora de televisão, por entender que a participação de Maísa em programa de TV descumpre a legislação trabalhista.

As justificativas para a referida ação se referem ao desrespeito a normas que protegem os menores de idade e à exposição pública da criança a medo, susto, pânico e até mesmo de dor física — ao bater com a sua pequena cabeça em uma câmera —, que em nada contribuem para a sua formação.

---

(125) Quando adulta Shirley aposentou-se do cinema, passou a exercer funções diplomáticas no governo americano. Sua infância foi detalhada em duas obras autobiográficas que demonstram ausência de traumas e maiores reclamações por ter se tornado tão cedo uma profissional das artes dramáticas. (MONTEIRO, 2011)

Em ato contínuo, o Ministério Público do Trabalho também requereu à Justiça que o SBT deixasse de contratar, em qualquer espécie de trabalho, pessoas menores de dezesseis anos, salvo na condição de aprendiz.

Em decisão liminar, revogou-se o alvará que autorizava a participação e o trabalho da menina Maísa no SBT.

Uma última contextualização quanto à proposição jurídica que veda e ao mesmo tempo flexibiliza a participação de menores em atividades artísticas é o fato que se deu em 10.3.2010, quando representantes do Ministério Público do Trabalho promoveram audiência com advogados da Rede Globo para debater a utilização de crianças e adolescentes em suas novelas, principalmente quanto à atriz mirim Klara Castanho, atriz que desempenhava o papel de vilã perversa.

De qualquer forma, enquanto persistir a omissão legislativa antes referida, bem como a dúvida até agora não esclarecida (se as permissões infraconstitucionais do ingresso de menores de dezesseis anos em trabalhos artísticos são normas superiores à proibição constitucional), caberá ao intérprete da lei, analisando o caso concreto, a solução da presente celeuma hermética.

Há também doutrinadores como Viviane Matos González Perez e Erotilde Ribeiro dos Santos Minharro que defendem a superioridade da norma constitucional sobre a infraconstitucional que flexibiliza e autoriza o trabalho infantil, mesmo aos menores de dezesseis anos, em atividades artísticas.

Para essa parte da doutrina, de acordo com o legislador constituinte, o emprego do menor só será permitido antes dos dezesseis anos e a partir dos quatorze anos, em caráter de aprendizagem, o que não é o caso das atuações em novelas, peças teatrais, filmes e circo.

A possibilidade de autorização por parte de um juiz, seja o da Infância e da Juventude ou o do Trabalho, esse último para aqueles que defendem a competência material a partir da Emenda Constitucional n. 45/2004, que reformulou o art. 114 da Constituição Federal de 1988, colide com a previsão constitucional contida no art. 7º, inciso XXXIII, razão pela qual a norma infraconstitucional não poderá ser superior àquela oriunda da Carta Magna.

Viviane Matos González Perez aduz sobre essa demanda que:

> À luz do princípio da proteção integral, não é aconselhável a introdução de crianças e de adolescentes menores de dezesseis anos em atividades artísticas que caracterizem uma relação de emprego (serviço de natureza não eventual a empregador sob dependência desde mediante salário), uma vez que, na qualidade de seres em pleno desenvolvimento, cada qual em seu estágio de maturação, vivenciam o momento de explorar suas potencialidades através da escolarização, prática de esportes, brincadeiras, desenvolvimento do lúdico, dentre outros campos, não

sendo adequado, portanto, assumir o peso de um contrato de trabalho. Sua condição de ser em desenvolvimento não lhe permitirá realizar uma ponderação sobre o assunto e suas consequências quando se encontrar envolvido no *glamour* e fantasia do mundo artístico. Além desse argumento, entende-se que há a prevalência da lei fundamental em questão, que proíbe expressamente o emprego de adolescentes menores de dezesseis anos. (2008, p. 105)

Também nesse sentido, Erotilde Ribeiro dos Santos Minharro afirma que:

Destarte, não poderia a norma infraconstitucional arrolar exceções outras, diversas daquelas expressamente previstas na Carta Maior.

Nem se diga que o trabalho artístico, por ser, na visão de alguns, uma atividade "mais leve", mereça tratamento diferenciado, pois semelhante assertiva esbarra na vedação imposta pelo inciso XXXIII do art. 7º da Constituição Federal de 1988, que proíbe a distinção entre trabalho manual, técnico e intelectual ou entre os profissionais respectivos. (2003, p. 64)

Como contraponto da celeuma envolvendo o trabalho infantil artístico, importante asseverar que em Portugal, após a edição da Lei n. 35, de 29 de julho de 2004, a permissão para o trabalho de crianças e adolescentes nessas atividades passou a ocorrer, conforme se depreende no capítulo VIII da referida lei, que trata da "participação de menores em espetáculos e outras atividades" (PORTUGAL, 2004).

Nessa lei portuguesa, considera-se trabalho infantil artístico aquele realizado em espetáculos e outras atividades de natureza cultural, artística ou publicitária, designadamente como ator, cantor, dançarino, figurante, músico, modelo ou maquiagem, incluindo os correspondentes ensaios, condicionado à autorização pela "Comissão de Proteção de Crianças e Jovens" (PORTUGAL, 2004).

Como limitação à referida atividade artística, a Lei n. 35/2004 delimitou jornadas de trabalho, proteção contra o trabalho com animais ferozes, reserva do período de férias escolares e alguns intervalos específicos, conforme se verifica a seguir:

Art. 139.

[...]

2 — O menor só pode participar em espetáculos circenses desde que tenha pelo menos 12 anos de idade e a sua atividade, incluindo os correspondentes ensaios, decorra sob a vigilância de um dos progenitores, representante legal ou irmão maior.

3 — As situações previstas nos números anteriores não podem envolver qualquer contato com animais ferozes.

Art. 140.

1 — A atividade do menor não pode exceder, consoante a idade deste:

a) Menos de três anos — uma hora por semana ou duas horas por semana a partir de um ano de idade;

b) Entre três e seis anos — duas horas por dia e quatro horas por semana;

c) Entre sete e 11 anos — três horas por dia e seis horas por semana;

d) Entre 12 e 15 anos — quatro horas por dia e oito horas por semana.

2 — Durante o período de aulas da escolaridade obrigatória, a atividade do menor não deve coincidir como respectivo horário, nem de qualquer modo impossibilitar a sua participação em atividades escolares.

3 — Durante o período de aulas da escolaridade obrigatória, entre a atividade do menor e a frequência das aulas deve haver um intervalo mínimo de duração de uma hora.

4 — A atividade do menor deve ser suspensa pelo menos um dia por semana, coincidindo com dia de descanso durante o período de aulas da escolaridade obrigatória.

5 — O menor pode exercer a atividade em metade do período de férias escolares, a qual não pode exceder, consoante a sua idade:

a) Entre seis e 11 anos — seis horas por dia e doze horas por semana;

b) Entre 12 e 15 anos — sete horas por dia e dez as seis horas por semana.

6 — Nas situações referidas nas alíneas b, c e d, do n. 1 e no n. 5 deve haver uma ou mais pausas de pelo menos trinta minutos cada, de modo que a atividade consecutiva do menor não seja superior à metade do período diário referido naqueles preceitos.

7 — O menor só pode exercer a atividade entre as oito e as 20 horas ou, tendo idade igual ou superior a sete anos e apenas para participar em espetáculos de natureza cultural ou artística, entre as 8 e as 24 horas.

8 — Os números um a seis não se aplicam a menor que já não esteja obrigado à escolaridade obrigatória. (PORTUGAL, 2004)

Não resta dúvida de que, em Portugal, é permitido o trabalho artístico de crianças e adolescentes, muitas vezes independentemente da idade mínima para a realização dessas atividades. Contudo, o que chama a atenção nesse caso, refere-se à dúvida de como ficam as fiscalizações quanto aos limites da jornada de trabalho desses menores e se, na prática cotidiana, há efetivo controle por parte do Estado e dos empregadores.

A respeito dessa dúvida, Paulo Pimenta assevera que: "A fiscalização sobre o trabalho de crianças em Portugal não funciona 'tão bem como deveria', principalmente em relação às novas formas de exploração infantil, como é o caso do chamado 'trabalho artístico'". E completa: "[...] o controlo não funciona tão bem como deveria, e é por vezes condicionado pela dimensão e pela grande influência das empresas que contratam os mais novos" (PIMENTA, 2011).

Seja no Brasil, com as mazelas e limitações envolvendo o trabalho infantil, inclusive o artístico como acima demonstrado, ou em Portugal, a partir da flexibilização emanada da lei de 2004, a conclusão a que se chega é de que, no que se refere aos locais e espécies de trabalho consideradas prejudiciais à moralidade do adolescente, estará o indivíduo em contato com realidades que poderão influenciá-lo negativamente, uma vez que ainda se encontra em processo de construção de valores, não estando apto — do ponto de vista psíquico e muitas vezes físico — para tomar decisões que possam provocar a exposição e exploração de sua imagem ou de sua força física.

É cediço que menores de dezesseis anos de idade, inclusive os menores de quatorze anos, hoje e sempre participam de programas de televisão, novelas, programas infantis e de auditórios, peças de teatro, cinema, circos, entre outros. Ante tal constatação, torna-se ainda mais oportuno e imprescindível utilizar e cumprir as proposições prescritivas e descritivas envolvendo o trabalho infantil, até mesmo no sentido de ponderar se essas atividades causam efetivamente algum prejuízo à moralidade e à formação e ao desenvolvimento da criança e do adolescente, sendo que, para esse aferimento, o mesmo deverá ser realizado pelo Juiz do Trabalho, depois de ouvido o representante do Ministério Público do Trabalho, analisando o caso concreto, uma vez que, no Brasil, ao contrário de Portugal, a matéria faz parte da competência exclusiva da Justiça do Trabalho após a Emenda Constitucional n. 45/2004.

4.2.5. Proposições jurídicas quanto à duração do trabalho do adolescente e o direito a férias

A primeira indagação que se faz quanto a esse item se refere ao título citado, pois incluiu somente a figura do adolescente.

Como se perceberá, as proposições jurídicas trazem somente referências quanto ao trabalho do adolescente e à duração de sua jornada de trabalho, uma vez que a criança, legal e formalmente, não poderá exercer qualquer atividade laboral, quiçá qualquer jornada de trabalho. Daí a justificativa de excluir aqueles menores de dezesseis anos desta parte da dissertação.

A duração diária do trabalho foi objeto das primeiras reivindicações e conquistas operárias no meado do século XIX. Um decreto francês de 2 de março de 1848, que fixava a duração da jornada, já afirmava "um trabalho manual muito prolongado não somente arruína a saúde do trabalhador, mas também, impedindo de cultivar sua inteligência, fere a dignidade humana" (OLIVEIRA, 2009, p. 209).

Do século XIX aos dias atuais, tem-se a primeira proposição a ser aqui tratada, qual seja, a prescrição de que a duração do trabalho do adolescente rege-se pelas normas gerais oriundas da Constituição Federal de 1988 e da Consolidação das Leis do Trabalho.

A duração do trabalho do adolescente tem limites próprios que agora passam a ser apresentados.

Conforme foi indicado anteriormente, por força do Decreto n. 3.597, de 12 de setembro de 2000, que promulgou a Convenção n. 182 e a Recomendação n. 190, ambas da Organização Internacional do Trabalho, foi incorporado ao ordenamento jurídico pátrio a Proibição das Piores Formas de Trabalho Infantil e a Ação Imediata para sua Eliminação.

E a questão da duração do trabalho do adolescente também está inclusa nesses instrumentos internacionais, quando definido como trabalho prejudicial aquele executado por horários prolongados, causando consequências indesejáveis para a saúde do trabalhador, servindo, para tanto, como a primeira proposição prescritiva sobre os limites de jornada de trabalho para esses indivíduos.

Outras proposições prescritivas no que tange à duração do trabalho infantil estão contidas no art. 7º, incisos XIII e XXXIII da Constituição Federal de 1988, bem como na CLT.

Em linhas gerais, ao trabalho do adolescente aplicam-se as regras gerais reguladoras da jornada de trabalho dos demais trabalhadores urbanos e rurais[126], bem com as respectivas restrições emanadas entre os arts. 411 a 414 da Consolidação das Leis do Trabalho.

A duração do trabalho do adolescente não poderá ultrapassar oito horas diariamente e quarenta e quatro horas semanais; mesmo se o adolescente trabalhar para dois empregadores, a totalidade não poderá ultrapassar a jornada de oito horas diárias[127].

No art. 412, depreende-se a repetição da proposição extraída do art. 66, ambos da CLT, no sentido de que, após cada período de trabalho efetivo, quer contínuo, quer dividido em dois turnos, haverá um intervalo mínimo de repouso, não inferior a onze horas.

Sobre a possibilidade de o adolescente trabalhar em regime de horas extraordinárias, o art. 413 da CLT prescreveu e deixou claro que a regra geral é pela sua proibição.

Em regra, é vedado prorrogar a duração normal diária do trabalho do adolescente. Contudo, enquanto a CLT traz sua generalidade, também apresenta suas exceções, também como proposições prescritivas, permitindo ao adolescente laborar em horas extras, observadas as seguintes condições: a) no chamado regime de compensação de horas; ou b) por motivo de força maior.

---

(126) A jornada de trabalho em geral para trabalhadores urbanos e rurais é de oito horas diárias e quarenta e quatro horas semanais, com intervalos diários para repouso e refeição de uma a duas horas.
(127) Art. 414 da Consolidação das Leis do Trabalho. (BRASIL, 2011b)

A proposição descritiva é aqui chamada para definir no que se refere ao regime de compensação antes referido, sendo o mesmo consistente em permitir a prorrogação da jornada, independentemente de acréscimo salarial, mediante convenção ou acordo coletivo de trabalho, desde que o excesso de horas em um dia seja substituído pela diminuição em outro, observado o limite máximo de quarenta e quatro horas semanais[128].

Igualmente, por força maior, o adolescente pode trabalhar além da jornada de oito horas diárias (até o máximo de doze horas diárias), desde que lhe seja paga remuneração do serviço extraordinário superior, no mínimo, a cinquenta por cento à do normal.

Oris de Oliveira contrasta tanto a possibilidade de compensar a jornada de trabalho extraordinária quanto à autorização por razões de força maior:

> A pouca incidência da força maior (incêndios, alagamentos, fatos desse gênero) justifica a excepcionalidade da lei. Já a permissão do regime de compensação tem aspectos positivos e negativos. Estes se dão quando retardam o fim da jornada e inviabilizam a frequência à escola; nessa hipótese, prevalece a norma da compatibilização escola-trabalho. Há aspectos positivos porque a liberação do trabalho por dois dias consecutivos, geralmente em fins de semana, propicia tempo maior para os estudos, para o lazer e a convivência familiar e social. (1994, p. 112)

Seja por regime de compensação ou por força maior, será ainda obrigatório [proposição prescritiva] um descanso de 15 minutos no mínimo, antes do início do período extraordinário de trabalho.

Independentemente de haver pouca incidência, sobre a hipótese de permissão da jornada extraordinária em caso de força maior, bem como, por outro lado, uma maior incidência sobre o regime de compensação, é cediço que havendo necessidade de ambas exceções à regra geral, caberá ao empregador a responsabilidade de comunicar o Ministério do Trabalho e Emprego, dentro do prazo de quarenta e oito horas.

Como proposição valorativa em relação ao trabalho em jornada extraordinária do adolescente, notadamente levando em consideração as exceções conferidas pelo art. 413 da CLT e a prioridade com o processo de ensino-aprendizagem do adolescente, o referido autor ainda colaciona que:

> A duração da jornada de trabalho do adolescente deveria ser aquela que, além de simplesmente compatibilizar horários, permite que haja um aproveitamento escolar, possibilitando o ingresso (ou regresso), a

---

(128) Inciso I do art. 413 da Consolidação das Leis do Trabalho. (BRASIL, 2011b)

permanência e o sucesso na escola. Assim, a jornada normal de oito horas com o possível regime de compensação compromete o aproveitamento escolar na medida em que possibilita a frequência somente a cursos noturnos de discutível qualidade e que pedem maior esforço físico e psíquico. (OLIVEIRA, 2009, p. 209)

Também sobre a limitação da jornada de trabalho do adolescente e a proteção ao horário escolar, visando à respectiva qualidade do processo de ensino-aprendizagem (nesse particular se referindo aos arts. 424 e 427, ambos da CLT), Wilson Donizeti Liberati e Fábio Muller Dutra Dias asseveram que a responsabilidade, além de serem do empregador, é dividida com os pais:

> A proteção ao horário escolar é dever atribuído tanto aos pais, responsáveis legais, quanto aos empregadores, observando-se o disposto nos arts. 424 e 427 da CLT. [...] Mereceu destaque do legislador trabalhista a proteção à escolaridade, qual foi reforçada pelo Estatuto. O art. 424 da CLT impõe aos pais o dever de afastar os menores de empregos que diminuam consideravelmente suas horas de estudos e o art. 427 estabelece o dever, dos empregadores, de conceder tempo ao adolescente para que este frequente as aulas estabelecendo ainda, no parágrafo único do mesmo artigo, a obrigação de manter o local apropriado em que lhes seja ministrada a instrução primária quando a escola estiver à meia distância de dois quilômetros. (2006, p. 78)

A regra geral limitando a jornada de trabalho em oito horas diárias ao adolescentes e justifica em função da importância primária em viabilizar o desenvolvimento intelectual e psíquico, bem como as potencialidades do adolescente através da escolarização e, por que não, do seu desenvolvimento lúdico.

Outra proposição jurídica que envolve de forma indireta a duração do trabalho do adolescente é o seu direito a obter férias anuais depois de completado o respectivo período aquisitivo.

Além da obviedade do direito a férias, o trabalhador menor possui um tratamento especial no gozo das mesmas, uma vez que elas não poderão ser fracionadas e, sendo o indivíduo estudante, elas devem coincidir com as férias escolares[129]. Para isso, deverá encaminhar solicitação ao empregador, conforme preceitua a proposição expressa no § 2º do art. 136 da Consolidação das Leis do Trabalho.

Conforme analisado, o adolescente possui proteção especial quanto à duração da jornada de trabalho e, da mesma forma no tocante às férias, as quais não poderão ser fracionadas, sob a justificativa de melhor recompor suas energias, já que é um ser em formação, bem como primar pela qualidade de vida, do desenvolvimento físico e psíquico, além do convívio familiar e social.

---

(129) Art. 134, § 2º, e 136, § 2º, ambos da Consolidação das Leis do Trabalho. (BRASIL, 2011b)

4.2.6. Proposições jurídicas quanto à condição física do trabalho infantil

No § 5º do art. 405 da CLT verifica-se a proposição prescritiva que proíbe o trabalho do menor de dezoito anos em serviços que demandem o emprego de força muscular superior a 20 quilos, para o trabalho contínuo, ou 25 quilos para o trabalho ocasional.

A mesma proposição é conjugada com a do art. 390 e seu parágrafo único, também da CLT, proibindo o mesmo tipo de atividade, contudo, acrescentando que essa proibição cessará se a remoção do material for feita por impulsão ou tração de vagonetes sobre trilhos, de carros de mão ou aparelho mecânico.

Essa proposição está em conformidade com a Recomendação n. 128 da Organização Internacional do Trabalho, de 1967.

Como consequência de uma eventual inobservância do contido nas referidas proposições, poderá o adolescente considerar rescindido o contrato de trabalho, uma vez que, em caso de carregamento de peso superior ao estipulado, é o mesmo defeso por lei, contrários aos bons costumes e alheios ao contrato, nos termos da alínea "a" do art. 483 da Consolidação das Leis do Trabalho.

A proposição valorativa para essa proteção se refere ao fato de que os ossos vão crescendo por deposição de tecido ósseo até que permanecem separados apenas por fina camada de cartilagem, muito sensível aos traumatismos. Ademais, o carregamento de pesos acima da capacidade da criança e do adolescente poderá influir na deformação dos ossos, acarretando a deformação e deslocamento da cabeça do fêmur com a possível concomitância de artrose de articulação coxofemoral. Essa atividade, consistente no carregamento de pesos além da capacidade do menor, associada à permanência por longas horas em pé ou sentado erroneamente, provoca também um acunhamento anterior em vértebras dorsais, causando distrofia osteocartilaginosa, fazendo com que as crianças e adolescentes curvem-se para frente e percam o equilíbrio com facilidade, sofrendo mais acidentes (BARROS, 2008, p. 319).

A partir da proposição valorativa demonstrada, conclui-se que as características da proteção à condição física da criança e do adolescente em plena atividade laboral se assemelham às mesmas características de um trabalho penoso, podendo, por isso, também ser inserida naquelas em que foram tratadas no item 4.2.3 desta seção.

Sobre a semelhança entre este item e o trabalho penoso, Oris de Oliveira argumenta que "há de se levar em consideração certa relatividade porque uma atividade pode ser penosa para o adolescente ou para uma pessoa idosa e não o ser para um adulto de meia idade" (OLIVEIRA, 1994, p. 71).

Reduzindo essa ponderação à figura do adolescente, o referido autor ainda completa:

> Essa relatividade aparece em uma norma que proíbe que o adolescente seja empregado em serviço que demande o emprego de força muscular superior [...]. Penoso é, assim, o trabalho que exige um desprendimento de força muscular não proporcional ao desenvolvimento físico ou que possa comprometê-lo.
>
> Em geral, as atenções se voltam para as atividades fisicamente penosas, mas não se pode esquecer que há trabalhos psiquicamente desgastantes [...], exigindo uma atenção contínua, sob pena de ressarcimento de prejuízo. (OLIVEIRA, 1994, p. 71)

Também é plausível considerar como atividade penosa à proteção pela condição física do trabalhador, quando se recorre à Recomendação n. 95, de 1952, da OIT, mesmo essa servindo à proteção à mulher, que considera trabalho penoso aquele que implique levantar, empurrar ou retirar grandes pesos, ou que envolva esforço físico excessivo ao qual o trabalhador não está acostumado.

Alice Monteiro de Barros aduz sobre essa última ponderação que:

> [...] é certo que a Recomendação n. 95 refere-se à mulher, mas sob tal aspecto comporta aplicação analógica, mesmo porque coincide com o disposto no art. 390, parágrafo único, da CLT, também relativo a ela e que, não obstante, aplica-se por analogia ao menor, por força da própria lei (art. 405, § 5º). (2008)

Além de ser penosa, a proteção à condição física da criança e do adolescente também poderá ser considerada insalubre, caso se faça uma interpretação sistemática, levando em conta a Norma Regulamentadora n. 17, que trata da ergonomia.

Nessa NR-17, mais precisamente nos item 17.1 e 17.1.1, depreende-se que a sua finalidade é estabelecer parâmetros que permitam a adaptação das condições de trabalho às características psicofisiológicas dos trabalhadores, inclusive do menor. Ademais, são consideradas condições de trabalho aquelas relacionadas ao levantamento, transporte, descarga de materiais, entre outras.

Como visto, a proteção aqui tratada poderá ser considerada tanto como atividade penosa como insalubre. Mas qual a razão de tal consideração?

— Para fins de remuneração, quando caberá ao empregador a responsabilidade em pagar, além do salário, o respectivo adicional pelo exercício do trabalhador em atividades especiais[130].

---

(130) Caso a presente atividade do adolescente seja considerada penosa (e não havendo acordo ou convenção coletiva dispondo de forma contrária) o adicional de penosidade disposto no art. 197-A da CLT, presumindo aqui a aprovação do Projeto de Lei do Senado n. 301/2006, será, respectivamente de 40%, 20% e 10% da remuneração do empregado, segundo se classifiquem nos graus máximo, médio ou mínimo. Porém, caso a mesma atividade seja considerada insalubre, o respectivo adicional será aquele disposto no art. 193 da CLT.

Quando o menor do sexo masculino alcança a maioridade, fica sujeito à proposição jurídica inserida no art. 198 da CLT, que limita em sessenta quilos o peso máximo a ser removido individualmente.

As proposições jurídicas [prescritivas e valorativas] aqui tratadas nortearam, mais uma vez, a importância não só de proteger o adolescente e muitas crianças que laboram nas atividades domésticas e rurais, como se verá na seção seguinte, quanto à sua condição física, mas também em fomentar a utilização do princípio da proteção integral, pois está nele a bússola que levarão esses trabalhadores em plena fase de maturação ao futuro digno da pessoa humana.

Observou-se nesta seção que as proposições jurídicas são instrumentos válidos e capazes de auxiliar na tutela do trabalho infantil, muito em função da tradição jusfilosófica, histórica e contemporânea, sejam por meio de proposições prescritivas ou simplesmente normativas, descritivas ou simplesmente enunciativas, declarativas e indicativas e as valorativas, baseadas em valores.

Considerando tudo o que até aqui foi apresentado, na próxima seção abordar-se-ão os fatos e dados reais que contrastam com as referidas proposições e da mesma forma com a própria proteção histórica e internacional ao trabalho infantil.

5

Violências às Proposições Jurídicas que Tutelam o Trabalho Infantil no Brasil e a Atuação dos Órgãos de Proteção

A história, a proteção internacional e as proposições jurídicas que norteiam a tutela do trabalho infantil serviram para, a partir desta seção, serem utilizadas no sentido de viabilizar a compreensão das causas, dos fatos e das consequências da violência que o Brasil e suas instituições proporcionam aos indivíduos em plena fase de desenvolvimento humano, como são obviamente as crianças e os adolescentes.

Deixado, portanto, para este momento o contraste das seções anteriores com informações verídicas envolvendo dados estatísticos, decisões administrativas e judiciais, termos de ajustamentos de condutas, políticas governamentais etc., oriundas, por vezes, dos próprios atores sociais competentes pela fiscalização e proteção da criança e do adolescente no ambiente laboral, será apresentada nas próximas linhas a chaga social do trabalho infantil no Brasil.

Esta seção desenvolverá o estudo sobre a violência acometida do Estado para o próprio Estado, da sociedade para a sociedade, quando passa a ser comumente fácil encontrar crianças e adolescentes em pleno exercício laboral, desrespeitando, assim, as proposições jurídicas prescritas em lei, segregando sonhos de jovens que nem chegaram à fase adulta e já se encontram comprometidos com o labor, muitas vezes insalubre, perigoso e penoso.

Antes, oportuno compreender o sentido de violência nas relações de trabalho, para, somente então, adentrar nas causas, fatos e consequências do labor infantil brasileiro.

5.1. O SENTIDO DE VIOLÊNCIA NAS RELAÇÕES DO TRABALHO INFANTIL NO BRASIL

Como ficou definido, em linhas volvidas, a Constituição brasileira de 1988, hierarquicamente como a primeira fonte formal entre as demais proposições jurídicas que envolvem a tutela do trabalho infantil no Brasil, materializou no art. 227 a consagração dos fundamentos da doutrina da proteção integral de crianças e adolescentes, aqui novamente abordado:

> É dever da família, da sociedade e do Estado assegurar à criança e ao adolescente, com absoluta prioridade, o direito à vida, à saúde, à alimentação, à educação, ao lazer, à profissionalização, à cultura, à dignidade, ao respeito, à liberdade e à convivência familiar e comunitária, além de colocá-los a salvo de toda forma de negligência, discriminação, exploração, violência, crueldade e opressão. (BRASIL, 2011a)

Mesmo diante de tal prescrição, existem situações de verdadeira violência, nas quais crianças e adolescentes vivem em condições de servidão, desenvolvendo extensas jornadas de trabalho, com precárias ou inexistentes formas de pagamento, resultantes em restrição de liberdade e em opressão física e mental.

Mas qual o sentido de violência, a fim de atrelá-lo às relações de trabalho e ao trabalho infantil?

Na Bíblia, a primeira ocorrência da palavra violência ocorre no livro de Gênesis seis, na passagem da "Arca de Noé", mais especificadamente em 6.11 e 6.13: "A terra, porém, estava corrompida diante de Deus, e cheia de violência" e "Então disse Deus a Noé: O fim de toda carne é chegado perante mim; porque a terra está cheia da violência dos homens; eis que os destruirei juntamente com a terra" (BÍBLIA SAGRADA, 1990, p. 19).

Por meio da análise detida do referido livro bíblico, depreende-se que Deus se arrependeu de ter criado o homem na terra, uma vez que ela estava repleta de maldade, a ponto de parecer um animal irracional e capaz de se corromper aos interesses da carne, razão pela qual determinou, então, a construção da arca de madeira conhecida como a "Arca de Noé".

De acordo com Marilena de Souza Chaui, a palavra violência, etimologicamente, deriva do latim *vis*, força, e significa desnaturar, ou seja, uma ação que é contra a natureza do ser; coagir, constranger, torturar e brutalizar, pois impede a espontaneidade, a vontade e a liberdade da pessoa; violar, ato que desrespeita a natureza de alguém ou de alguma coisa valorizada positivamente pela sociedade (CHAUI, 2011).

Guilherme Guimarães Feliciano define violência como "toda forma de sujeição antijurídica que predispõe a vítima ao sofrimento físico, psíquico ou moral" (FELICIANO, 2010, p. 72).

Já no que se refere à violência nas relações trabalhistas, o referido autor acrescenta algumas características com três elementos estatísticos que, reunidos, permitem particularizá-la em relação às formas de violência perpetradas nas demais esferas de sociabilidade humana, quais sejam: a) baseada em relações de poder; b) baseada na apropriação do trabalho alheio estribado pelo desvalor subjetivo da ação juridicamente esperada; e c) baseada na impunidade do Estado.

Guilherme Guimarães Feliciano especifica ainda cada uma das referidas características de violência nas relações de trabalho, já adentrando na esfera do trabalho infantil:

> A violência no trabalho baseia-se em relações de poder que frequentemente envolvem e polarizam integrados e marginalizados (outrora ditos, no jargão marxista, "proletariados"). Isso explica porque os mais elevados índices de trabalho infantojuvenil proibido concentram-se nas regiões socioeconômicas de maior carestia ou desigualdade. E diga-se, bem a propósito, que essas mesmas microrregiões de poder também oportunizam, em larga média, uma outra forma de violência contra a criança, a pedofilia.
>
> A violência no trabalho pressupõe amiúde um modo de apropriação do trabalho alheio estribado pelo desvalor subjetivo da ação juridicamente esperada. Isso significa dizer que, nos contextos de violência laboral, oprimir e abusar são atitudes razoáveis aos olhos do opressor, notadamente quando se processam sob a égide de acordos ou convenções leoninas e utilitaristas, que conduzem à reificação (= tornar coisa) do ser humano trabalhador. [...] é desvaliosa porque traduz desemprego e repulsa à mão de obra barata [...]. Evidentemente esse modo de ver o mundo facilita a exploração e a violência laboral, já que a própria vítima é esquiva à ação do Estado. Por vezes, o desvalor subjetivo da ação de atitude jurídica está impregnado no próprio substrato cultural de certos grupos sociais; é o que se dá, no caso do trabalho infantil, com os curumins e o convencimento das tribos de que as atividades laboriosas (pesca, caça, lavoura) são essenciais para torná-lo um adulto pleno em suas potencialidades.
>
> A violência no trabalho campeia mais vigorosamente nas áreas de ausência do Estado (e essa talvez seja, das três características, a mais comum, vez que geralmente encontradiça nas outras formas de violência). No mundo do trabalho, porém, a ausência do Estado aprofunda a segunda característica (desvalor subjetivo da ação de atitude jurídica), combinando indulgência, leniência e conivência com a mais recorrente força-motriz da criminalidade: a impunidade. (FELICIANO, 2010, p. 73-75)

Especificamente quanto à violência nas relações de trabalho da criança e do adolescente, Leane Barros Fiuza de Mello Chermont aduz ser possível a violência assumir diversas modalidades, entre as quais, a negligência, abuso psicológico, abuso físico e abuso sexual:

A negligência, caracterizada por omissões e descuidos quanto às necessidades básicas de alimentação, vestuário, cuidados médicos, acompanhamento nos estudos e aprendizagem escolar, pode alcançar consequências altamente danosas e, frequentemente, irreversíveis à criança e ao adolescente.

Os abusos psicológicos importam em graves resultados, implicando no desrespeito à honra e autoestima da criança e do adolescente, consistindo em discriminações, xingamentos e agressões verbais, que infligem grande sofrimento, podendo dar causa a um quadro de profunda depressão e até tentativa de suicídio.

Os abusos físicos são observados em diversas situações. Quando as vítimas são obrigadas a executar, em longas jornadas, tarefas domésticas penosas e extenuantes, cumulando várias atividades ao mesmo tempo (babá, cozinheira, lavadeira, passadeira, faxineira etc.). As agressões físicas que deixam marcas visíveis e imediatas podem ir dos maus-tratos às lesões corporais graves e, até mesmo, homicídios.

Os abusos sexuais também são suscetíveis de acontecer na situação [...], indo do mero assédio e importunação ofensiva ao pudor até atos mais graves, consistentes em atos libidinosos obtidos mediante coação ou violência real (atentado violento ao pudor e estupro). (2011)

A violência está impregnada nas diversas relações de trabalho, como também ser óbvio nas oriundas do labor envolvendo a criança e do adolescente no Brasil.

A par disso, constatam-se as primeiras causas de violências às proposições jurídicas que tutelam o trabalho infantil, vistas na seção anterior, sendo aquelas fruto do abuso de poder, na apropriação do trabalho alheio estribado pelo desvalor subjetivo de cada trabalhador e na incompetência do Estado em não coibir o abuso de diversos empregadores que insistem em utilizar a mão de obra infantojuvenil.

Em ato contínuo, a violência às normas jurídicas, suas descrições e valores desencadeia outras diversas modalidades de violência, notadamente quando há negligência na observância dos direitos mínimos, quando há abusos psicológicos aos trabalhadores, abuso físico e sexual.

Particularmente o abuso sexual de crianças e adolescentes está intimamente ligado ao trabalho infantil doméstico.

A violência faz parte de uma das piores formas de abuso e discriminação que um homem pode sofrer no ambiente laboral, quiçá uma criança ou adolescente, além de atentar contra todas as proposições prescritivas, descritivas e valorativas que corroboram a necessidade de fomentar a proteção dos menores em razão da dignidade da pessoa humana.

A seguir será contextualizado e materializado o trabalho infantil em diversas de suas nuanças, provando, assim, a violência existente no Brasil, em pleno século XXI, no que se refere ao trabalho infantil. Do mesmo modo, serão contrastadas as violências às proposições jurídicas com os meios de fiscalização, controle e proteção da criança e do adolescente pelos atores sociais competentes, entre eles o Ministério Público do Trabalho, o Ministério do Trabalho e Emprego, o Poder Executivo e a família.

5.2. A materialização da violência ao trabalho infantil no Brasil

Na obra intitulada *A aventura de crescer: brincar e explorar é o trabalho da criança*, coordenada por Alfredo Labo, denota-se a intenção de priorizar a criança, desde o puerpério, como detentora de cuidados e de meios de proteção no âmbito social.

Nela, é contextualizada a atividade laboral com a importância da brincadeira e dos jogos infantis para o desenvolvimento da criança:

> [...] os jogos infantis não são uma brincadeira, e sim uma das ocupações mais sérias da infância. [...] Passado tanto tempo, muita gente ainda não sabe que brincar é fundamental para a criança [...] Mais que simples passatempo destinado a preencher as horas de quem ainda não tem ocupação séria, a muito além de mero recurso para entreter alegremente os pequenos, permitindo algum sossego aos adultos, brincar quase que se confunde com a própria vida na infância. [...] As brincadeiras favorecem o crescimento corporal, o desenvolvimento da força e da resistência física, bem como a coordenação dos movimentos e a percepção da criança. É brincando que ela se socializa, desempenhando vários papéis sociais. Brincar contribui para sua vida afetiva, tanto pela satisfação encontrada na atividade voluntária como pelo alívio das tensões; também a desenvolve intelectualmente, por meio do exercício da atenção e da imaginação. (LABO, 1985, p. 10)

Isso parece uma falácia, mas aqui asseverando de maneira formal e sincrética, a Declaração dos Direitos da Criança, mais precisamente no 7º princípio, traz que a criança tem direito à ampla oportunidade para brincar e divertir-se, porém, o que se vê em pleno século XXI é praticamente o oposto disso.

De maioria pobre, as crianças e adolescentes encaram o trabalho desde tenra idade para garantir a própria sobrevivência ou de suas famílias. Os fatores que inserem esses indivíduos no mundo do trabalho estão ligados, por vezes, à orfandade e às dificuldades de sobrevivência familiar, que, amiúde, resultam na necessidade de os filhos enfrentarem a lida diária tal como seus pais e irmãos ou até mesmo partirem para outros domicílios em busca de trabalho.

Dentro dos limites da (con)vivência familiar, o trabalho infantil ocorre com regularidade, sendo que a história brasileira, como já demonstrada anteriormente nesta dissertação de mestrado, demonstra que sempre houve a chaga social do trabalho infantil, mesmo antes do século XIX.

Desde a vinda das caravelas portuguesas, já se viam crianças e adolescentes de nove a dezesseis anos de idade trabalhando em pleno século XVI como grumetes e pajens nos respectivos navios. Nas tribos indígenas, como era comum devido à cultura daqueles povos, as crianças seguiam pais e mães no trabalho coletivo, como forma de se iniciarem na vida da aldeia. Para o cultivo da cana-de-açúcar, os portugueses trouxeram escravos da África, sendo que até o final do século XIX, 4% dos africanos que desembarcavam no mercado do Valongo, no Rio de Janeiro, eram crianças[131] (PORTO; HUZAK; AZEVEDO, 2011, p. 42).

Além do trabalho das crianças escravas, no caso das meninas, ainda havia reiterado abuso sexual.

Cristiana Porto, Iolanda Huzalk e Jô Azevedo aduzem sobre esse contexto que:

> [...] um dos anúncios de jornais brasileiros do século XIX que mais nos impressionaram falava de Joana, "uma mulatinha puxada a sararά, de quatorze anos prováveis, fugida de um engenho do Cabo, e que seria, com suas pernas e mãos muito finas, uma verdadeira flor de pecado, de cor alvacenta, cabelos carapinho e russo, corpo regular, com todos os dentes, mas com vestígios de chicote no corpo [...] a fala às vezes viciosa [...] padecendo de bouba nas partes ocultas." (2011, p. 98)

Quer maior violência às proposições jurídicas nacionais ou internacionais, mesmo no referido momento histórico, ao trabalho infantil?

Para melhor contextualizar a saga do labor de crianças e adolescentes no Brasil, seguem alguns dados reais: a) em 1882, durante a colheita do café, o denominado ouro verde brasileiro, as crianças e adolescentes trabalhavam desde os sete anos de idade como pequenos escravos rurais; b) em 1901, 23% do operariado têxtil paulista eram formados por crianças, que enfrentavam falta de higiene, trabalho excessivo e até assédio sexual; c) no ano de 1908, na atividade de defumação do látex, no Estado do Pará, muitos nordestinos fugidos das secas de 1870 se tornaram seringueiros na floresta Amazônica, trabalhando com suas respectivas famílias e inúmeras crianças e adolescentes em condições insalubres[132];

---

(131) Essas crianças tinham a vida curta, pois apenas um terço chegava aos dez anos. Aos sete já eram carregadores, mensageiros, pajens e "sacos de pancada" de crianças brancas. Poucas trabalhavam como aprendizes de barbeiros, saleiros, ferreiros e costureiras, nas cidades. (PORTO; HUZAK; AZEVEDO, 2011, p. 42)

(132) A produção de borracha absorveu mais de cem mil pessoas, entre 1870 e 1920. (PORTO; HUZAK; AZEVEDO, 2011, p. 15)

d) em 1910, havia o trabalho de crianças com a venda de jornais (jornaleiros) ou como engraxates nas cidades brasileiras; e) no ano de 1911, as crianças eram parte do operariado das olarias de imigrantes italianos, notadamente na Companhia Melhoramentos de São Caetano; f) em 1937, nas indústrias têxteis, esses jovens laboravam em atividades insalubres, com jornadas que chegavam a 14 horas por dia, nas Indústrias Alberti; g) na década de 1960 do século passado, na Bahia, houve as primeiras denúncias feitas por padres, sindicalistas da região sisaleira e pelo Movimento de Organização Comunitária da Bahia sobre a condição dos trabalhadores infantis no sisal; h) na década de 1990, havia centenas de crianças trabalhando nas ruas brasileiras, sendo que de cada 100, apenas 10 eram meninas. A maioria vinha de bairros pobres e favelas, retornando para casa depois do trabalho. A atividade mais comum era a de vendedor ambulante, seguida por lavadores e guardadores de carro, engraxates, carregadores de compras e pedintes; i) como o Brasil sempre foi um dos maiores produtores mundiais de sapatos do mundo, no ano de 1992, na cidade paulista de Franca, constatou-se a presença de crianças e adolescentes, de sete a treze anos, trabalhando nas indústrias de calçados, colando, dobrando, cortando e lixando as peças de couro, notadamente em contato com a cola de benzeno; j) em 1997, em Santa Catarina, uma fiscalização do Ministério do Trabalho e Emprego constatou a presença de muitos operários crianças e adolescentes, especialmente na faixa entre quatorze e dezoito anos, não só nas fábricas de móveis, como também nas madeireiras; l) em novembro de 1999, segundo uma denúncia feita pelo jornal paulista *Diário Popular*, pelo menos quatro mil pessoas, boa parte constituída por crianças, vivia do trabalho semiescravo nas plantações de tomate, da região de Ribeirão Branco (PORTO; HUZAK; AZEVEDO, 2011, p. 12-123).

Atualmente, os fatos e os números do trabalho infantil se repetem, se levar em consideração a matéria assinada pelos jornalistas Antônio Góis, Luiza Bandeira e Matheus Magenta, publicada no jornal *Folha de São Paulo* e em seu sítio eletrônico, ambos do dia 28 de dezembro, quando se apresentou que o Brasil, em 2010, possuía mais de um milhão de crianças trabalhando (2011).

Na referida reportagem, construída a partir da compilação e entabulação do Censo 2010 e dos dados estatísticos oriundos da Pesquisa Nacional por Amostra de Domicílios — PNAD, de 2009, verifica-se que em 2010, mais de um milhão de crianças de dez a quatorze anos trabalhavam[133], especialmente nas atividades domésticas ou em propriedades agrícolas e familiares, devido à difícil fiscalização por parte do Estado, sendo esse número de trabalhadores equivalente a 6% das crianças nessa faixa de idade (GÓIS; BANDEIRA; MARGENTA, 2011).

---

(133) Em 2010, no Nordeste, eram encontradas 396,3 mil crianças e adolescentes trabalhando; no Sudeste, 267,1 mil de menores ocupados; no Sul, esse número passa para 166,9 mil trabalhadores; no Norte, 158,6 mil menores ocupados; e no Centro-Oeste, 79,6 mil crianças e adolescentes trabalhando. (GÓIS; BANDEIRA; MARGENTA, 2011)

Ante essa construção cronológica, depreende-se, inicialmente, que crianças e adolescentes estão trabalhando por toda parte, seja no campo ou nas cidades, seja nas empresas e indústrias ou no próprio âmbito familiar, seja para fins de auxiliar a renda da própria família ou para o uso e aquisição de drogas.

A partir do referido arrazoado, é possível questionar:

— Qual a razão de tantas proposições jurídicas que prescrevem a proibição de idade, atividade, jornada, etc., que descrevem e aprofundam o sentido de tais proibições e valoram a importância da proteção da criança e do adolescente em prol do desenvolvimento físico, psíquico, social e familiar?

Como resposta rápida, porém desprovida de qualquer fundamentação técnica e aprofundada, eis que ainda restam dezenas de embasamentos, a fim de subsidiar uma resposta líquida e certa, que serão apresentadas nas próximas linhas, a razão da existência de inúmeras proposições se detém no sentido de, ao menos, criar uma rede de conhecimento e proteção para fomentar o processo de fiscalização dos órgãos competentes, ensejando a conscientização e a imputação de responsabilidade daqueles que venham a descumprir tais proposições.

Feitas tais ponderações, passa-se a delinear a violência do trabalho infantil no Brasil, a partir de algumas atividades da economia nacional.

5.2.1. NO ÂMBITO RURAL

A grande maioria das crianças e adolescentes que trabalham no campo está engajada na atividade agrícola, muitas vezes envoltos na relação familiar ou nas ocasiões em que os pais são contratados, e seus filhos acabam acompanhando-os ao ambiente de trabalho.

Daí a primeira assertiva quanto à violência às proposições jurídicas que tutelam o trabalho infantil no Brasil.

Mas qual é o conceito de trabalhador rural? Esse conceito pode ser aproveitado para também definir o trabalhador criança ou adolescente rural?

Para essa resposta trazemos novamente a proposição jurídica descritiva, especificadamente referenciada pela Convenção n. 141 da Organização Internacional do Trabalho, relacionada à Organização de Trabalhadores Rurais, de 1975, já ratificada pelo Brasil, na qual o seu art. 1º apresenta o conceito amplo de trabalhador rural, aplicável ao infantil, não circunscrito ao regime de emprego[134].

---

(134) Art. 1º Para efeito da presente Convenção, a expressão "trabalhadores rurais" compreende todas as pessoas dedicadas, em regiões rurais, a tarefas agrícolas ou artesanais ou a ocupações similares e conexas quer se trate de assalariados quer de pessoas que trabalham por conta própria, como os arrendatários, parceiros e pequenos proprietários, exceção feita do que dispõe o § 2º deste artigo.

O conceito de trabalhador rural na referida Convenção é mais amplo do que o da Lei n. 5.889/1973.

A proposição que descreve o que vem a ser trabalhador rural, inclusive aproveitando-a para o labor infantil, deixa de adentrar uma das piores formas de trabalho que, somente por força da Convenção da OIT de número 182, o trabalho da criança e do adolescente restou proibido, eis ser pacífico o uso de agrotóxicos, ferramentas perigosas e de ser o trabalho muitas vezes insalubre, perigoso e penoso.

É comum essa violência no trabalho infantil em diversas atividades rurais, como no labor da criança e do adolescente em lavouras de café, cana-de-açúcar, tomate (como será abordado a seguir), entre outras.

Especificadamente no que se refere ao café[135], é cediço que o Estado de Minas Gerais é o maior produtor de café do Brasil, seguido por São Paulo e Espírito Santo. Em quaisquer desses Estados, a fiscalização do Ministério do Trabalho e Emprego sempre tem encontrado menores em plena atividade laboral, por vezes desprovidos de proteção ergonômica ou física (pela inexistência de equipamentos de proteção individual) e sem direito a remuneração alguma.

Contextualizando essa assertiva, é no estado capixaba, precisamente na cidade de São Roque do Canaã, que vivem Ilma, José Brás e seus quatro filhos, Roseli e Rosilene, gêmeas de sete anos, Magno Júnior, de doze e Ronivaldo, de quinze anos. Além de tomarem conta de nove mil pés de café para o dono, trabalham na colheita (PORTO; HUZAK; AZEVEDO, 2011, p. 29). Em pesquisa realizada por Cristiana Porto, Iolanda Huzalk e Jô Azevedo, apresentaram que, na região capixaba de São Roque do Canaã, ainda são encontrados muitos adolescentes analfabetos com doze e treze anos, uma vez que nunca foram a uma escola por conta do trabalho rural (PORTO; HUZAK; AZEVEDO, 2011, p. 29).

Já no que se refere ao trabalho com a cana-de-açúcar[136], o emprego da força de trabalho da criança e do adolescente nas fazendas é também uma das formas

---

(135) O Sul de Minas, em função de ser o maior produtor mundial de café, sabe que esta cultura é sensível à natureza, ao clima e aos fatores humanos. Tanto é verdade que cada lavoura de café necessita, em média, de três adubações por ano, além do serviço de capina entre os "pés", podas e pulverização contra pragas. Na colheita, a grande maioria dos cafeicultores desta região, devido ao terreno acidentado, utiliza de mão de obra humana ao invés da tecnologia ou máquinas, razão pela qual há um enorme contingente de pessoas, inclusive crianças e adolescentes, laborando no processo de colheita, secagem do café no terreiro, além de ensacar o grau para armazenamento. Em relação ao trabalho infantil, basta acompanhar os noticiários e programas de rádio em meados de maio/setembro de cada ano, a fim de verificar a intensa da fiscalização do Ministério do Trabalho e Emprego, notadamente da Superintendência Regional de Varginha, nos quais comprovam tal assertiva.
(136) O cultivo da cana é feito sob sol e chuva. O corte é manual, após a queima do canavial e sob intensa poluição do ar. Há riscos de ataque de insetos e cobras. A alimentação é precária e ingerida sob risco de deterioração, porque preparada na véspera ou nas primeiras horas da manhã e exposta ao sol ou ao calor até as 11 horas, quando os trabalhadores interrompem o trabalho para almoçar.

mais aviltantes e violentas de violação dos direitos humanos, bem como das proposições jurídicas que tutelam o trabalho infantil.

Viviane Matos González Perez aduz que "[...] na região de Campo dos Goitacazes, no norte do Estado do Rio de Janeiro, [...] o Sindicato dos Trabalhadores Rurais divulgava que cerca de 5.000 safristas que trabalhavam nas usinas do município eram crianças e adolescentes de sete a dezesseis anos de idade" (2008, p. 113).

E completa a referida autora:

> À primeira vista, tem-se a impressão de que os primeiros exploradores dessa força de trabalho são os próprios pais ou responsáveis, que, ante o quadro de extrema miséria, se veem compelidos a introduzir precocemente esses pequenos seres na dura realidade do trabalho com a cana-de-açúcar, como forma de prover sua própria subsistência e a de todo o grupo familiar, dificultando muitas vezes o trabalho de fiscalização por parte do Ministério Público do Trabalho. (PEREZ, 2008, p. 115)

Mesmo esses fatos contrariando as proposições jurídicas já expostas, infere-se que é proibida a introdução de crianças e adolescentes no trabalho com a cana-de-açúcar, notadamente em razão do princípio da proteção integral, uma vez que se identificam na atividade condições de trabalho legalmente proibidas tanto pela norma brasileira, quiçá pela Convenção n. 182 da OIT, também ratificada pelo Brasil.

Essa mesma chaga também se verifica na atividade rural envolvendo a plantação e colheita de tomates[137].

Na mesma pesquisa realizada por Cristiana Porto, Iolanda Huzalk e Jô Azevedo, informada anteriormente quando do estudo do trabalho infantil no café, constataram-se na região de Ribeirão Branco (a aproximadamente 305 quilômetros de São Paulo), 4.000 pessoas, boa parte constituída por crianças, vivendo e trabalhando de forma semiescrava nas plantações de tomate.

Na referida pesquisa, apresentou-se a história do menino Sérgio Dias, com aproximadamente quinze anos de idade e sem qualquer instrução, não sabendo ler, escrever ou ver as horas. O trabalho do menino era preparar 5.000 litros de veneno, a fim de serem colocados em cinco caixas de mil litros para utilização dos

---

Eles enfrentam dificuldades para obtenção de água para beber, mais que necessária em face da desidratação provocada pelo suor constante, derivado dos movimentos físicos sob o sol e com o corpo todo coberto para se proteger dos cortes e coceiras provocadas pelas folhas da cana. (NEVES, 2001, p. 155 *apud* PEREZ, 2008, p. 114)

(137) As condições de quem trabalha no plantio de tomates e nos cuidados com a colheita são péssimas: famílias inteiras vivendo em barracos de toras ou de papelite (lâminas de plástico, metal e papel usados em caixas de leite longa vida), desempenhando atividades insalubres e perigosas pois militam diariamente com a manipulação de venenos, adubos químicos, etc. (PORTO; HUZAK; AZEVEDO, 2011, p. 60)

demais trabalhadores na pulverização. Sérgio, por não saber ler, desconhecia que manipulava produto tóxico, além de não usar máscara, luvas ou avental. Em depoimento disse: "O cheiro é insuportável, não gosto disso". Ademais, sem saber sua real jornada de trabalho em tais condições, afirmou: "Sei que vou ficar até o anoitecer" (PORTO; HUZAK; AZEVEDO, 2011, p. 59-60).

Entre as demais atividades rurais, por regiões no Brasil, onde se verifica o trabalho desses indivíduos protegidos pelas proposições jurídicas, constata-se: a) na Região Norte, em atividades da cultura da laranja, sisal, uva, fumo etc.; b) Na Região Centro-Oeste, em atividades da cultura da melancia, alho, mandioca, banana, seringais, goiaba, abacaxi, algodão, erva-mate, feijão, milho, de pastagem etc.; c) Na Região Sudeste, em atividades de cultura do alho, avicultura (abate de aves), milho, transporte de lenha, cultura do algodão, amendoim, batata, arroz, pesca, goiaba, feijão, extração de resina etc.; d) Na Região Sul, em atividades como a cultura da laranja, colheita da maçã, alho, avicultura, cultura do fumo, extração de acácia, criação do bicho-da-seda, cultura da mandioca etc. (CENTRAL ÚNICA DOS TRABALHADORES, 2011).

É de violências como essas à proteção da criança e do adolescente que surgem indagações quanto à inexistência de controle, meios e formas de punição aos empregadores infratores.

Sobre o escopo do trabalho infantil nas lavouras de tomate, em 18 de abril de 2011, por força do julgamento do Recurso Ordinário n. 00376-2008-013-12-00-0, oriundo do Tribunal Regional do Trabalho da 12ª Região, a Desembargadora Viviane Colucci apreciou o caso envolvendo pedido de vínculo de emprego, acidente de trabalho, indenização por danos morais e estético, bem como o pagamento de pensão vitalícia, em razão do trabalho de um adolescente que, além de trabalhar em condição proibida por lei, teve parte de um dedo da mão amputado em plena atividade laboral:

> O juízo *a quo* reconheceu o vínculo de emprego, durante meio expediente diário, considerando que com a prova oral demonstrou que a presença do autor era necessária para o desempenho dos serviços de pulverização na lavoura de tomate que estava ao encargo dos pais do autor.
>
> Recorre o réu alegando que três testemunhas afirmaram jamais terem visto o adolescente trabalhando na lavoura de propriedade do reclamado, mas apenas brincando com outras crianças.
>
> [...]
>
> Além de a testemunha do autor alegar ter visto o autor por três vezes classificando tomates e por diversas vezes plantando e desbrotando tomateiros, a testemunha do réu, Vanderlei Rodrigues, desmentiu a alegação do preposto de que apenas duas pessoas eram suficientes para o serviço de pulverização, uma vez que também era necessário que outro trabalhador controlasse a mangueira para o fim de evitar que ela dobrasse ou ficasse enroscada nos palanques.

Ademais, o réu é confesso quanto ao fato de que o autor sofreu o acidente enquanto puxava mangueiras para pulverização de agrotóxicos, considerando que o preposto afirmou desconhecer os fatos: "não sabe como ocorreu o acidente".

Corroboro o entendimento *a quo* de que a presença do autor era necessária para o desempenho dos serviços de pulverização, fato que propiciou o acidente que provocou a amputação do quinto dedo da mão direita e lesões nos terceiro e quarto dedos, que são mantidos em flexão forçada.

Por fim, ressalte-se que ordenamento constitucional pátrio proíbe qualquer trabalho aos menores de 16 (dezesseis) anos, exceto na condição de aprendiz, a partir dos 14 (quatorze) e diante do princípio da proteção integral à criança e ao adolescente, "o trabalho desprotegido não pode ser considerado uma alternativa aos menores de idade que são marginalizados no campo, sendo que o referido problema deve ser enfrentado pelo Estado, mediante políticas públicas de proteção, bem como de toda a sociedade, organizada ou não, por se tratar de direito difuso, logo, de responsabilidade de todos".

Vale transcrever a lição do Professor Oris de Oliveira, concernente a que "antes da idade mínima o direito resguardado é o de não trabalhar. O não trabalho não é o ócio pernicioso, mas deve ser preenchido com a educação, com frequência à escola, com brinquedo, com exercício do direito de ser criança. O fato generalizado, sobretudo no Terceiro Mundo, do trabalho antes da idade mínima revela apenas uma das faces da violência generalizada".

Apenas por meio da profissionalização sob as modalidades escolar e empresarial, formulada e executada de acordo com as diretrizes do ECA, poder-se-á direcionar os adolescentes a partir de 14 anos ao trabalho, na condição de aprendiz, que não será, portanto, o trabalho meramente produtivo. Portanto, o trabalho comum, por absoluta ausência de suporte legal, jamais poderá ser autorizado antes dos 16 anos.

Pelo que mantenho a sentença.

[...]

O percentual fixado a título de pensão (29% do salário mínimo) não deve ser modificado, por guardar correspondência com o laudo pericial para a perda de capacidade laborativa do autor.

[...]

Diante do que nego provimento ao recurso.

Nesses termos,

ACORDAM os Juízes da 1ª Câmara do Tribunal Regional do Trabalho da 12ª Região, por unanimidade de votos, CONHECER DO RECURSO. No mérito, por igual votação, NEGAR-LHE PROVIMENTO. Manter o valor arbitrado à condenação. (TRT 12ª R. — RO 00376-2008-013-12-00-0 — 1ª C. — Relª Viviane Colucci — DJe 28.1.2011)

Aí está um alento para tamanha violência cometida às crianças e adolescentes junto ao trabalho rural.

O Ministério Público do Trabalho tem desenvolvido o mesmo papel como órgão de controle de proteção ao trabalho infantil no âmbito rural.

Conforme se depreende por meio do Termo de Ajustamento de Conduta n. 820/2011, assinado em 4 de outubro de 2011, oriundo da Procuradoria Regional do Trabalho da 7ª Região, Procuradoria do Trabalho do município de Sobral, restou ajustada a transação, fruto de um inquérito civil, para que o empregador Francisco Viana de Barros cesse a atividade desenvolvida de "gato" ou "agenciador", a fim de abster-se de aliciar, recrutar e transportar pessoas e/ou famílias, inclusive os menores, da região do Ceará para qualquer outra localidade do Estado, além de não praticar práticas falsas de empreitada aplicadas às atividades como o roço de juquira, corte de palha, construção a manutenção de cerca e currais, colheitas ou lavouras, entre outras (CEARÁ, 2011).

Como se observou pelas linhas volvidas, é comum empregarem crianças e adolescentes no trabalho rural brasileiro. Contudo, é importante delinear que também é muitíssimo comum no Brasil empregarem os adultos pais pagando-lhes uma remuneração por produção, por tarefa, por empreitada, e devido, sobretudo, ao baixo salário, acabam por envolverem, além do cônjuge, os seus filhos na execução do serviço (OLIVEIRA, 1994, p. 104).

Pesquisas nesse sentido revelam com frequência que a proporção de crianças e adolescentes laborando nas áreas rurais é bem superior às mesmas atividades desenvolvidas nos centros urbanos.

A pesquisa IBGE-PNAD ocorrida em 2009, porém publicada em 2010, apurou que a população ocupada de cinco a treze anos de idade estava mais concentrada em pequenos empreendimentos familiares, sobretudo em atividade agrícola, sendo no percentual de 57,5%. Além disso, aproximadamente 70,8% estavam alocadas em trabalho sem contrapartida de remuneração (IBGE-PNAD, 2010).

Saindo do trabalho infantil no âmbito rural, a obrigação agora é demonstrar a relação da criança e do adolescente com a atividade doméstica.

5.2.2. No âmbito doméstico

O Brasil, conforme já mencionado anteriormente, ratificou a Convenção n. 182 da OIT, sobre as piores formas de trabalho infantil.

Mas o trabalho infantil doméstico não é expressamente mencionado na referida Convenção, razão pela qual surge a primeira indagação:

— Essa forma de trabalho da criança e do adolescente pode ser enquadrada na Convenção n. 182 da OIT?

A Recomendação n. 190, também da OIT, que acompanha a Convenção n. 182, sugere que se dispense especial atenção às meninas trabalhadoras e ao problema do trabalho oculto, no qual estão particularmente expostas a riscos.

Para dirimir aquele primeiro questionamento, Maurício Correa de Mello, após analisar o relatório final (de outubro de 2003) da Comissão de Estudos sobre Trabalho Infantil Doméstico, do Ministério Público do Trabalho, aduz que esse tipo de trabalho não foi incluído no rol das piores formas de trabalho infantil trazido pela Convenção n. 182 da OIT; e a Recomendação n. 190, que suplementa a referida Convenção, por sua vez, estabelece — em seu item II — os tipos de trabalho a serem considerados para fins de enquadramento nas piores formas de trabalho infantil, o trabalho doméstico pode ser identificado nas alíneas "a", "d" e "e" [138] (CORREA; VIDOTTI (coord.). In: MELLO, 2005, p. 167).

O Decreto n. 6.481, de 12 de junho de 2008, que regulamenta a referida Convenção n. 182 da OIT, proíbe a contratação de empregados domésticos menores de dezoito anos, pois entre os riscos e repercussões negativas do trabalho doméstico para menores estão elencados no item 76, com atividades que visam ao isolamento e a longas jornadas de trabalho.

Por definição, Maria Zuíla Lima Dutra aduz que o trabalho infantil doméstico é aquele "realizado no domicílio de terceiros, remunerado ou não e consiste, em geral, em lavar e passar roupas, cozinhar, promover a limpeza da casa e, muitas vezes, cuidar de animais [...] e também dos filhos dos patrões, na condição de babá" (DUTRA, 2010, p. 196).

Definido o trabalho doméstico, vinculando-o como parte de uma das formas piores do trabalho infantil, pertinente trazer a comento a proposição jurídica prescritiva que prioriza a criança e o adolescente por sua família, mesmo sendo público e notório que tal labor é caracterizado, muitas vezes, pela falta de dinheiro e por abusos psicológicos dessa.

Não há dúvidas de que no Brasil há sérias dificuldades socioeconômicas que afetam milhões de famílias, em virtude da reconhecida desigualdade na distribuição de renda. Em virtude do desemprego e dos baixos salários, Maria Zuíla Lima Dutra assevera que muitas famílias utilizam a força de trabalho de seus filhos para o complemento da renda (DUTRA, 2010, p. 193).

Sobre o instituto e a responsabilidade da família no que tange ao trabalho infantil doméstico, restou amplamente debatido nesta dissertaçãoo art. 227 da

---

(138) A alínea "a" refere-se a trabalhos que expõem as crianças a abusos físico, psicológico ou sexual. A "d", a trabalhos em ambiente insalubre que possam, por exemplo, expor crianças a substâncias, agentes ou processamentos perigosos, ou a temperaturas ou a níveis de barulho ou vibrações prejudiciais à saúde. Por último, a alínea "e", referindo a trabalho em condições particularmente difíceis, como trabalho por longas horas ou noturno, ou trabalhos em que a criança é injustificadamente confinada às dependências do empregador.

Constituição Federal de 1988 e o art. 4º do Estatuto da Criança e do Adolescente, que dispõem que à família caberá, em conjunto com a sociedade e o Poder Público "assegurar, com absoluta prioridade, a efetivação dos direitos referentes à vida, à saúde, à alimentação, à educação, ao esporte, ao lazer, à profissionalização, à cultura, à dignidade, ao respeito, à liberdade e à convivência familiar e comunitária".

Mesmo diante do referido princípio da proteção integral, é visto em muitos casos que a raiz do problema em não cumprir a referida proposição jurídica está na própria família, que nem sempre está fortalecida ou calcada em bases sólidas, seja na ordem financeira ou moral.

Se diretamente pode se considerar a família a maior responsável pelo trabalho infantil doméstico, o que dizer da sociedade brasileira, já que ela também é citada nas finalidades de proteção integral exposta no art. 4º do ECA?

Segundo o Ministério do Trabalho, o maior problema no que tange à erradicação do trabalho infantil doméstico parece ser sua fácil aceitação por parte da sociedade, por dar uma falsa noção de inserção das crianças — em sua maioria meninas pobres, negras ou pardas e de baixa escolaridade — em uma modalidade laboral mais humana, tendo em vista que se desenvolve em ambiente familiar (PEREZ, 2008, p. 107).

José Roberto Dantas Oliva contrasta essa chaga de trabalho infantil com o papel da família e da sociedade brasileira:

> [...] Às vezes o próprio protegido [...] e seus familiares não se dão conta de tamanha exploração. A miséria a que estão submetidos é de tal ordem que os pais — e também a criança — são levados a crer que o fato de alguém estar acolhendo esta última em seu lar e dando-lhe de comer, em troca dos "pequenos" afazeres domésticos, é um fato de benemerência. É comum, em situações tais, ouvir-se dos tomadores de serviço expressões como "está comigo desde criança" ou "é como se fosse da família". (2006a, p. 134)

É por isso que esse tipo de trabalho é tido como uma violência às proposições jurídicas que tutelam a proteção da criança e do adolescente, eis que o mesmo é uma realidade insofismável no Brasil.

Contrastando então esse tipo de trabalho com a Recomendação n. 190 da OIT, observou-se que a atenção especial está mais para as meninas trabalhadoras do que aos meninos, uma vez que as mesmas estão em especial risco devido ao problema das situações de trabalho oculto.

Sobre este aspecto, não é preciso ir muito longe para saber de um problema envolvendo as meninas no trabalho infantil doméstico e oculto[139].

---

[139] O sentido de trabalho oculto se refere ao fato de que a exploração da mão de obra, principalmente das meninas no trabalho doméstico, acontece nos lares de classe média e de alta

Na pesquisa realizada por Cristiana Porto, Iolanda Huzalk e Jô Azevedo, concluiu-se que esse tipo de trabalho sempre esteve muito perto de todos os brasileiros, uma vez ser comum o fato de mães saírem de casa para trabalhar como domésticas em casas de famílias e, por vezes, acabam levando suas filhas a tiracolo que acabam participando da mesma atividade laboral. Do mesmo modo, quando essas mesmas mães saem para o trabalho, os filhos que permanecem em casa, geralmente aos cuidados da filha mais velha, mesmo quando essa mais velha encontra-se na faixa etária dos seis, sete ou oito anos de idade, desenvolvendo, por conseguinte, tarefas de babá, cozinheira, lavadeira, passadeira, arrumadeira etc. (2011, p. 97).

Sob o mesmo enfoque é o posicionamento de Guilherme Guimarães Feliciano: "A desigualdade entre os sexos reproduz-se nesse caso, pois às meninas pré-adolescentes fica reservado o trabalho doméstico não remunerado, sendo que a maioria substitui a mãe trabalhadora nos afazeres domésticos" (FELICIANO, 2010, p. 79).

Contrastando esses argumentos com os fatos reais, Ari Cipola citado por José Roberto Dantas Oliva narra o caso de Cícera Santos, que tinha somente onze anos quando foi adotada pela família de um fazendeiro em Maceió, no Estado de Alagoas[140]:

> Esta menina ganhou um quarto só para si, porém do lado de fora das dependências principais da casa, mas era acordada por uma campainha, invariavelmente de madrugada, para, no início, cuidar das outras crianças.
>
> Com o passar do tempo, as atividades foram se multiplicando. Durante quatro anos, nunca recebeu um salário regular. Mas havia as vantagens: "tinha cama boa, ganhava roupa, comida, assistia televisão colorida, o que a deixava mais próxima do século em que vivia".
>
> No quinto ano, Cícera se cansara. Sentia-se uma escrava. Trabalhava muito para acumular nada. Fugiu. No fim de semana seguinte, os patrões foram buscá-la. Pensaram até numa proposta salarial: R$ 50,00, descontadas as "regalias" e o fato de a considerarem da "família", o que sempre repetiam. (OLIVA, 2006a, p. 134-135)

Outro fato de violência às proposições jurídicas que também chama os olhos é o da Ilha de Marajó, no Estado do Pará:

> Em 1998, o Conselho Tutelar de Breves, na ilha do Marajó, estado do Pará, denunciava que todos os anos mais de mil meninas da região eram

---

renda, que são os grandes empregadores. Nesses locais, não há como ocorrer nenhum tipo de fiscalização por parte do Ministério do Trabalho nem dos Conselhos Tutelares. (GRUNSPUN, 2000, p. 44)

(140) Depoimento colhido em abril de 2000 e publicado em 2001 na *Publi Folha-Folha Explica*.

vendidas ou doadas para famílias com as quais iam na condição de empregadas domésticas, em Belém e Macapá. O pagamento mensal se resumia a roupa e comida e os abusos sexuais eram comuns. As jovens eram impedidas de frequentar a escola e, muitas vezes, nem à rua podiam sair. Diante de tal situação, muitas conseguiam fugir mas, na impossibilidade de voltar pra suas famílias, acabavam se prostituindo nas ruas de Belém. (PORTO; HUZAK; AZEVEDO, 2011, p. 98)

A pesquisa realizada pelo Instituto de Economia Aplicada — IPEA, publicada em 1998, revelou que existem no Brasil aproximadamente 800.000 meninas entre dez e dezessete anos de idade trabalhando como empregadas domésticas (GRUNSPUN, 2000, p. 44).

Ainda nesse mesmo momento histórico (final da década de 1990 e início dos anos 2000), o IBGE apontava que existiam 5.482.515 crianças e adolescentes entre cinco e dezessete anos no mercado de trabalho. Desse total, 494.002 pertenciam ao mundo ilegal do trabalho doméstico (PEREZ, 2008, p. 107).

Esse dado é mais preocupante quando cruzado com o resultado da pesquisa publicada em 2003, realizada pelo Lumen Instituto de Pesquisa, PUC Minas e Instituto da Criança e do Adolescente, para a OIT. Essa pesquisa foi desenvolvida nas cidades de Belém, Belo Horizonte e Recife, a fim de se apurar e diagnosticar o trabalho infantil doméstico. Nessa, constata-se que o trabalho infantil doméstico atinge em cheio as meninas, 92,7%, majoritariamente as pardas e negras, 74,70%, as quais ordinariamente provêm de famílias de baixa renda (OIT, 2003).

A pesquisa IBGE-PNAD de indicadores 2008 demonstrou-se que os índices citados ainda revelavam a violência às proposições jurídicas de proteção à criança e ao adolescente, contudo, havendo redução de mais de 50% do número de crianças e do mesmo modo em relação ao trabalho infantil (IBGE-PNAD, 2009).

Pode-se ainda questionar:

— Essas contextualizações são de dez anos atrás. Como está o trabalho infantil doméstico hoje?

Por meio da pesquisa do IBGE-PNAD de indicadores 2009, publicada em 2010, o trabalho infantil doméstico especificamente não foi abordado diretamente, mas levando em consideração que houve a continuidade da tendência de declínio do nível de ocupação de crianças e adolescentes no Brasil, esse tipo de trabalho também obteve resultados inferiores em relação aos últimos anos. Visando a uma melhor compreensão, enquanto no ano de 2004 havia um contingente de 5,3 milhões de indivíduos ocupados, em 2009 esse percentual passou para 4,3 milhões de trabalhadores ocupados de cinco a dezessete anos de idade (IBGE-PNAD, 2009).

Mesmo diante da redução do percentual do trabalho infantil doméstico no Brasil, não resta dúvida de que sua existência é visível aos olhos das famílias e da sociedade, mesmo sendo oculto perante os órgãos de controle.

A Justiça do Trabalho, no caso o Tribunal Regional do Trabalho da 22ª Região, por exemplo, em recente julgamento de recurso ordinário adentrou na seara do trabalho infantil doméstico, fruto de uma reclamação trabalhista na qual o menor postulava o reconhecimento do vínculo de emprego:

TRABALHO INFANTIL DOMÉSTICO — RELAÇÃO DE EMPREGO — PRESENÇA DOS ELEMENTOS DO ART. 1º DA LEI N. 5.859/1972 — AFRONTA AOS ARTS. 7º, INCISO XXXIII, E 227 DA CONSTITUIÇÃO FEDERAL — CONHECIMENTO — O Trabalho Infantil Doméstico é definido como sendo uma forma de trabalho realizado por crianças e adolescentes com idade inferior a 16 anos, no âmbito residencial, exercendo funções domésticas, muitas vezes com jornada excessiva, mediante pouca ou nenhuma remuneração. Destarte, não obstante os arts. 7º, inciso XXXIII, e 227 da Constituição Federal, vedarem o trabalho do menor de 16 anos e garantirem proteção à criança e ao adolescente, restou caracterizado nos autos um trabalho de natureza pessoal, não eventual, subordinado, sem finalidade lucrativa prestado à pessoa ou família no âmbito residencial desta, nos termos dos art. 1º da Lei n. 5.859/1972, ao arrepio dos dispositivos constitucionais retrocitados, não havendo como fugir da relação de emprego doméstico, pois, negar efeito a essa realidade resultaria em dupla ofensa às normas e princípios constitucionais e trabalhistas protetivos do trabalho humano, principalmente da criança e do adolescente, violando o direito dos menores em questão e causando-lhes mais prejuízos do que já suportaram até agora. DANOS MORAIS — AGRESSÕES FÍSICAS E PSICOLÓGICAS — EXISTÊNCIA DOS ELEMENTOS NECESSÁRIOS — A concessão da indenização por danos morais pressupõe a existência dos elementos necessários, quais sejam: um ato ilícito do empregador; Um dano efetivo ao empregado; E o nexo de causalidade entre ambos. Existindo ato do empregador que tenha provocado abalo à honra, imagem ou sentimentos do autor, há dano moral a ser ressarcido. No caso, extrai-se dos autos que os menores sofreram por parte dos empregadores agressões físicas e psicológicas, provocando nas obreiras danos de ordem moral, ensejadores da indenização. Recurso improvido. (TRT 22ª R. — RO 0000891-35.2010.5.22.0001 — Rel. Des. Francisco Meton Marques de Lima — DJe 30.5.2011 — p. 25)

Esse julgado trouxe certa peculiaridade para o caso concreto, pois o julgador ponderou a relação do princípio da proteção integral da criança e do adolescente, constitucionalmente garantido, com a responsabilidade do empregador: decidiu-se por confirmar o vínculo de emprego e a proteção contra o trabalho infantil doméstico, sob pena de se resultar dupla ofensa às normas e princípios constitucionais e trabalhistas protetivos do trabalho humano, principalmente da criança e do adolescente, violando o direito dos menores em questão e causando-lhes mais prejuízos do que já suportaram até agora.

Além do Poder Judiciário, o Ministério Público do Trabalho vem desempenhando a proteção contra o trabalho infantil doméstico, seja por meio de instauração de inquéritos civis, realização de termos de ajustamento de condutas ou mesmo por campanhas visando à conscientização da população.

Em abril de 2009, a Procuradoria Regional do Trabalho da 3ª Região, Procuradoria do Trabalho do município de Montes Claros-MG, promoveu uma campanha, via outdoors, rádios e televisão, a fim de esclarecer o cidadão sobre a ilegalidade do trabalho doméstico para menores de dezoito anos (MINAS GERAIS, 2011).

Nessa, notou-se a vinculação notadamente às meninas trabalhadoras do que aos meninos, trazendo o seguinte slogan:

> Contratar menor de 18 anos como empregada doméstica é exploração e é proibido. Mania antiga, de quem ainda não percebeu que o mundo mudou e que a lei evoluiu. No tempo em que a menina está trabalhando na sua casa, ela deveria ficar com a própria família, estudar e ser feliz. (MINAS GERAIS, 2011)

A razão de essa campanha ter iniciado em Minas Gerais foram as pesquisas anteriores a 2009, apontando que 28% dos jovens entre quatorze e quinze anos e 65% entre os quinze e dezessete anos trabalhavam no âmbito doméstico. Além disso, o percentual de crianças e adolescentes entre cinco e dezessete anos na escola caiu de 91% entre os que não trabalhavam para 77% entre aqueles que trabalhavam (IBGE-PNAD, 2006).

Confrontando esses números com as práticas trabalhistas, oportuno citar a seguir o trecho do artigo "A puerta cerrada: trabajo infantil doméstico", divulgado pela Organização Internacional do Trabalho no ano de 2004, especialmente para o Dia Mundial de Combate ao Trabalho infantil:

> Muchos niños que trabajan en el servicio doméstico son víctimas de exploración. Al limpiar, cocinar, cuidar a los hijos de su empleador o realizar tareas pesadas en la casa, se les priva de derecho de jugar, a visitar a su familia y sus amigos, el derecho a un alojamiento decente y a la protección contra ella coso sexual o los abusos físicos o sociológicos. (OIT, 2011b)

Como se vê, o trabalho infantil doméstico é uma chaga social em todo o Brasil, podendo ser mais bem fiscalizado, ou expurgado dos quadros das piores formas de trabalho infantil, seja por força de altas penalidades impostas pelo Poder Judiciário, Ministério do Trabalho e Emprego, nos respectivos autos de infração e por campanhas como essa iniciada em Minas Gerais, no intuito de conscientizar o cidadão da proibição e de seus prejuízos às meninas, como também, mesmo em menor número, aos meninos trabalhadores.

5.2.2.1. O TRABALHO INFANTIL DOMÉSTICO E O ABUSO SEXUAL

No art. 3º da Convenção n. 182 da OIT são definidas, em linhas gerais, as piores formas de trabalho infantil. Entre elas, a alínea "b" insere a prostituição e a pornografia infantojuvenil.

Além dessa convenção, também restou verificado que a Recomendação n. 190 da OIT sugere que se dispense especial atenção às meninas trabalhadoras e ao problema do trabalho oculto, no qual estão particularmente expostas a riscos.

Os riscos do trabalho doméstico já foram demonstrados antes, sem, contudo, adentrar diretamente na sua relação com o abuso sexual.

Em geral, muitas meninas objeto de proteção das referidas proposições jurídicas são trazidas do interior para as grandes cidades (ou da zona rural para a zona urbana), devido à fome e à miséria de suas famílias. Haim Grunspun aduz nesse sentido que "Ao chegarem, muitas trabalham até por um prato de comida. Em muitos dos casos essas meninas sofrem abuso sexual e acabam se prostituindo como forma de sobrevivência" (GRUNSPUN, 2000, p. 44).

No caso concreto, observou-se — por meio da pesquisa realizada por Cristiana Porto, Iolanda Huzak e Jô Azevedo — que em 1998 o Conselho Tutelar de Breves, na ilha do Marajó, estado do Pará, denunciou a venda ou doação de meninas para famílias com as quais eram "contratadas" na condição de empregadas domésticas, em Belém e Macapá e que, nesses serviços, abusos sexuais eram comuns (PORTO; HUZAK, AZEVEDO, 2011, p. 98).

Não resta dúvida de que o trabalho infantil doméstico mantém direta ligação com a existência do abuso sexual. Tanto é verdade que, em fevereiro de 1996, durante a 30ª Assembleia Ordinária do Conselho Nacional dos Direitos da Criança e do Adolescente — CONANDA aprovou-se o documento que trata das Diretrizes Nacionais para a Política de Proteção Integral à Infância e ao Adolescente, no qual três eixos definidos por área foram priorizados: a) o combate à violência e à exploração sexual; e b) o trabalho infantil (ASSOCIAÇÃO BRASILEIRA DE MAGISTRADOS, PROMOTORES DE JUSTIÇA E DEFENSORES PÚBLICOS DA INFÂNCIA E DA JUVENTUDE, 2011).

Guilherme Guimarães Feliciano, analisando a pesquisa da Associação Brasileira Multiprofissional de Proteção à Infância e à Adolescência — ABRAPIA, realizada em janeiro de 1998 e junho de 1999, fruto de 1.169 denúncias de violência doméstica infantojuvenil, constatou-se, entre outras formas de violência, que 13% dos casos envolvem violência sexual, sendo que 90% das vezes, o agressor sexual é do sexo masculino (FELICIANO, 2010, p. 102-103). Acredita-se que o autor tenha analisado a pesquisa da ABRAPIA com grandes dificuldades, uma vez que no Brasil é difícil comprovar e dimensionar o abuso sexual no trabalho infantil doméstico, pois são poucas as denúncias existentes por trazer certa vergonha à vítima criança ou adolescente. Se o trabalho doméstico é oculto, imagine relacionado ao abuso sexual?

Existem outros casos sobre essa chaga social. Entre eles, o de milhares de meninas e meninos explorados sexualmente no interior de Goiás, Tocantins, Pará e

Maranhão, quando do desenvolvimento do labor nas casas de famílias de diferentes classes sociais.

A COMIMINIT — La Iniciativa de Comunicación: comunicación y medios para eldesarrollo de América Latina y el Caribe, publicou em seu site um artigo enviado em 30 de setembro de 2009, no qual Vinícius Jorge Carneiro Sassine aponta que das trinta histórias de abuso sexual analisadas, sendo 29 de meninas e uma de menino, verificaram-se diversos dramas como os de garotas domésticas, meninos de rua, pequenas prostitutas. Em uma dessas, a menina (de doze anos de idade) foi brutalmente agredida, torturada e abusada sexualmente:

Uma menina falante, que concilia sempre um olhar para baixo e um sorriso no rosto, se transformou no símbolo do enfrentamento da violência sofrida por crianças, em especial no contexto do trabalho doméstico. Torturada com requintes de crueldade por Sílvia Calabresi num apartamento do Setor Marista, em Goiânia, Lucélia, de 12 anos, resume o drama de outra milhares de meninas, com um toque mais devastador.

Nos depoimentos que prestou à polícia e à Justiça, e nas conversas que manteve com diversos psicólogos, Lucélia sempre negou ter sofrido abuso sexual. O que literalmente a aprisionou foi o comportamento de Sílvia Calabresi, descoberto em março deste ano.

A mulher que surrou Lucélia com cinto e chinelo, queimou suas nádegas com ferro quente, tentou sufocá-la, amarrou-a, deixou-a sem comer, cortou sua língua com um alicate e a fez comer baratas e fezes de cachorro atuou por vários anos como aliciadora de meninas para o trabalho doméstico. Sílvia colocou em sua casa pelo menos mais quatro meninas, a mais nova com 5 (cinco) anos de idade. Três delas foram trazidas da cidade onde vive sua família, Adelândia. Todas foram maltratadas.

"Me dá a criança para eu criar", costumava repetir às mães. E prometia em seguida casa, escola, dinheiro, bicicleta e computador (SASSINE, 2011).

Como consequência desse tipo de labor, a maioria das crianças e adolescentes que trabalham no âmbito doméstico e sofrem abusos sexuais apresentam dificuldades em seu desenvolvimento biopsicossocial.

Por último, fica a dúvida sobre a responsabilidade dos pais e do empregador que, além de tomar a criança ou o adolescente para os fins de labor doméstico, ainda utiliza-os para os fins de abuso sexual.

Comprovado o labor doméstico, por si só será imputado o tomador do serviço nas penas oriundas no art. 232 do Estatuto da Criança e do Adolescente. Ademais, comprovado ainda o abuso sexual, a imputação passará ao art. 244-A do mesmo diploma legal.

Guilherme Guimarães Feliciano também expõe seu pensamento quanto à presente celeuma:

> [...] pais que constrangem filhos a trabalharem para terceiros, contra a vontade dos menores ou com exposição vexaminosa [...], podem responder pelo crime do art. 232 do ECA ("Submeter criança ou adolescente sob sua autoridade, guarda ou vigilância a vexame ou a constrangimento. Pena: detenção de 6 meses a dois anos"). Se, porém, a atividade para a qual o menor for impelido envolver favores sexuais em troca de dinheiro ou outros ganhos econômicos, haverá mesmo prostituição, nos termos do art. 3º, *b*, da Convenção n. 182 da OIT, com subsunção da conduta à hipótese do art. 244-A do ECA ("Submeter criança ou adolescente, como tais definidos no *caput* do art. 2º desta Lei, à prostituição ou à exploração sexual"), sujeitando os responsáveis a penas de reclusão de quatro a dez anos e multa. (FELICIANO, 2010, p. 96-97)

Como forma de materializar as violências às proposições jurídicas que tutelam o trabalho infantil adentrar-se-á, a seguir, nas atividades envolvendo crianças e adolescentes em olarias, nas coletas de lixo, oficinas e em serviços em geral, para ao final demonstrar as perspectivas do trabalho de alguns órgãos responsáveis pela tutela jurídica do trabalho infantil no Brasil, entre eles o Ministério do Trabalho e Emprego, Ministério Público e o Poder Judiciário.

5.2.3. NA COLETA DO LIXO

Tratando-se das piores formas de trabalho infantil, crianças e adolescentes estão envolvidas em diversas atividades laborais, além daquelas do âmbito rural e doméstico.

A prova disso é que inúmeras pesquisas, notícias, livros, entre outros documentos, trazem esse tipo de trabalho na coleta de lixo, em carvoarias, olarias, serviços em geral, oficinas, entre outros.

Particularmente no trabalho de coleta de lixo[141], o trabalho infantil apresenta-se, mais uma vez, como reflexo do total abandono das famílias miseráveis pelo governo e por toda a sociedade.

No tocante ao labor dos menores nessa atividade específica, Viviane Matos González Pereza firma que a causa dessa chaga social é que as famílias "[...] se

---

[141] Entende-se por lixo o conjunto de resíduos materiais sólidos, líquidos ou pastosos considerados impróprios para uso, sendo classificados pelo Conselho Nacional de Meio Ambiente — CONAM, por meio da resolução n. 259 em: a) resíduos urbanos: provenientes de residência e da limpeza pública urbana; b) industriais; c) de serviços de saúde; d) de atividades rurais; e) de serviços de transportes, e de rejeitos radioativos.

veem compelidas a buscar no lixo meios para sua sobrevivência e, com isso, terminam por introduzir também seus filhos nessa tarefa desumana" (PEREZ, 2008, p. 111).

Mais uma vez se depreende que o trabalho infantil parte das dificuldades financeiras, culturais e sociais das famílias brasileiras.

Na atividade envolvendo a coleta de lixo também não é diferente, a ponto de os indivíduos aguardarem ansiosamente a chegada do caminhão trazendo o lixo recolhido nas casas, a fim de se extrair algo de valor como a comida de cada dia ou mesmo plásticos, latas e vidros para serem vendidos posteriormente.

Pesquisa realizada por Cristiana Porto, Iolanda Huzalk e Jô Azevedo, a partir de dados publicados pelo escritório da UNICEF em Brasília, indicou que em 1999 havia 45.000 crianças e jovens trabalhando nos lixões, sendo que, a partir daquela data, vários estados da federação, juntamente com outras instituições governamentais e não governamentais desenvolveram diversos fóruns para a discussão do tema, razão que ensejou a criação, pelos organismos públicos, do sistema de bolsa-escola e a ampliação da jornada escolar, redundando, a partir disso, na retirada de 13.000 crianças dos lixões de 194 municípios brasileiros (PORTO; HUZAK; AZEVEDO, 2011, p. 18).

O lixo e seus resíduos são uma ameaça a qualquer ser humano, pois além dos resíduos já deteriorados e putrificados, o que mais pode ser perigoso quando o ser humano é uma criança ou um adolescente?

Mediante a especificação de alguns resíduos que compõem o lixo, percebe-se a gravidade do contato desses indivíduos com o material muitas vezes tóxico, cortante e inflamável, bem como o perigo causado pelo movimento dos caminhões e máquinas, estando os menores, por conseguinte, expostos e comprometidos em sua saúde e excluídos de um convívio social sadio (PEREZ, 2008, p. 111-112).

Crianças e adolescentes não estão trabalhando na coleta do lixo somente pelo "dever" de auxiliar seus familiares no aumento da renda ou na disputa por mais um prato de comida. Em qualquer lixo no Brasil é comum encontrar brinquedos estragados ou em bom estado de conservação, o que faz desses menores presas fáceis para o convívio com uma das piores formas de trabalho infantil que a OIT e o Brasil possam legislar.

Na mesma pesquisa citada, foram apresentados um diálogo e, ao mesmo tempo, um depoimento prestado por famílias que diariamente trabalhavam na separação do lixo. Conclui-se, pela transcrição a seguir, tratar-se da violência do próprio homem que se automutila[142] social e financeiramente, uma vez que está

---

(142) O sentido da palavra "mutilar", inserida neste contexto, refere-se à condição humana de tolher sonhos e qualquer direito à vida, aos mínimos sociais e à própria dignidade da pessoa humana, estes constitucionalmente garantidos, diga-se de passagem.

envolvido nesse labor para buscar o mínimo para sobreviver. Do mesmo modo, essas famílias, como em outras centenas de milhares em todo o Brasil, levam seus filhos para participarem dessa violência, em face das proposições jurídicas que tutelam o trabalho infantil:

> Conversando com um senhor, fiquei sabendo que eles separavam o material que poderia ser aproveitado para vender depois. Não sei por quanto, pois não tive coragem de perguntar. Disse também que de vez em quando achavam alguma comida que ainda dava para comer. E que as crianças encontravam, muitas vezes, algum brinquedo em bom estado. Que bom estado era esse, tanto da comida quanto do brinquedo, não me pergunte. É melhor nem pensar.
>
> Ao lado das pessoas, cachorros e cavalos fuçavam, buscando o que comer.
>
> Acho que nem preciso tentar descrever o cheiro que todo esse lixo exalava. Mesmo porque não ia conseguir, pois ao odor dos detritos se misturava, dentro de mim, o cheiro ainda mais podre da revolta, da indignação e da vergonha.
>
> Como era possível que alguns seres humanos tivessem que sobreviver à custa de lixo? E aquelas pessoas, com a ponto de amor-próprio que ainda lhes restava, diziam que era melhor sobreviver do lixo do que roubar e assaltar!
>
> Bem ao lado do terreno onde o lixo era despejado, ficava o amontoado de barracos onde as pessoas viviam. E foi para um desses que eu fui, depois, com a amiga da minha mãe e outras pessoas, voluntárias como ela, que dispunham de algumas horas do seu tempo para dedicar às crianças. Eram os filhos dos catadores de lixo, recolhidos pela tia Bel em um barraco que agora funcionava como uma espécie de creche.
>
> Bel foi uma das pessoas mais especiais que já conheci. Líder na comunidade, começou a recolher e a cuidar das crianças que acompanhavam os pais na catação do lixo, porque não tinham com quem ficar em casa. Mais que carinho e amor, ela deu a vida à sua causa: a de ajudar as suas oitenta crianças a trilhar um caminho melhor. (2011, p. 18-19)

Nota-se, assim, que existem centenas de crianças trabalhando diretamente no ambiente do lixo. Resta à sociedade brasileira — particularmente aos pais, aos empresários (aqui aqueles que compram o ferro, aço, plástico e vidro dos trabalhadores do lixo), ao poder público responsável pela mantença do aterro sanitário ou do lixão municipal, aos respectivos órgãos de controle (Ministério do Trabalho e Emprego, Ministério Público do Trabalho, Poder Judiciário: a partir da provação jurisdicional e Conselho Tutelar), incluindo também os meios de comunicação para fomentarem campanhas de políticas públicas protetivas dos menores — tornar-se executora e efetivo fiscal da Constituição Federal de 1988, da Consolidação das

Leis do Trabalho, do Estatuto da Criança e do Adolescente, além das normas internacionais em defesa das proposições jurídicas que protegem a criança e o adolescente no ambiente laboral.

A título de exemplo, percebe-se que o Ministério do Trabalho e a Justiça do Trabalho, nesse caso a Procuradoria Regional do Trabalho da 9ª Região e o Tribunal Regional do Trabalho também da 9ª Região, vêm tentando cumprir seus papéis, quando o assunto é o indigno trabalho infantil no lixo.

Nota-se, no caso concreto, que o objetivo do recurso ordinário interposto pelo Ministério Público do Trabalho, mesmo lhe sendo negado provimento, deve-se ao interesse em implementar obrigações que propiciem aos catadores de lixo renda suficiente para que as crianças e os adolescentes sejam afastados do trabalho precoce e insalubre:

> AÇÃO CIVIL PÚBLICA — COMPETÊNCIA DA JUSTIÇA DO TRABALHO — PROPOSITURA PELO MINISTÉRIO PÚBLICO DO TRABALHO — OBJETIVO DE PROPORCIONAR TRABALHO DIGNO AOS CATADORES DE LIXO E ERRADICAÇÃO DO TRABALHO INFANTIL E DE ADOLESCENTES — A competência da Justiça do Trabalho está consagrada no art. 114 da Constituição Federal, na busca de solução de conflitos entre empregado e empregador, entre trabalhador e tomador dos serviços. Somente tem competência para decidir sobre questões ambientais, desde que envolvam relação de trabalho ou de emprego, o que não se faz presente no objetivo da representação civil pública proposta pelo Ministério Público do Trabalho. (TRT 09ª R. — RO 470/2010-654-09-00.5 — 4ª T. — Rel. Luiz Eduardo Gunther — DJe 21.1.2011 — p. 350)

Há promotores e juízes concedendo milhares de autorizações para crianças e adolescentes trabalharem nos lixões, mesmo a despeito das proteções constitucionais e infraconstitucionais.

O Ministério do Trabalho e Emprego forneceu à Agência Brasil — Empresa Brasil de Comunicação, números impressionantes quanto ao trabalho infantil brasileiro. A informação aduz que entre o ano de 2005 e 2010, foram expedidas 33.173 mil autorizações de trabalho para crianças e adolescentes menores de dezesseis anos, equivalendo, em média, a mais de 15 autorizações judiciárias por dia.

A informação, passada pelo Ministério do Trabalho e Emprego, demonstra ainda que a Procuradoria do Trabalho da 13ª Região requereu à Justiça da Paraíba o cancelamento de todas as autorizações dadas por um promotor de Justiça da Comarca de Patos, sendo que, entre as decisões contestadas, ao menos duas permitiam que adolescentes trabalhassem no lixão municipal (RODRIGUES, 2011a).

Como observado, mais uma vez é constatada a tentativa de erradicar o trabalho infantil no Brasil, sendo que, nesse último fato, verificou-se a luta incessante entre os próprios órgãos de controle. De um lado, expedindo milhares de autorizações judiciais para tal labor e, do outro, a defesa contra o abuso às proposições jurídicas que tutelam os direitos das crianças e adolescentes.

Sopesados os argumentos e provas da existência do trabalho infantil no ambiente insalubre e perigoso que é o lixo, a seguir se verifica, também, a violência quando o labor encontra-se junto às olarias e na construção civil.

5.2.4. NA CONSTRUÇÃO CIVIL, OLARIAS E CARVOARIAS

Na segunda seção desta obra, debateu-se a relação do Direito do Trabalho pertencente à área dos direitos humanos. Na referida oportunidade, vislumbrou-se na parte XIII do Tratado de Versailles, a fixação dos principais aspectos que deveriam ser alvo de regulação pelos países signatários do Tratado, dentre os quais o Brasil, a fim de subsidiar a defesa da dignidade da pessoa humana e a erradicação do trabalho infantil.

No que se refere ao trabalho infantil propriamente dito, é cediço que as proposições jurídicas trabalhadas nesta obra enumeraram alguns procedimentos indispensáveis para a garantia prioritária de crianças e adolescentes, capazes de gerar a sensação de que o Estado brasileiro cumpre à risca sua responsabilidade em regular a proibição quanto à idade mínima para o trabalho, os locais e condições impróprias para o labor e a obrigação em se pagar um salário digno nas situações em que a própria norma autoriza esse tipo de trabalho, ou seja, de que o Brasil, de maneira formal, cumpre e defende os direitos humanos de crianças a adolescentes.

O Brasil e suas respectivas normas jurídicas não poderiam prever todas as circunstâncias e descer a pormenores sobre cada um deles, mas a construção e o estudo das fontes formais de Direito analisadas nesta obra (Constituição Federal de 1988, Consolidação das Leis do Trabalho, normas internacionais, Estatuto da Criança e do Adolescente, atos do poder executivo, entre outras) serviram para exteriorizar a proteção dos menores no ambiente laboral.

Nesse contexto é que se encaixa a Portaria n. 20, de 13 de setembro de 2001, alterada pela Portaria n. 21, de 21 de março de 2002, dispondo sobre os locais e serviços perigosos ou insalubres em que o menor será proibido de trabalhar, sob pena de colidir com o princípio da proteção integral à criança e ao adolescente. Nesta, especificadamente no anexo I, é que se depreende a vedação ao trabalho na construção civil ou pesca (item 3), em olarias nas áreas de fornos ou com exposição à umidade excessiva(item 43) e nas carvoarias (item 62)[143].

Está aí mais uma prova de que o Brasil vem cumprido as suas próprias fontes formais do Direito em prol da defesa da criança e do adolescente.

---

(143) A referida Portaria especifica a proteção ao menor trazida no art. 405, inciso I da Consolidação das Leis do Trabalho, quando prescreve os locais e serviços perigosos e insalubres inseridos no quadro aprovado pelo Diretor-Geral do Departamento Nacional de Segurança e Higiene do Trabalho. Este Departamento é denominado de Secretaria de Segurança e Medicina do Trabalho, pertencente ao Ministério do Trabalho e Emprego.

Restou observado em linhas volvidas que, materialmente, a realidade é bem diferente, se comparada às referidas proposições jurídicas. E é também desse modo que se constata o trabalho de inúmeros indivíduos na construção civil, olarias e carvoarias.

5.2.4.1. NA CONSTRUÇÃO CIVIL

É dispensável tecer maiores comentários sobre como é o ambiente de uma construção civil, repleto de ferramentas, materiais pesados, perigosos e insalubres[144].

Contudo, não se pode deixar de registrar que a construção civil é um dos maiores focos de acidentes de trabalho, inclusive envolvendo crianças e adolescentes.

Ana Lúcia Kassouf, após analisar o caderno especial do PNAD do ano de 2001[145], constatou que os acidentes de trabalho envolvendo menores entre cinco e dezessete anos de idade na construção civil totalizaram 13.533 casos, equivalendo ao percentual de 7,03% do total de acidentes de crianças e adolescentes daquele ano (CORRÊA; VIDOTTI. In: KASSOUF, 2005, p. 127).

Esse resultado é ainda desmembrado por região. Apresentando os indivíduos que ficaram doentes ou acidentados devido às atividades laborais, somam-se 664 casos na região Centro-Oeste, 3.289 casos na região Nordeste, 1.305 da região Norte, 1.701 na região Sul e 6.394 na região Nordeste. Para agravar esses dados, demonstrou-se também que, do total de menores trabalhando na construção civil, somente 29% deles utilizavam equipamentos de proteção individual[146] (CORRÊA; VIDOTTI. In: KASSOUF, 2005, p. 129 e 135).

Se, por meio do PNAD 2001, já se constatava a violência às proposições jurídicas, passados dez anos a realidade também não é diferente.

Em 24 de maio de 2011, o jornal *Diário do Grande ABC* denunciou a existência de menores de dezesseis anos trabalhando na construção civil, o que redundou na

---

(144) É possível enumerar vários exemplos de risco que sofre um indivíduo laborando na construção civil, ainda mais uma criança ou adolescente em pleno desenvolvimento físico, psicológico e social. Um deles é o manuseio de ferramentas cortantes que podem mutilar os membros de um indivíduo. Do mesmo modo é o trabalho na pintura, em que tintas, esmaltes, vernizes e solventes são altamente nocivos ao trabalhador, devido à inalação de suas substâncias (hidrocarbonetos). Oportuno registrar, referente a este último exemplo, que a Norma Regulamentadora n. 15, em seu anexo XIII, confere o direito ao adicional de insalubridade ao trabalhador lotado na fabricação destes compostos e não no simples manuseio na construção civil, o que demanda prova em contrário a partir de exames periciais.
(145) Informações e dados apresentados pela primeira vez em nível nacional. (CORRÊA; VIDOTTI. In: KASSOUF, 2005, p. 126)
(146) Quanto ao equipamento de proteção individual — EPI, seus fabricantes e respectivos controles de qualidade o desenvolvem levando em consideração o corpo, as dimensões e a necessidade de um adulto, razão pela qual é possível crer que mesmo havendo vontade e interesse de uma criança ou adolescente em seu uso e manuseio, o referido EPI não se adequará a ele, causando, muitas vezes, o aumento do risco de acidentes.

abertura de inquérito perante o Ministério Público e fiscalização por parte do Ministério do Trabalho e Emprego (GRANCONATO, 2011).

Outro recente fato de trabalho infantil na construção civil é extraído da consulta realizada no portal do Ministério Público do Trabalho.

A Procuradoria Regional do Trabalho da 23ª Região, após instaurar inquérito civil, firmou em 13 de outubro de 2011, Termo de Ajustamento de Conduta com Maurício Cavalcante — ME, em função de inúmeras irregularidades cometidas por ele em sua construção civil. Por meio do referido TAC, o inquirido se obrigou a "abster-se de contratar ou manter empregado com idade inferior a dezoito anos em atividades nos locais e serviços insalubres ou perigosos, nos termos do art. 405, I, da CLT", sob pena de multa de R$ 1.000,00 por trabalhador prejudicado (PRT 23ª R., 2011).

Para piorar ainda mais o contraste entre a formalidade brasileira em coibir o trabalho infantil e a materialidade da violência que o próprio país vem cometendo com seus filhos menores, informou-se anteriormente que, entre o ano de 2005 e 2010, foram expedidas 33.173 mil autorizações de trabalho para crianças e adolescentes menores de dezesseis anos, inclusive para o labor na construção civil[147]. Mas o que deixou de ser abordado na referida informação foram as razões de tantas autorizações judiciais.

Para o Ministério do Trabalho e Emprego (Sr. Luiz Henrique Ramos Lopes — Divisão de Fiscalização do Trabalho Infantil do TEM) "os juízes estão expedindo autorizações sem saber o que realmente está acontecendo com as crianças". Para o Ministério:

> É preocupante quando vemos um juiz, um magistrado dar uma autorização para que uma criança e um adolescente comecem a trabalhar a partir dos 10 anos, com a justificativa de que sua família é pobre e, portanto, não tem condições de se sustentar. Isso é transferir para a criança a responsabilidade por cuidar da família.
>
> [...]
>
> A maior parte das atividades em que elas se encontram é insalubre até mesmo para os adultos e causa um prejuízo muito grande às crianças, porque elas são muito mais suscetíveis a doenças ocupacionais e a acidentes de trabalho.
>
> [...]

---

(147) Esse número foi colhido da Relação Anual de Informações Sociais — RAIS. A maior parte dessas decisões envolvem adolescentes de quatorze a quinze anos, mas há um número de autorizações para crianças mais novas. No período, foram concedidos 131 autorizações para crianças de dez anos; 350 para as de onze anos; 563 para as de doze anos; e 676 para as de treze anos. (RODRIGUES, 2011b)

Diante de uma autorização judicial, não podemos agir. Já houve casos em que tiramos fotos da situação irregular para apresentá-la ao juiz que autorizou a criança a trabalhar. Ao ver quanto o local era insalubre e prejudicial à criança, o juiz disse não ter autorizado aquilo. Vemos que juízes estão dando autorizações aos patrões sem saber o que está acontecendo com as crianças. (RODRIGUES, 2011a)

Para Carlos Lupi, então Ministro do Trabalho, são "muito graves as autorizações dadas por juízes para que menores de dezesseis anos trabalhem em locais insalubres, como na construção civil [...]. É mais grave do que imaginei" (*apud* LOPES, 2011).

As autorizações judiciais para o trabalho infantil em diversas atividades, inclusive na construção civil, justificam-se pela necessidade de almejar um equilíbrio regional e financeiro que as políticas públicas não conseguiram produzir nos últimos anos?

A resposta é negativa, pois as referidas autorizações não foram, em sua maioria, expedidas nos estados brasileiros mais carentes de recursos. Ao contrário, só no Estado de São Paulo, que dispensa qualquer justificativa quanto ao seu potencial financeiro, político e social em relação ao resto do Brasil, a justiça concedeu mais de 11.200 autorizações das 33.173. Isso somando aos Estados de Minas Gerais, Rio Grande do Sul, Paraná e Santa Catarina, sendo as unidades da Federação com o maior número de autorizações após os paulistas (JINKINGS, 2011).

Seja na construção civil, com todos os seus riscos e perigos, ou em qualquer outra atividade laboral, importante contrastar, de um lado, a posição de alguns juízes e promotores que autorizam o trabalho infantil diante da justificativa de que na maioria das vezes os jovens vêm de famílias carentes e precisam trabalhar para ajudar os pais; do outro lado, da ressalva que advém da Constituição Federal como proposição jurídica aqui defendida, a qual proíbe o trabalho para menores de dezesseis anos, salvo na condição de menor aprendiz, a partir dos quatorze anos, exceto nos casos de atividades insalubres ou perigosas, quando é vedada a contratação de menores de dezoito anos. Fica aqui o protesto, a partir da obra de Alfredo Labo, na qual, ao invés da aventura no trabalho (mesmo para fins de aumento da renda familiar), a aventura de crescer é brincar, estudar e explorar!

5.2.4.2. NA OLARIA

O leitor já se perguntou de onde vem boa parte dos tijolos, telhas, blocos e muitas outras cerâmicas das casas brasileiras? Grande parte dessa produção ainda vem das olarias espalhadas pelo Brasil, inclusive pelo sul de Minas, geralmente pertencentes a empresas familiares ou a empresas de pequeno porte.

O trabalho é pesado, altamente insalubre, além de perigoso, a ponto de ser incluída na Portaria n. 20/2011, em seu item 43, a vedação do labor de crianças e adolescentes junto às áreas de fornos ou com exposição à umidade excessiva, como é o caso dos indivíduos ocupados na fabricação de tijolos e telhas à base de argila.

Da forma como é desenvolvida atualmente, a atividade de fabricação de tijolos, telhas e outros produtos a partir do barro, é cediço que implica risco elevado para adultos, quanto mais no que concerne à criança, que ainda não possui plenamente desenvolvida a sua formação óssea, estando, por isso mesmo, muito mais exposta ao perigo de acidentes.

Cristiana Porto, Iolanda Huzalk e Jô Azevedo, após também pesquisarem o trabalho infantil junto às olarias, constataram a presença de diversos menores de dezoito anos trabalhando diariamente nessas atividades. Em um dos casos apontados, as pesquisadoras concluíram que o mais difícil foi verificar o trabalho de empilhamento e transporte de tijolos até os fornos, pois para esse transporte, as crianças e adolescentes utilizavam carrinho de mão, onde levavam 56 tijolos, pensando de 1,5 a 2 quilos cada, quando molhados, e o peso total, em média, passava dos 91 quilos por carrinho (PORTO; HUZALK; AZEVEDO, 2011, p. 82).

Se a proposição jurídica prescritiva oriunda da Consolidação das Leis do Trabalho, § 5º do art. 405, fazendo referência ao art. 390, determina que à criança e ao adolescente é vedado demandar força muscular superior a 20 quilos para o trabalho contínuo, ou 25 quilos para o trabalho ocasional, salvo a remoção de objetos feita por impulsão ou tração de vagonetes sobre trilhos, de carros de mão ou quaisquer aparelhos mecânicos, à primeira vista se concluiu que é permitido o trabalho citado no caso anterior, mesmo que o menor esteja carregando até os fornos aproximadamente 91 um quilos de tijolos por meio de carro de mão.

Claro que não está permitido, pois empilhar tijolos e telhas molhados, a fim de serem colocados em um carro de mão, é fruto do trabalho físico dessas crianças e adolescentes, sendo, portanto, vedado por força do *caput* do art. 390 da CLT, proposição jurídica utilizada para os menores de dezoito anos.

Mesmo o parágrafo único do mesmo artigo autorizando o carregamento por meio de carro de mão, nesse caso, de aproximadamente 91 quilos de tijolos, o que dizer sobre os problemas físicos (ergonômicos, estruturais e o atrofiamento muscular) que essa criança ou adolescente sofrerá quando estiver na fase adulta, quiçá quando idoso?

Nada a tecer quando o trabalho é para carregamento de tijolos até os fornos, pois a Portaria ministerial citada não deixa qualquer dúvida quanto a tal proibição.

Mas a preocupação além do trabalho em si é também em relação ao alto risco de acidentes, o excesso de jornada laboral e o impedimento desses indivíduos frequentarem a escola.

Atinente a essa ponderação, Cristiana Porto, Iolanda Huzalk e Jô Azevedo ainda afirmam que:

Essa atividade pesada, monótona e repetitiva é realizada em locais precários, com piso de terra batida, que apresentam depressões e saliências. Isso tudo dificulta ainda mais a condução dos carrinhos; são muito comuns os acidentes provocados pela queda dos tijolos, que acabam atingindo as crianças.

As jornadas de trabalho podem chegar a dez horas; por isso, muitos jovens não vão à escola, ou, quando vão, normalmente estão atrasados em relação à idade e à série que frequentam. (2011, p. 82)

Como ainda é possível haver este tipo de trabalho infantil em pleno século XXI?

Em setembro de 2002, o portal eletrônico EM TEMPO do Estado do Amazonas publicou o caso do menino Ronaldo Cunha, de doze anos de idade, trabalhando em uma das olarias do bairro Puraquequara, em Manaus, recebendo o salário de R$ 10,00 (dez reais) por semana[148]. Nessa publicação, observa-se que o menino laborava durante toda a manhã (até o meio dia) para ir à escola à tarde, sendo que a atividade diária consistia em amassar o barro para a fabricação dos tijolos e a alimentação das fornalhas da olaria (BRANCO, 2011), ou seja, em total descumprimento às proposições prescritivas aqui apresentadas, principalmente à referida Portaria ministerial.

Na mesma publicação, é também observada outra violência, agora com Douglas Primo Soares, de quinze anos de idade[149]. A diferença entre ele e Ronaldo Cunha está na jornada de trabalho, pois Douglas estende sua atividade até as 18 horas, não mora no bairro Puraquequara, ele não tem dinheiro, nem seu "empregador" lhe fornece o vale transporte (BRANCO, 2011).

Em pleno século XXI, a criança e o adolescente estão lotados nas olarias que fabricam os tijolos e telhas de milhares de casas brasileiras. Isso ninguém pode negar!

As condições de trabalho de crianças e adolescentes nas olarias se equivalem com a falta de anotação do contrato de trabalho em CTPS; jornada excessiva; baixa remuneração; salário inferior ao mínimo legal; ausência de remuneração; trabalho noturno; trabalho realizado em galpões semiabertos e úmidos; iluminação deficiente ou trabalho a céu aberto; exposição à radiação solar; instalações sanitárias inadequadas; instalações elétricas inadequadas; exposição ao calor; exposição à poeira;

---

(148) Ronaldo Cunha afirma, após entrevista, que trabalha para ajudar a família pobre, mas tem consciência de que se não estudar vai ser pior, além de afirmar que não quer viver a vida toda amassando barro. "Por isso estudo para amanhã ser alguém na vida". (BRANCO, 2011)

(149) Douglas Primo Soares afirma de maneira estarrecedora que "A olaria não pode ficar sozinha. Alguém precisa ficar jogando lenha para não apagar [...] que na hora dá fome engana a barriga com uma farofada de ovos fritos, que é dividida com os demais companheiros de trabalho [...] é melhor do que o desemprego. A gente trabalha que nem bicho, mas é o jeito porque não existe outra coisa para fazer". (BRANCO, 2011)

exposição a níveis elevados de pressão sonora (ruído); ritmo de trabalho acelerado e repetitivo; levantamento e transporte manual de cargas excessivas; manutenção de posturas inadequadas da coluna vertebral e dos membros superiores; máquinas sem proteção das transmissões de força e no ponto de operação; entre outras (BRASIL, 2011d).

Sabe-se o quão é difícil pôr o dedo na ferida sem que o pesquisador, no presente momento histórico, viva ou tenha vivido com a mesma ferida. De toda forma, compete ao pesquisador a apresentação de dados que possam contribuir com a construção do pensamento humano e na busca efetiva da erradicação do trabalho infantil no Brasil, indicando onde se encontram os focos da violência que o mercado oferece às crianças e aos adolescentes no ambiente de uma olaria.

Para coibir esses fatos e danos alarmantes, não basta, simplesmente, chamar à ordem o Ministério Público do Trabalho, a Justiça do Trabalho ou a fiscalização do Ministério do Trabalho e Emprego. Além disso, há a premente necessidade de se promover uma campanha multissetorial, a fim de tocar a sociedade brasileira, no atacado e no varejo, revendedores desses produtos e principalmente o consumidor, no caso o cidadão que utiliza tijolos, telhas, blocos, entre outros, a fim de não adquirirem produtos produzidos a partir da exploração de trabalho infantil. Talvez assim a luta em favor dessa mazela poderá ser mais favorável à proteção e à materialização das proposições jurídicas trazidas aqui como forma de dignificar o trabalho e a vida humana.

Somando a referida proposta de erradicação do trabalho infantil nas olarias, há de frisar também que, como nos demais casos, o fomento ao início do trabalho de crianças e adolescentes no Brasil começa a partir da exigência e da necessidade familiar.

Parte da família o foco de maior violência contra a criança e o adolescente nessa atividade, incluída como uma das piores formas de trabalho infantil.

O art. 5º do Estatuto da Criança e do Adolescente estatui que "Nenhuma criança ou adolescente será objeto de qualquer forma de negligência, discriminação, exploração, violência, crueldade e opressão, punido na forma da lei qualquer atentado, por ação ou omissão, aos seus direitos fundamentais".

Caso venha a se confirmar, como restou confirmado pelos casos reais apresentados anteriormente, que a não observância das proposições jurídicas em defesa da prioridade da criança e do adolescente decorreu do trabalho nas olarias imposto por seus pais e familiares, eles estarão sujeitos às sanções de natureza cível e criminal previstas na legislação brasileira.

Há de ser ressaltado, ainda, que a impunidade dos pais, caso responsabilizados criminalmente, apenas reforçaria a tolerância da sociedade ao problema, na medida em que há muito tempo vêm sendo divulgadas ideias mistificadas, no sentido de que a realidade socioeconômica exige o trabalho infantil, até o exagero de que o mesmo é imprescindível a perpetuação dos conhecimentos do trabalho artesanal desenvolvido nas olarias brasileiras (CHERMONT, 2011).

5.2.4.3. NA CARVOARIA

A carvoaria é o ambiente conhecido por seus iglus, forma semelhante aos iglus feitos no gelo, ou por seus fornos capazes de torrar, dia e noite, centenas de milhares de madeira, com o único intuito de transformá-la em carvão vegetal.

Relacionando esse ambiente com o trabalho infantil, conclui-se, de plano, que o mesmo não é um local para a permanência ou manutenção da criança e do adolescente, pois onde há fogo, madeira (além do peso das toras — podendo acarretar inúmeras complicações físicas para quem as transporta, sem mencionar o risco de acidentes: a madeira pode conter animais peçonhentos escondidos em suas gretas) e fumaça, assemelha-se mais a um local de tortura e sofrimento do que a um local salubre de trabalho humano.

Sobre esse mesmo contexto, Manuel Bandeira, em seu poema de 1921, corrobora com a visão contemporânea sobre as chagas dos *Meninos Carvoeiros*:

> Os meninos carvoeiros
>
> Passam a caminho da cidade.
>
> — Eh, carvoeiro!
>
> E vão tocando os animais com um relho enorme.
>
> Os burros são magrinhos e velhos.
>
> Cada um leva seis sacos de carvão de lenha.
>
> A aniagem é toda remendada.
>
> Os carvões caem.
>
> (Pela boca da noite vem uma velhinha que os recolhe, dobrando-se com um gemido.)
>
> — Eh, carvoeiro!
>
> Só mesmo essas crianças raquíticas
>
> Vão bem com estes burrinhos descadeirados.
>
> A madrugada ingênua parece feita para eles...
>
> Pequeninha, ingênua miséria!
>
> Adoráveis carvoeirinhos que trabalhais como se brincásseis!
>
> — Eh, carvoeiro!
>
> Quando voltam, vêm mordendo num pão encarvoado,
>
> Encarapitados nas alimárias,

Apostando corrida,

Dançando, bamboleando nas cangalhas como espantalhos desamparados! (2011)

A Organização Internacional do Trabalho — OIT, por meio da Convenção n. 182, incluiu o labor nas carvoarias como uma das piores formas de trabalho infantil, uma vez que crianças e adolescentes têm que transportar a lenha, queimá-la, esperar que o material esfrie e retirar o carvão de fornos que atingem média de 70°C. Muitos são os relatos de mutilações em virtude das queimaduras a que são submetidos esses indivíduos. Além das queimaduras, estão sujeitas à desnutrição, doenças respiratórias decorrentes da liberação de gases durante a queima do carvão, tuberculose, tétano, doença de Chagas, resfriados, conjuntivite, dores musculares, problemas de coluna e envenenamento por picada de cobras e insetos (AUGUSTINI, 2011).

Evidentemente, a exploração do trabalho infantil — em condições tão adversas como a constatada nas carvoarias — afronta brutalmente um dos princípios fundamentais da República Federativa do Brasil, notadamente a promoção pela dignidade da pessoa humana (art. 1º, inciso III), além de desrespeitar um dos pilares da ordem econômica, fundada na valorização do trabalho humano (art. 170, *caput*).

Mas a violência às referidas proposições jurídicas mais uma vez foi e é verificada atualmente com muita frequência.

Perfazendo um dado histórico e cronológico, em 1996, o Programa de Erradicação do Trabalho Infantil — PETI, da Secretaria de Assistência Social — MPAS, teve a primeira experiência piloto nas carvoarias do Mato Grosso do Sul[150], como base no mapeamento elaborado pelo Fórum Nacional de Prevenção e Erradicação do Trabalho Infantil de 1995, redundando na elaboração do projeto denominado "Projeto de Erradicação do Trabalho Infantil nas Carvoarias do Mato Grosso do Sul: Assistência Familiar/ Vale Cidadania, da Fundação de Promoção Social do Mato Grosso do Sul — Promosul" (ASSOCIAÇÃO BRASILEIRA DE MAGISTRADOS, PROMOTORES DE JUSTIÇA E DEFENSORES PÚBLICOS DA INFÂNCIA E DA JUVENTUDE, 2011).

Em 1998, em Minas Gerais, a Revista *Época* publicou que no município de Carbonita, localizado no Alto do Jequitinhonha, com população, à época, de 9.084

---

(150) A problemática do trabalho infantil nas carvoarias do Estado do Mato Grosso do Sul foi prioridade para a atuação do Fórum, visando ao exercício da elaboração e aplicação de uma metodologia de intervenção, em reunião ordinária do dia 23 de maio de 1995. A escolha das carvoarias se fundamentou nas denúncias (local, estadual, nacional e internacional) de exploração da mão de obra infantil, ou seja, de que havia 2.000 (duas mil) crianças trabalhando e vivendo sem as condições mínimas de saúde, educação, alimentação, higiene e lazer. (ASSOCIAÇÃO BRASILEIRA DE MAGISTRADOS, PROMOTORES DE JUSTIÇA E DEFENSORES PÚBLICOS DA INFÂNCIA E DA JUVENTUDE, 2011)

habitantes, havia 37 carvoarias, sendo conhecida como a capital nacional do carvão vegetal. Dentro desse contexto, a Universidade Federal de Minas Gerais — UFMG — realizou pesquisa intitulada "Trabalho precoce na atividade carvoeira em Minas Gerais", na qual acompanhou a rotina das crianças e adolescentes que trabalhavam nos fornos de Carbonita, concluindo que os menores nessa atividade sofriam de inúmeras moléstias, queimaduras e picadas de animais peçonhentos, além de não receberem o pagamento pelo trabalho (GRUNSPUN, 2000, p. 42-43).

A pesquisa realizada pela UFMG sobre as carvoarias de Carbonita redundaram na discussão de alternativas para erradicar o trabalho infantil, sendo: a) a efetivação do programa bolsa-escola; b) instalação de um polo moveleiro na cidade; c) a criação de um polo de fabricação de celulose na região (MEDEIROS, 2011).

Mais uma vez utilizando a pesquisa de Cristiana Porto, Iolanda Huzalk e Jô Azevedo, observa-se que nas carvoarias "as crianças carregam toras de madeira para dentro do forno"; "são obrigadas a entrar nos fornos ainda quentes para recarregá-los com novas toras"; por causa da temperatura elevada e da fumaça, constantemente têm problemas visuais e pulmonares; "crianças manuseiam garfos maiores que elas próprias para recolher o carvão. Muitas delas têm cicatrizes no corpo" (PORTO; HUZALK; AZEVEDO, 2011, p. 92-95).

Passado o século XX e dez anos após os fatos já narrados, em 26 de julho de 2011, os problemas com o trabalho infantil nessa atividade são os mesmos, pois, a partir da publicação do jornal *on line Folha Vitória*, oriundo da reportagem da TV Vitória, ainda se constata o submundo do trabalho infantil nas carvoarias do Espírito Santo:

> Vítimas como dois meninos, de apenas oito anos, que já precisam lutar pela sobrevivência e ajudam as famílias a produzir carvão. Um trabalho duro, cansativo, que compromete a saúde e o desenvolvimento. Sem folga, eles passam o dia inteiro nos fornos, que tem o tamanho exato para uma criança. Um dia inteiro de trabalho rende para esses meninos pouco mais de R$ 7. "Para fazer esse forno eles trabalham mais ou menos um dia para ganhar R$ 13, que dá menos de R$ 7 para cada menino", disse um trabalhador.
>
> A fumaça negra leva embora a infância, os sonhos e a saúde. O Decreto n. 6.481, de 2008, aponta o trabalho em carvoarias como uma das atividades mais perigosas e prejudiciais para crianças e adolescentes. "Você não percebe, mas ao ser queimada, a madeira vai soltando partículas que vão se instalando dentro da estrutura pulmonar e também nos brônquios, que podem gerar futuramente algumas doenças como a fibrose pulmonar. Depois de instalada, é como se o pulmão fosse se tornando um pulmão de pedra", explicou a pneumologista Cinéia Martins.
>
> Enquanto a lenha vira carvão, eles tentam ser meninos comuns. O futebol é a única diversão e a bola é improvisada com uma sacola plástica cheia

de palha. Não sobra dinheiro para comprar brinquedos. E essa família é apenas uma, entre centenas que são exploradas pela máfia do carvão. Elas são o elo mais fraco de uma cadeia criminosa, que se espalha pelo norte do Espírito Santo, sul da Bahia e leste de Minas Gerais. (FOLHA VITÓRIA, 2011)

Aqui surge uma última indagação: será que o trabalho infantil faz parte das atividades do crime organizado?

Seja na indústria pornográfica, no narcotráfico ou até nesse último fato trazido a partir das carvoarias do Estado do Espírito Santo, não resta dúvida de que a ingenuidade e o vigor físico de crianças e adolescentes são fundamentais para o sucesso do crime organizado.

Além das sanções penais que a Justiça deve conferir aos respectivos infratores das proposições jurídicas, é preciso também ponderar que o empregador possui total responsabilidade nesses casos, sob pena de se legitimar a exploração constante do trabalho infantil.

No sentido de coibir toda essa chaga social, talvez a maior arma contra o trabalho infantil nas carvoarias brasileiras é o fomento e a construção de políticas públicas capazes de incentivar, do ponto de vista fiscal — incentivos e isenções tributárias — os empresários para não realizarem negócios com produtores de carvão vegetal que utilizem o suor de crianças e adolescentes. De outro lado, o Ministério do Trabalho e Emprego, Ministério Público do Trabalho e a Justiça do Trabalho, fiscalizando, apurando, indiciando e aplicando as sanções, respectivamente, àqueles que descumprirem as proposições jurídicas que tutelam de forma prioritária a criança e o adolescente no ambiente laboral.

Outras armas também serão úteis nesse processo, porém de forma indireta e vinculadas à atividade precípua do Estado, quais sejam, ser o poder público eficiente e cumpridor dos programas sociais destinados a uma educação de qualidade, a distribuição de renda e ao equilíbrio entre a cidade e o campo, entre as regiões sul e sudeste do Brasil com as menos favorecidas, e a melhoria dos recursos, humanos, tecnológicos e financeiros, dos órgãos de fiscalização de trabalho.

Quanto aos referidos órgãos, o item a seguir adentrará em suas especificidades, notadamente em relação à proteção contra a violência do trabalho infantil no Brasil.

5.3. Os órgãos de combate ao trabalho infantil no Brasil

Não há mais dúvidas de que o Brasil visto pelo resto do mundo é um Estado modelo no que tange a proteção formal contra o trabalho infantil. Do mesmo modo também não há dúvidas de que mesmo sendo um Estado modelo, ainda há muito que melhorar, pois do ponto de vista material, a chaga do trabalho infantil está espalhada pelos quatro cantos do Brasil, a ponto de ser amplamente debatida pelo próprio governo, como foi o caso das 33.173 autorizações judiciais entre 2005 e 2010 para o trabalho infantil, por pesquisadores [tamanha diversidade de artigos, científicos ou não, além das obras literárias] e por toda a sociedade [inclusive com as publicações ou reportagens realizadas pelos veículos de comunicação].

Para melhorar os números e percentuais, em face da violência infantil aqui desenvolvida, o Estado delega suas responsabilidades aos órgãos de proteção como o Ministério do Trabalho e Emprego, ao Ministério Público e ao Poder Judiciário, além dos pais, como também de toda a família envolvida nesta seara protetiva.

5.3.1. O MINISTÉRIO DO TRABALHO E EMPREGO

O embrião da fiscalização e inspeção do trabalho originou-se da proteção da própria infância e, ao longo do tempo, evoluiu, mantendo sempre o vínculo com a questão do trabalho infantil, o qual é mantido até os dias atuais, porém de modo mais sistemático.

No Brasil, o marco de criação da inspeção do trabalho infantil veio através do Decreto n. 1.313, de 17 de janeiro de 1891, quando o seu art. 1º assim dispunha: "É instituída a fiscalização permanente de todos os estabelecimentos fabris em que trabalharem menores, a qual ficará a cargo de um inspetor-geral, imediatamente subordinado ao Ministério do Interior [....]" (VILELA, 2011).

Foi a partir da Constituição Federal de 1988, em seu art. 21, inciso XXIV, o marco legal que conferiu à União a competência para organizar, manter e executar a inspeção do trabalho. Assim, coube ao Ministério do Trabalho e Emprego, por meio se seus agentes de inspeção, fiscalizar o cumprimento das normas que regem o trabalho em regime de emprego e, em obediência ao preceito do art. 277 da Constituição Federal de 1988, dar absoluta prioridade a tarefa quando se tratar do trabalho da criança e do adolescente.

Em 23 de março de 2000 foi editada a Portaria n. 7, da Secretaria de Inspeção do Trabalho, que instituiu, perante o Ministério do Trabalho e Emprego, os Grupos Especiais de Combate ao Trabalho Infantil e Proteção ao Trabalhador Adolescente [GECTIPAs], os quais, em verdade, vieram substituir os então existentes Núcleos de Combate ao Trabalho Infantil e Proteção ao Trabalhador Adolescente, que haviam sucedido, por sua vez, as Comissões Estaduais de Combate ao Trabalho Infantil, criadas no âmbito do Ministério do Trabalho em 1996[151] (VILELA, 2011).

---

(151) Os GECTIPAs foram extintos pelo governo federal em 2004, em função das regras pertinentes à carreira dos auditores fiscais, quando a responsabilidade pela fiscalização e inspeção do trabalho infantil passou a todos os fiscais, cumprindo estes metas individuais e institucionais para conseguirem a ascensão na carreira. (ANDI, 2004, p. 6)

Em 12 de setembro de 2002, o Brasil, por meio do Ministério do Trabalho e Emprego, instituiu a Comissão Nacional de Erradicação do Trabalho Infantil [CONAETI], criada pela Portaria n. 365, sendo que atualmente a referida comissão é integrada por diversos ministérios do próprio governo federal, além da OIT e do UNICEF (OLIVA, 2006a, p. 147-148).

No âmbito da CONAETI, foram criadas diversas subcomissões de adequação das normas vigentes sobre o trabalho infantil, inclusive quando às disposições emanadas das Convenções ns. 138 e 182, ambas da OIT. Uma destas comissões, Análise e Definição das Piores Formas de Trabalho Infantil, propôs o texto que originou o Decreto n. 6.481, de 12 de junho de 2008, que define a Lista das Piores Formas de Trabalho Infantil (Lista TIP), de acordo com o disposto nos arts. 3º, "d", e 4º da Convenção n. 182 da Organização Internacional do Trabalho (BRASIL, 2011h).

Como órgão de fiscalização que é, o Ministério do Trabalho e Emprego possuiu em seu portal na internet um dos maiores exemplos de transparência no tocante suas ações voltadas a defesa contra as violências que diversos empregadores.

Refere-se ao SITI — Sistema de Informações sobre Focos de Trabalho Infantil — no Brasil, onde qualquer cidadão interessado pode conhecer e pesquisar, selecionando o Estado da federação e o respectivo município, onde estão os "empregadores" de crianças e adolescentes.

Contextualizando esta última assertiva e após realizar pesquisa eletrônica diretamente no sistema mencionado, constatou-se que na cidade de Varginha[152], sul de Minas Gerais, entre os anos de 2007 e 2011, constatou-se a presença de mais de 35 casos de violências envolvendo crianças e adolescentes, ensejando a lavratura do respectivo auto de infração.

Algum destes casos refere-se a: a) ao labor de uma criança/adolescente entre dez a quinze anos de idade trabalhando na manutenção e reparos mecânicos em veículos automotores [n. 13.625 do SITI, de 28.10.2011]; b) ao labor de uma criança/adolescente entre dez a quinze anos de idade trabalhando no comércio varejista de produtos alimentícios [n. 11.871 do SITI, de 1º.7.2011]; c) ao labor de duas crianças/adolescentes entre dez a quinze anos de idade trabalhando em lachonete [n. 7.780 do SITI, de 1º.2.2011]; d) ao labor de um adolescente entre dezesseis a dezessete anos de idade trabalhando na manutenção, limpeza e lubrificação de veículos automotores [n. 4.065 do SITI, de 12.1.2010]; e) ao labor de uma criança/adolescente entre dez a quinze anos de idade trabalhando na construção civil [n. 3.540 do SITI, de 9.10.2009]; entre outros (BRASIL, 2011i).

Estes dados e informações poderiam ser ainda mais exploradas se comparados com os percentuais de todo o Estado de Minas Gerais e do Brasil, mas que ora

---

(152) O IBGE aponta que Varginha, localizada no sul do Estado de Minas Gerais, com área de 395 m², possui população de 123.081 habitantes, após a realização do último senso.

deixa de apresentá-los, tendo em vista que o pano de fundo deste item é a demonstração de que o Ministério do Trabalho e Emprego e suas Superintendências Regionais vêm cumprindo seu papel de órgão responsável pela erradicação do trabalho infantil.

Outra importante demonstração de eficiência do Ministério do Trabalho e Emprego no combate ao trabalho infantil é a extraída da decisão oriunda do Tribunal de Justiça do Estado do Mato Grosso:

> APELAÇÃO CÍVEL — ESTATUTO DA CRIANÇA E DO ADOLESCENTE — INFRAÇÃO ADMINISTRATIVA — APLICAÇÃO DE MULTA — NULIDADE DO AUTO DE INFRAÇÃO — AUSÊNCIA DE ASSINATURA DE DUAS TESTEMUNHAS — IRRELEVÂNCIA — NÃO OBRIGATÓRIO — INTELIGÊNCIA DO ART. 194, LEI N. 8.069/1990 (ECA) — CERCEAMENTO DE DEFESA — INOCORRÊNCIA — TRABALHO DE MENOR EM VENDA DE BEBIDA ALCOÓLICA NA MADRUGADA — INFRAÇÃO ADMINISTRATIVA — IMPOSIÇÃO DE MULTA — RECURSO DESPROVIDO — O auto de infração e o relatório circunstanciado gozam de presunção relativa de veracidade. Meras alegações não têm o condão de desconstituí-los. Os proprietários de estabelecimentos comerciais têm o dever de zelar pelo cumprimento do disposto no Estatuto da Criança e do Adolescente e Portaria do Juizado da Infância e Juventude e respondem pelo descumprimento da proibição de manter adolescente em suas dependências, em trabalho no período noturno, ainda mais em venda de bebidas alcoólicas. (TJMT — Ap 8339/2011 — Rel. Des. Juracy Persiani — DJe 20.7.2011 — p. 22)

Verifica-se, por meio da análise detida da transcrição, que o papel do Ministério do Trabalho e Emprego é cada vez mais importante para o controle e fiscalização do trabalho infantil, a ponto do referido estabelecimento comercial, vendedor de bebidas alcoólicas na madrugada, possuir em suas dependências menores de dezoito anos, contrariando, portanto, todas as proposições jurídicas já demonstradas nesta pesquisa.

Já passou da hora de o Estado e da sociedade brasileira contribuir com estes órgãos de controle, aqui o Ministério do Trabalho e Emprego, pois, somente com investimento e boa vontade é que o Brasil conseguirá ser eficiente na erradicação do trabalho infantil.

5.3.2. O MINISTÉRIO PÚBLICO

O Ministério Público é instituição vocacionada à defesa da ordem jurídica e à promoção dos direitos fundamentais, seja no tocante ao cidadão visto de forma individual, seja de toda a coletividade. Ademais, este órgão milita diretamente nas mais variadas áreas do interesse da sociedade brasileira.

Por força dos arts. 127, 129, incisos II e III, e 227 e seu § 3º, todos da Constituição Federal de 1988, o Ministério Público e todos os seus membros devem agir de forma prioritária quando da evidência de trabalho de crianças e adolescentes em condição irregular.

Deste modo é que se observa a obrigação do Ministério Público como órgão de controle e verificação da existência do trabalho infantil.

Quanto aos procedimentos de atuação deste órgão no combate ao trabalho infantil, o *parquet* mantem diferenças em relação ao Ministério do Trabalho e Emprego, pois, enquanto neste há as comissões, programas e sistemas específicos em que os auditores fiscais devem agir sem qualquer discricionariedade, cabendo somente à execução de todas as suas responsabilidades, no *parquet* os procedimentos não são uniformes e padronizados, mas sim repressivos e de cunho pedagógico e preventivo.

Neste contexto, Xisto Tiago de Medeiros Neto afirma que:

[...] não há um procedimento padrão, uniforme, previamente elaborado, para a atuação do Ministério Público em tal questão, considerando a diversidade das situações de trabalho infantil encontradas e a complexidade inerente a cada uma delas, exigindo, assim, buscar-se a adequação e a ordem das medidas em consonância com o quadro observado.

[...]

[...] que a atuação, focada na criança e no adolescente, sempre assumirá a dimensão protetiva e assistencial, a partir da efetivação da sua retirada do trabalho, e, ao mesmo tempo, providenciando-se a inserção na escola ou o retorno, e, ainda, a integração em programas sociais e profissionalizantes, como é o exemplo do PETI.

A atuação terá natureza repressiva, em relação ao explorador, intermediário ou beneficiário do serviço, mediante a adoção de medidas judiciais objetivando a sua punição e responsabilização [...].

O Ministério Público também deve atuar, conforme previsto nos arts. 70 a 73 do ECA, de forma pedagógica e preventiva: realizando audiências públicas sobre a questão; participando de seminários e reuniões; integrando órgãos de defesa e promoção dos direitos da criança e do adolescente e promovendo campanhas educativas e de conscientização. (NOCCHI; VELLOSO; FAVA (orgs.). In: NETO, 2010, p. 274)

A referência transcrita é oriunda de um representante do Ministério Público do Trabalho. Mas há diferença na atuação contra o trabalho infantil em relação a este órgão e o Ministério Público dos Estados?

Xisto Tiago de Medeiros Neto também adentra nessa seara conflituosa, auxiliando no esclarecimento da questão. Para ele, em regra, o "Ministério Público do Estado atua prioritariamente na responsabilização civil e criminal dos pais, responsáveis e terceiros, enquanto que o Ministério Público do Trabalho promove a responsabilização trabalhista dos beneficiários do trabalho da criança e do adolescente" (NOCCHI; VELLOSO; FAVA (orgs.). In: NETO, 2010, p. 275).

Não seria prudente deixar de citar que mesmo não havendo um procedimento padrão, o Ministério Público, aqui sob pesquisa somente o do Trabalho, possui a

Coordenadoria de Combate à Exploração do Trabalho de Crianças e Adolescentes — Coordinfância, órgão de fomento originário, de onde tem decorrido as principais ações no combate ao trabalho de crianças e adolescentes.

A referida coordenadoria é dirigida por Rafel Dias Marques, Procurador Regional do Trabalho da 8ª Região, sendo que, à frente da instituição, afirma:

> [...] foi criada pela Portaria PGT n. 299, de 10 de novembro de 2000, com o objetivo de promover, supervisionar e coordenar ações contra as variadas formas de exploração do trabalho de crianças e adolescentes [...].
>
> No âmbito da Coordinfância, podem ser destacadas as seguintes atribuições: I — discutir e deliberar sobre questões e temas relativos ao trabalho da criança e do adolescente, para que a atuação da instituição se dê de forma articulada, integrada e uniforme; II — encaminhar aos órgãos competentes as questões e temas que não forem do âmbito de atuação da instituição; III — articular ações com os demais ramos do Ministério Público, órgão governamentais, entidades não governamentais e Organismos Internacionais, para um trabalho em parceria [...]; IV — realizar estudos, seminários e encontros sobre a temática; V — formalizar publicações sobre o tema para utilização interna e externa; VI — apoiar e subsidiar, com informações, estudos e publicações científicas [...]; VII — propor, após estudos [...] textos de anteprojetos de leis de mais atos normativos [...]; VIII — acompanhar a tramitação de projetos de lei e de outras normas nas áreas pertinentes à atuação da Coordenadoria [...]; IX — organizar e coordenar atuações concentradas, incluindo forças-tarefas, quando necessárias [...]; X — articular-se com as demais Coordenadorias Nacionais do Ministério Público do Trabalho [...]. (NOCCHI; VELLOSO; FAVA (orgs.). In: MARQUES, 2010, p. 306-307)

Como prova de que o Ministério Público do Trabalho e sua Coordenadoria Nacional, no que pertine ao trabalho infantil, vem cumprindo a obrigação de órgão também destinado ao combate a exploração de crianças e adolescentes trabalhando pelo Brasil, é visualizada quando da consulta feita em seu portal eletrônico, mais especificadamente na área de atuação transparece onde se observa milhares de temos de ajustamento de conduta [TACs] envolvendo a matéria.

Conforme foi desenvolvido perante o item atinente ao Ministério do Trabalho e Emprego, aqui também serão contextualizadas estas assertivas por meio da pesquisa eletrônica dos TACs, realizada diretamente no portal mencionado, porém selecionando como filtro a base de dados envolvendo o tema 7 — exploração do trabalho da criança e do adolescente — entre o período de 1º de janeiro de 2011 a 2 de novembro de 2011.

Na pesquisa realizada em 3 de novembro de 2011, constatou-se que no Brasil foram confeccionados mais de 600 Termos de Ajustamento de Conduta envolvendo o tema 7, razão pela qual conclui-se que em todas as Procuradorias Regionais do Trabalho há a chaga do trabalho infantil em pleno século XXI (BRASIL, 2011j).

Contrastando a publicação anteriormente demonstrada em relação aos dados do IBGE-PNAD, especificadamente quanto ao ano de 2009, quando o Brasil apresentou declínio quanto ao trabalho infantil, se comparados aos anos anteriores, com a consulta realizada junto ao portal transparência do Ministério Público do Trabalho, que entre janeiro a outubro de 2011 já foi lavrado mais de 600 Termos de Ajustamentos de Condutas, concluiu-se que muito ainda há por fazer, pois, é evidente que o Estado brasileiro permite centenas de "empregadores" explorarem a mão de obra de crianças e adolescentes de forma indiscriminada.

Um fato também recente desta exploração e do combativo papel do Ministério Público do Trabalho vem do Tribunal Regional do Trabalho da 22ª Região, em que restou constatada a presença do trabalho infantil em pleno matadouro municipal, ensejando a propositura de civil pública por parte do *parquet* trabalhista:

RECURSO ORDINÁRIO — AÇÃO CIVIL PÚBLICA — VIOLAÇÃO ÀS NORMAS DE SAÚDE, HIGIENE E SEGURANÇA DO TRABALHO — COMPETÊNCIA DA JUSTIÇA DO TRABALHO — Compete à Justiça do Trabalho julgar as ações que tenham como causa de pedir o descumprimento de normas trabalhistas relativas à segurança, higiene e saúde dos trabalhadores (Inteligência da Súmula n. 736 do STF). AÇÃO CIVIL PÚBLICA QUE VISA À PROTEÇÃO DO MEIO AMBIENTE DO TRABALHO — LEGITIMIDADE DO MINISTÉRIO PÚBLICO DO TRABALHO — Nos termos do art. 83, III, da Lei Complementar n. 75/1993, compete ao Ministério Público do Trabalho promover a ação civil pública no âmbito da Justiça do Trabalho para defesa de interesses coletivos, quando desrespeitados os direitos sociais constitucionalmente garantidos. Em casos como o dos autos, em que as agressões ao meio ambiente do trabalho se traduzem em ofensa à dignidade da pessoa humana e aos valores sociais do trabalho e envolvem interesses difusos e coletivos, é inegável a legitimidade do MPT para a propositura da ação civil pública correspondente. AÇÃO CIVIL PÚBLICA — MATADOURO PÚBLICO MUNICIPAL — PERMANÊNCIA DE CONDIÇÕES INDIGNAS DE TRABALHO E CONS-TATAÇÃO DE LABOR INFANTIL — INTERDIÇÃO QUE DEVE SER MANTIDA — Não merece ser provido o recurso que pleiteia a reabertura de matadouro público interditado em razão da constatação de labor infantil e de condições indignas de trabalho, sobretudo quando o recorrente não comprova a adoção de medidas concretas e eficazes para proibir o acesso de crianças e adolescentes no estabelecimento, para promover a dignidade, a saúde, a higiene e a segurança dentro do ambiente de trabalho, nem tampouco a implementação de política para inserir as crianças em programas sociais de erradicação do trabalho infantil. (TRT 22ª R. — RO 0052500-16.2008.5.22.0102 — Relª Desª Enedina Maria Gomes dos Santos — DJe 3.5.2010 — p. 12)

E é justamente por tais dados e contrastes que se justifica a premente necessidade do Estado aparelhar melhor seus órgãos, uma vez que estes, diuturnamente, vêm almejando combater e buscar a erradicação do trabalho infantil no

Brasil, logicamente o Ministério Público do Trabalho como peça fundamental desta engrenagem.

5.3.3. O PODER JUDICIÁRIO

Incluiu-se o Poder Judiciário nesta construção científica, muito em função de sua prestação jurisdicional em casos envolvendo o trabalho de crianças e adolescentes pelo Brasil. Mas é oportuno asseverar que este órgão somente será chamado para contribuir com a erradicação do trabalho infantil ou punir seus exploradores após provação da parte interesse, conforme dispõem os arts. 2º e 262, ambos do Código de Processo Civil.

Depois de provocado em relação ao trabalho infantil, o Poder Judiciário e seus magistrados, nos termos do art. 765 da Consolidação das Leis do Trabalho, terão ampla liberdade na direção do processo, além de lhes ser facultado determinar quaisquer diligências visando o esclarecimento da lide, a fim de formarem a convicção, para, se confirmada a exploração da criança e do adolescente, aplicar a penas permitidas em lei.

A importância do Poder Judiciário é ainda maior neste contexto, uma vez que grande parte da população brasileira é desconhecedora de seus direitos, quando, em função disso, os oportunistas se aproveitam para lesar, agredir e violentar a criança e o adolescente no ambiente laboral[153].

Daí surge à primeira conclusão: que o Judiciário não atua sozinho, em virtude de sua inércia, ensejando a população tomar seu lugar na sociedade, a fim de denunciar todas as formas e ofensas suportadas por crianças e adolescentes trabalhadoras, encaminhando ao Judiciário, por conseguinte, as informações para, então, ser prestada a função jurisdicional em defesa dos direitos.

Quanto aos magistrados, a responsabilidade para aqueles que atuam na área da infância e juventude é ainda mais importante, pois não podem apenas ater-se à aplicação técnica do direito, pois, em virtude da condição particular de pessoa em desenvolvimento, crianças e adolescentes são dotadas de estados psicológicos peculiares, inerentes a essa idade. Sendo assim, quando chegam a sofrer lesões de índole física ou moral, não podem ser equiparadas aos adultos, visto que não possuem o mesmo poder de absorção dos fatos (LIBERATI; DIAS, 2006, p. 100).

A função do juiz como parte da mesma engrenagem da erradicação do trabalho infantil e na defesa dos interesses difusos de crianças e adolescentes, sobreleva seu

---

(153) Muitos casos ainda não são levados ao Judiciário, o que contribui para que inúmeras crianças e adolescentes continuem sofrendo agressões físicas e morais, em virtude do trabalho árduo que exercem, visto não terem maturidade suficiente para entenderem as consequências que podem advir desses danos.

papel precípuo e o objetivo na busca e a concretização da justiça e da equidade no lugar da fria aplicação dos textos legais.

José João Calanzani, com simplicidade, trata sobre o papel do magistrado na busca da justiça social aqui debatida: "[...] é essencial que o juiz espalhe seus tentáculos, na análise da realidade social existente à sua volta, para, posteriormente, decidir". "Não basta ao juiz conhecer as leis e o direito, se, ao aplicá-los, não verifica, in loco, as circunstâncias do fato que motivou a busca do Judiciário". E completa: "Talvez o Judiciário devesse buscar inspiração na música 'Nos bailes da vida', de Milton Nascimento e Fernando Brant: 'Todo artista tem de ir onde o povo está'. Parodiando a letra, o verso ficaria assim: O Judiciário tem de ir onde o povo está" (CALANZANI, 2009, p. 35-39).

Se o Poder Judiciário tem de ir onde o povo está, competem a seus magistrados, peritos, assistentes sociais, entre outros membros do poder judicante, a sinergia com a causa e consequências que o trabalho infantil se apresenta por todos os rincões do Brasil.

Diante dos dato extraídos do IBGE-PNAD, dos TACs e Autos de Infrações, bem como de todas as violências constatadas as crianças e aos adolescentes mencionadas nesta seção, conclui-se que o certo é que, apesar dos os órgãos aqui citados, entre outros, ainda há muito por fazer e lutar.

Por isso é necessário chamar a sociedade brasileira à ordem, ungindo em debates e construção de ideias e políticas públicas à procura de soluções, tendo presente que a erradicação das violências do trabalho infantil é uma tarefa difícil, porém, não impossível.

Considerações Finais

Diversas transformações no mundo do trabalho infantil foram apresentadas ao longo desta pesquisa, seja no que se refere à evolução histórica do labor de crianças e adolescente ou sob a ótica do Direito internacional e pátrio, a ponto de objetivar e concluir que desde que o mundo é mundo há o trabalho infantil arraigado na sociedade, mesmo com inúmeras proposições jurídicas que tutelam a proteção destes indivíduos em pleno desenvolvimento físico, psíquico e social.

Do trabalho infantil escravo, doméstico e rural antes da Revolução Industrial, para, em seguida, crianças e adolescentes serem alocados em atividades fabris, e nos dias de hoje serem vistos trabalhando por toda parte, comprova-se que muitas vezes a causa de tais abusos gira em torno da ingenuidade destas pessoas, da situação econômica do grupo familiar no qual estão inseridos, da busca desenfreada pela lucratividade ou do oportunismo por parte dos empregadores e/ou da própria ineficiência de fiscalização por parte do Estado.

Enquanto no período da Revolução Industrial restou caracterizado o abuso de empregadores no que se refere à exigência de labor em longas jornadas, não pagando salário ou pagando em valores aquém para uma vida digna, constantes desgastes físicos e psicológicos e até mesmo sexuais, a exploração desta classe de trabalhadores ensejou o aparecimento de proposições jurídicas, mesmo que de forma principiológica, criadas a partir de 1890, por meio da Conferência de Berlim e da Encíclica Papal *Rerum Novarum*.

A Liga das Nações, o subsequente Tratado de Versailles e, após, a criação da Organização Internacional do Trabalho serviu para desencadear um processo de universalização e internacionalização dos direitos humanos, aqui a proteção da criança e do adolescente, quando se delibera e publica as primeiras proposições jurídicas denominadas de Convenções e Recomendações, capazes de constituir, prescrever, definir e valorar a obrigação dos Estados-membros em inserirem em seus ordenamentos normativos internos a regulação na norma trabalhista protetiva.

Entre as proposições jurídicas convencionais e recomendatórias aos Estados--Membros, pode-se concluir que a limitação da idade mínima para o trabalho, a proibição do trabalho noturno, perigoso, insalubre ou penoso, a exigência de exames médicos periódicos e a discriminação das piores formas de trabalho infantil, muito foram, como ainda são; úteis para cumprirem com o papel de proteger crianças e adolescentes em plena atividade laboral, fomentando seus estudos, a boa alimentação, a convivência com seus familiares, praticar esporte, se divertir etc.

Com a regulação internacional do trabalho infantil, os países do Mercosul, dentre eles o Brasil, passaram a legislar e buscar uma forma de criar condições de coibir o trabalho em relação ao sexo, masculino ou feminino, faixa etária, nas áreas rural ou urbana, no serviço doméstico, nos artesanatos, nas indústrias, como também em razão do grau de instrução das crianças e adolescentes envolvidos, uma vez que as causas principais do referido labor neste marcado regional também está intimamente ligada à miséria, às condições socioeconômicas dos países, à desestruturação familiar e aos aspectos culturais de cada nação.

Quanto à proteção do trabalho infantil no Brasil e à dificuldade em combater esta mazela social, o Estado, ao se cuidar da regulação flexibilizadora do labor de crianças e adolescentes, acabou por permitir, inevitavelmente, o ingresso destes indivíduos no mercado de trabalho.

No sentido de limitar esta permissividade, bem como criar mecanismos de controle, o próprio Estado desencadeou ao longo de sua história a criação de proposições jurídicas, destacadas nesta dissertação uma vez ser o pano de fundo do objeto da pesquisa.

Sobre as proposições jurídicas como fonte e instrumento de proteção social contra o trabalho infantil, partindo do pressuposto de que os direitos e garantias fundamentais do homem foram inspirados em valores históricos, surgidos em dado momento na comunidade, capazes de acompanhar suas transformações históricas, vinculando ideias, intenções, conceituações e valorações do que hoje se denomina de um sistema de proteção jurídica, destacam-se pela importância do respeito as normas de proteção especial, a partir dos princípios constitucionais da dignidade da pessoa humana, da universalização dos direitos humanos, muito em função da tradição jusfilosófica, histórica e contemporânea, nesta pesquisa divididas e classificadas em: a) descritivas ou enunciativas, declarativas e indicativas; b) proposições prescritivas ou normativas; e, c) proposições valorativas ou afirmações baseadas em valores.

Como proposições descritivas ou definições jurídicas, delimitou-se como qualquer outro enunciado que tenha definição certa, uma vez que é constatada pela experiência. Ao relacionar-se com a proteção social do trabalho infantil, tal proposição define, entre outras, o sentido do termo "menor", quando a Constituição Federal de 1988 intitula como "crianças e adolescentes", ou "jovem", a partir da Emenda Constitucional n. 65/2010.

As proposições prescritivas tidas como um conjunto de palavras que possuem um significado em sua unidade, restou delimitada como aquelas por meio das quais pretende exercer influência no comportamento individual ou coletivo, próprio da linguagem normativa, constituindo preceitos normativos que dizem o que é ou o que deve ser. Quando se relaciona com a proteção social aqui trazida, a mesma proíbe, entre outras, o trabalho aos menores de dezesseis anos de idade, salvo na condição de aprendiz, a partir dos quatorze anos [art. 403 da CLT]; a exigência do empregador conceder o tempo necessário para a criança ou adolescente frequentar a escola [art. 427 da CLT].

E as proposições valorativas, como também notado nesta pesquisa, são ferramentas para viabilizar o entendimento teórico ou doutrinário, vistas como juízos de valores, observando-se a qualidade das pessoas ou objetos, além de possibilitar o reconhecimento de teses, regras, normas, leis e todo o ordenamento jurídico como bom ou ruim, justo ou injusto, conveniente ou inconveniente, adequado ou inadequado, segundo a persuasão do espírito de cada juiz ou intérprete. Ao se relacionar com o presente tema, enseja, entre outras, que a exploração do trabalho infantil é injusta e prejudicial ao desenvolvimento da criança e do adolescente ao laborarem durante a jornada noturna.

Mesmo diante de tantas proposições jurídicas relacionadas nesta pesquisa, quanto à idade mínima para o trabalho; o labor noturno, perigoso, insalubre e penoso; em locais prejudiciais à formação e ao desenvolvimento físico, psíquico, moral e social; e quanto à duração do trabalho e à condição física da criança e do adolescente, o trabalho infantil ainda encontra foco em todas as regiões do Brasil, majorando a violência acometida do Estado para o próprio Estado, da sociedade para a sociedade, quando passa ser comumente fácil encontrar crianças e adolescentes em pleno exercício laboral, desrespeitando, assim, as referidas proposições jurídicas, segregando, por conseguinte, os sonhos de jovens que nem chegaram à fase adulta e já se encontram comprometidos com o labor.

Esta pesquisa almejou demonstrar que a violência nas relações trabalhistas em face do labor infantojuvenil está baseada em relações de poder, na apropriação do trabalho alheio estribado pelo desvalor subjetivo da ação juridicamente esperada e na impunidade do Estado, fazendo parte de uma das piores formas de abuso e discriminação que a criança ou adolescente podem sofrer, além de atentar contra todas as proposições prescritivas, descritivas e valorativas que corroboram a necessidade de fomentar a proteção dos menores em razão da dignidade da pessoa humana.

A violência às proposições jurídicas é encontrada no trabalho infantil de âmbito rural, quando estes jovens estão engajados muitas vezes perante a relação familiar ou nas ocasiões em que seus pais são contratados, e, por conseguinte, seus filhos acabam acompanhando-os ao ambiente de trabalho.

No mesmo sentido é o labor no âmbito doméstico, quando se destacou parecer o mesmo ser de fácil aceitação por parte da sociedade, uma vez aparentar uma falsa noção de inserção das crianças, em sua maioria meninas pobres, negras ou pardas e de baixa escolaridade, em uma modalidade laboral mais humana, tendo em vista que estas se desenvolvem em ambiente familiar. Ademais, além de prestar o serviço doméstico, tais menores são compelidos, como também demonstrados na pesquisa, a abusos sexuais.

Quanto às violências as proposições jurídicas que protegem a inserção da criança e do adolescente na coleta do lixo, a mazela social apresentada restou contratada com inúmeras justificativas, entre elas a de famílias que se veem compelidas a buscar no lixo meios para sua sobrevivência e, com isso, terminam por introduzir também seus filhos nessa tarefa desumana.

No que tange o labor infantil na construção civil, olarias e carvoarias, a violência se resumiu no plano comparativo em que, de um lado, demonstrou-se o descumprido das proposições jurídicas que definem serem esses locais um ambiente perigoso e insalubre, além de causadores de inúmeras complicações [físicas, sociais, psicológicas, educacionais etc.] aos menores trabalhadores, para, de outro lado, contrastá-las com a permissividade de dezenas de casos em que os empregadores, em pleno século XXI, continuam contratando esses indivíduos, tendo em vista serem eles de uma mão de obra barata, não questionadora e principalmente forte.

Todos estes contrates, violências às proposições jurídicas e seus fatos reais, foram apresentados de forma a somar com os dados estatísticos, oriundos de diversas pesquisas, entre as quais destacam-se a Pesquisa Nacional por Amostra de Domicílios — PNAD, do IBGE; o Instituto de Economia Aplicada — IPEA; o Lumen Instituto de Pesquisa, PUC Minas e Instituto da Criança e do Adolescente, encomendada pela OIT; a pesquisa desenvolvida, aplicada e publicada por Grasiele Augusta Ferreira Nascimento, transformada na obra *Educação e o trabalho do adolescente;* a pesquisa desenvolvida pela Universidade Federal do Estado de Minas Gerais — UFMG, no que se refere à atividade nas carvoarias em Minas Gerais, apresentada por Haim Grunspun na obra *O trabalho das crianças e dos adolescente*; a pesquisa Associação Brasileira Multiprofissional de Proteção à Infância e à Adolescência — ABRAPIA, apresentada por Guilherme Guimarães Feliciano, publicada na Revista da AMATRA XV; a realizada por Cristiana Porto, Iolanda Huzalk e Jô Azevedo, também transformada na obra *O trabalho infantil: o difícil sonho de ser criança*, e muitas outras contextualizadas nesta obra.

Nelas se pôde observar a existência do trabalho infantil em praticamente todas as atividades, seja no âmbito familiar, comercial, industrial, de serviços, rural etc.; e, para melhorar estes dados, números e percentuais, o Estado delega suas responsabilidades aos órgãos de proteção como o Ministério do Trabalho e Emprego, ao Ministério Público e ao Poder Judiciário, além dos pais, como também de toda a família envolvida nesta seara protetiva.

Do ponto de vista do Ministério do Trabalho e Emprego, almejou-se construir o pensamento de que é cada vez mais importante o investimento e a boa vontade nos atos de fiscalização, bem como o subsídio do Estado e de toda a sociedade, tendo em vista que este órgão é o primeiro a defender os interesses do próprio Estado e de suas proposições jurídicas no controle e erradicação do trabalho infantil.

Quanto ao Ministério Público, estudual ou do trabalho, na pessoa de seus promotores e procuradores do trabalho, a partir dos arts. 127, 129, incisos II e III, e 227 e seu § 3º, todos da Constituição Federal de 1988, devem agir de forma prioritária quando da evidência de trabalho de crianças e adolescentes em condição irregular. Desta forma, observaram-se centenas de atos de fiscalização e confecção de Termos de Ajustamentos de Condutas [mais de 600 TACs], corroborando com a assertiva de que o Estado deposita nestes órgãos uma pesada responsabilidade na erradicação do trabalho infantil.

Também se destacou a responsabilidade do Poder Judiciário na prestação do serviço jurisdicional, notadamente como órgão chamado a partir da respectiva provocação, a fim de também contribuir com a erradicação do trabalho infantil e punir os exploradores que tomarem para si o sangue e o suor de crianças a adolescentes, desrespeitando, portanto, as proposições jurídicas.

Diante da história do trabalho infantil apresentada, das proposições jurídicas internacionais e pátrias, dos dados extraídos de pesquisas e do papel dos órgãos de controle e fiscalização, conclui-se em ligeiras assertivas de que há muito por fazer e lutar.

Por isso é necessário chamar a sociedade brasileira à ordem, ungindo em debates e construção de ideias e políticas públicas a procura de soluções, tendo presente que a erradicação das violências do trabalho infantil é uma tarefa difícil, porém, não impossível.

Os pais, sociedade civil organizada, Estado, promotores e procuradores do trabalho, magistrados e a todos que de uma forma direta ou indiretamente estejam envolvidos no processo de universalização dos direitos humanos, no fomento pela dignidade do trabalho e na proteção especial e prioritária de crianças e adolescentes, devem tratar e lutar contra a existência do labor infantil desregrado e diverso às proposições jurídicas de um Brasil, vivendo no século XXI, porém com as mesmas mazelas que volvem ao início do século XX.

Também não é bastante o ato de enfrentar as mazelas e conhecer as proposições jurídicas, sem que seja divulgada, publicada e efetivamente universalizada a consciência social de que o trabalho infantil não gera lucro ou vantagens para os tomadores de serviços, se ponderar o peso de uma punição severa, perpassando pelos autos de infração, decisões judiciais, multas por descumprimento de Termos de Ajustamento de Conduta, advertência aos pais e familiares, além de aplicar umas das penas mais gravosas no Direito, quais sejam, aquelas que doem no bolso do infrator e/ou que privem a sua liberdade de ir e vir, notadamente fruto do Direito Penal, conforme demonstradas nesta pesquisa.

Como proposta visando à solução ou ao menos a redução percentual de todas estas chagas, sugere-se: a) o desenvolvimento de programas televisivos e de rádios, por serem veículos de comunicação de massa, a fim de ampliar o canal entre a sociedade e o acesso às informações de interesse público e social, aqui voltados à erradicação do trabalho de crianças e adolescentes; b) o oferecimento de cursos ou projetos relacionados de extensão universitária, nos quais estudantes dos cursos de direito, serviço social, psicologia, entre outros, poderão estar mais próximos da sociedade, informando-os de seus direitos, deveres e demais responsabilidades atinentes ao labor de crianças e adolescentes, mantendo sempre vivo a postura acadêmico-científica em promover o bem comum e o cumprimento das proposições jurídicas; c) a promoção de campanhas educativas no sentido de inibir a aquisição, pela sociedade, de produtos fabricados, produzidos, vendidos ou revendidos a partir da exploração do trabalho infantil; d) a mudança de postura, ou de fundamento, por parte do Estado e seus respectivos órgãos de controle, no sentido de majorar as penas daqueles que aproveitam e se enriquecem com o suor e sangue de crianças e adolescentes inseridos indevidamente no mercado de trabalho.

Se tais iniciativas se resumem em um trabalho árduo e constante, visando erradicar o trabalho infantil, não há dúvida de que é o "agora" o ponto de partida desta ação coletiva e universal, mesmo que os frutos sejam colhidos em gerações futuras.

Referências

AGÊNCIA DE NOTÍCIAS DOS DIREITOS DA INFÂNCIA — ANDI. *Piores formas de trabalho infantil,* Brasília: ANDI, n. 2, out./dez. 2004.

ARGENTINA. Constituição (1953). *Constituição Nacional da República da Argentina.* Disponível em: <http://www.senado.gov.ar/web/interes/constitucion/cuerpo1.php> Acesso em: 2.9.2011.

ASSOCIAÇÃO BRASILEIRA DE MAGISTRADOS, PROMOTORES DE JUSTIÇA E DEFENSORES PÚBLICOS DA INFÂNCIA E DA JUVENTUDE — ABMP. A trajetória do combate à exploração do trabalho infantil. *Ministério da Previdência e Assistência Social.* Disponível em: <http://www.abmp.org.br/textos/92.htm> Acesso em: 17.10.2011.

AUGUSTINI, Camila. *Trabalho infantil x direito à propriedade:* a exploração de mão de obra mirim em carvoarias fere o princípio da função social da propriedade. Disponível em: <http://www.mp.rs.gov.br/infancia/doutrina/id142.htm> Acesso em: 3.11.2011.

BANDEIRA, Manuel. *Os meninos carvoeiros.* Disponível em: <http://www.luso-poemas.net/modules/news03/article.php?storyid=712> Acesso em: 3.11.2011.

BARROS, Alice Monteiro de. *Curso de direito do trabalho.* 3. ed. São Paulo: LTr, 2008.

BÍBLIA. Português. *Bíblia sagrada.* Edição Pastoral. Tradução de Ivo Storniolo *et al.* São Paulo: Paulus, 1990.

BOBBIO, Norberto. *O positivismo jurídico:* lições de filosofia do direito. Tradução de Márcio Pugliesi. São Paulo: Ícone, 2006.

_____. *Teoria da norma jurídica.* Tradução de Fernando Pavan Baptista e Ariane Bueno Sudatti. Bauru: Edipro, 2001.

_____. *A era dos direitos.* Tradução de Carlos Nelson Coutinho. Rio de Janeiro: Elsevier, 2004.

BRANCO, Castelo. Olaria explora trabalho infantil no Puraquequara, em Manaus. *Em Tempo.* Disponível em: <http://www.amazonia.org.br/noticias/print.cfm?id=27440> Acesso em: 3.11.2011.

BRANCO, Ana Paula Tauceda. *A colisão de princípios constitucionais no direito do trabalho.* São Paulo: LTr, 2007.

BRASIL. Constituição (1988). *Constituição da República Federativa do Brasil*. 45. ed. São Paulo: Saraiva, 2011a.

_____. *Consolidação das leis do trabalho*. 38. ed. São Paulo: LTr, 2011b.

_____. *Estatuto da criança e do adolescente*. 18. ed. São Paulo: Saraiva, 2011c.

_____. Câmara dos deputados. *Relatório sobre a exploração do trabalho de crianças e adolescentes*. Disponível em: <http://www2.camara.gov.br/atividade-legislativa/comissoes/comissoes-permanentes/cdhm/relatorios/exploracaocriancas.html> Acesso em: 2.11.2011d.

_____. *Projeto de Lei do Senado n. 301/2006*. Disponível em: <http://legis.senado.gov.br/mate-pdf/8923.pdf> Acesso em: 13.10.2011e.

_____. Tribunal Superior do Trabalho. *Embargos declaratórios em Agravo de Instrumento em Recurso de Revistan. 9/2006-027-13-40.7,* Relator Ministro Guilherme Augusto Caputo Bastos, Brasília, p. 593, DJe 3.6.2011f.

_____. *Ministros do trabalho do Mercosul se reúnem*. Disponível em: <http://portal.mte.gov.br/imprensa/ministros-do-trabalho-do-mercosul-se-reunem/palavrachave/mercosul.htm> Acesso em: 5.11.2011g.

_____. *Finalidade da CONAETI*. Disponível em:<http://www.mte.gov.br/trab_infantil/finalidade.asp> Acesso em: 5.11.2011h.

_____. *Detalhamento do foco de trabalho infantil na cidade de Varginha-MG, realizada por meio de consulta junto ao SITI 1.0*. Disponível em: <http://sistemasiti.mte.gov.br/> Acesso em: 6.11.2011i.

_____. *Pesquisa realizada por meio da consulta junto ao site portal transparência*. Disponível em:<http://mpt.gov.br/portaltransparencia/consultatac.php> Acesso em: 6.11.2011j.

_____. Emenda Constitucional n. 65/2010. Altera a denominação do Capítulo VII do Título VIII da Constituição Federal e modifica o seu art. 227, para cuidar dos interesses da juventude. *Diário Oficial [da] República Federativa do Brasil,* Brasília, ano CXLVII, n. 133, p. 1, 14 jul. 2010, seção 1, p. 1.

_____. Decreto n. 6.481, de 12 de junho de 2008. Regulamenta os arts. 3º, alínea "d", e 4º da Convenção n. 182 da Organização Internacional do Trabalho (OIT) que trata da proibição das piores formas de trabalho infantil e ação imediata para sua eliminação, aprovada pelo Decreto Legislativo n. 78, de 14 de dezembro de 1999, e promulgada pelo Decreto n. 3.597, de 12 de setembro de 2000, e dá outras providências. *Diário Oficial [da] República Federativa do Brasil,* Brasília, ano CXLV, n. 112, p. 1, 16 jun. 2008, seção 1, p. 1.

_____. *Como trabalhar nos países do Mercosul:* guia dirigido aos nacionais dos estados--partes do Mercosul. Brasília: MTE, 2010.

_____. Decreto n. 5.005/2004. Promulga a Convenção n. 171 da Organização Internacional do Trabalho relativa ao Trabalho Noturno. *Diário Oficial [da] República Federativa do Brasil,* Brasília, ano CXLI, n. 46, p. 1-2, 9 mar. 2004, seção 1, p. 1.

_____. Tribunal Superior do Trabalho. *Recurso de Revista n. 449.878/98.5,* Relator, Brasília, p. 593, DJe 19 abr. 2002.

_____. Portaria n. 20, de 13 de setembro de 2001. Proíbe o trabalho do menor de 18 anos nas atividades que especifica. *Diário Oficial [da] República Federativa do Brasil,* Brasília, ano CXXXV, n. 177, p. 33, 14 set. 2001, seção 2, p. 3.

_____. Decreto n. 678/1992. Promulga a Convenção Americana sobre Direitos Humanos (Pacto de São José da Costa Rica), de 22 de novembro de 1969. *Diário Oficial [da] República Federativa do Brasil,* Brasília, ano CXXX, n. 214, p. 6-9 nov. 1992, seção 1, p. 1.

_____. Decreto n. 73.626/1974. Aprova Regulamento da Lei n. 5.889, de 8 de junho de 1973. *Diário Oficial [da] República Federativa do Brasil,* Brasília, p. 1642, 13 fev. 1974, seção 1, p. 1.

_____. Lei n. 5.889/1973. Estatui normas reguladoras do trabalho rural e dá outras providências. *Diário Oficial [da] República Federativa do Brasil*, Brasília, 11 jun. 1973.

BUFALO, Paulo Roberto. *Trabalho infantil:* políticas públicas e a concepção emancipatória do trabalho. Dissertação de mestrado em educação. Campinas: Faculdade de Educação, Universidade Estadual de Campinas, 2008.

CALANZANI, José João. *Metáforas jurídicas.* 2. ed. Belo Horizonte: Fórum, 2009.

CARAZZAI, Luiz Renato. Psiquiatria aponta problemas. *Revista Anamatra*, maio 1999.

CASTRO, Flávia Lages de. *História do direito:* geral e Brasil. 8. ed. Rio de Janeiro: Lumen Juris, 2010.

CEARÁ. Procuradoria Regional do Trabalho da 7ª Região. *Termo de Ajustamento de Conduta n. 820/2011.* Francisco Viana de Barros e Ministério Público do Trabalho — Procuradoria Regional do Trabalho da 7ª Região — Procuradoria do Trabalho no município de Sobral, Procuradora Ana Valéria Targino de Vasconcelos, Sobral, 4 out. 2011.

CENTRAL ÚNICA DOS TRABALHADORES. *A CUT contra o trabalho infantil.* Disponível em: <http://www.abmp.org.br/textos/83.htm> Acesso em: 3.10.2011.

CERVANTES, Miguel de. *Dom Quixote de La Mancha.* Disponível em: <http://www.ebooksbrasil.org/eLibris/quixote1.html> Acesso em: 16.8.2011.

CHAUI, Marilena. Ética e violência. *Teoria & Debate*, São Paulo, ano 11, n. 39. Disponível em: <http://www2.fpa.org.br/o-que-fazemos/editora/teoria-e-debate/edicoes-anteriores/ensaio-etica-e-violencia> Acesso em: 26.10.2011.

CHERMONT, Leane Barros Fiuza de Mello. *O trabalho doméstico e a violência contra a criança e o adolescente.* Disponível em: <http://www.abmp.org.br/textos/109.htm> Acesso em: 25.10.2011.

COMPARATO, Fábio Konder. *A afirmação histórica dos direitos humanos.* 6. ed. São Paulo: Saraiva, 2008.

CORRÊA, Lelio Bentes; VIDOTTI, Tarcísio José (coords.). Trabalho infantil e direitos humanos: homenagem a Oris de Oliveira. In: KASSOUF, Ana Lúcia. *A ameaça e o perigo à saúde impostos às crianças e aos jovens em determinados trabalhos.* São Paulo: LTr, 2005. cap. 5.

_____. Trabalho infantil e direitos humanos: homenagem a Oris de Oliveira. In: MELLO, Maurício Correia de. *A obrigação de indenizar os danos morais decorrentes da exploração do trabalho infantil doméstico*. São Paulo: LTr, 2005. cap. 7.

CRETELLA JÚNIOR, José. *Curso de direito romano*. 29. ed. Rio de Janeiro: Forense, 2004.

DELGADO, Mauricio Godinho. *Curso de direito do trabalho*. 10. ed. São Paulo: LTr, 2011.

ESPÍRITO SANTO. Tribunal Regional do Trabalho da 17ª Região. *Recurso Ordinário n. 172000-58.2006.5.17.0012*, Relatora Desembargadora Cláudia Cardoso de Souza, p. 23, DJe 12 jul. 2010.

FELICIANO, Guilherme Guimarães. Violência sexual contra a criança e o adolescente no marco de precarização das relações do trabalho. *Revista da Associação dos Magistrados da Justiça do Trabalho da 15ª Região — AMATRA XV*, São Paulo: LTr, n. 3, p. 72-109, 2010.

FERRARI, Irany; NASCIMENTO, Amauri Mascaro; MARTINS FILHO, Ives Gandra da Silva. *História do trabalho, do direito do trabalho e da justiça do trabalho*: homenagem a Armando Casimiro Costa. 2. ed. São Paulo: LTr, 2002.

FERREIRA FILHO, Manoel Gonçalves. *Direitos humanos fundamentais*. 10. ed. São Paulo: Saraiva, 2008.

FOLHA VITÓRIA. *Máfia do carvão explora trabalho infantil no norte do Estado*. Disponível em: <http://www.folhavitoria.com.br/geral/noticia/2011/07/mafia-do-carvao-explora-trabalho-infantil-no-norte-do-estado.html> Acesso em: 3.11.2011.

FONSECA, Ricardo Tadeu Marques. *A idade mínima para o trabalho*: proteção ou desamparo? Disponível em: <http://www.abmp.org.br/textos/87.htm> Acesso em: 26.9.2011.

_____. *O trabalho de crianças e adolescentes no Brasil do século XXI*. Disponível em: <http://bdjur.stj.gov.br/xmlui/bitstream/handle/2011/18345/O_Trabalho_de_Crian%C3%83%C2%A7as_e_Adolescentes.pdf?sequence=2> Acesso em: 13.7.2010.

FUNDO DAS NAÇÕES UNIDAS PARA A INFÂNCIA — UNICEF. *Convenção sobre os Direitos da Criança*. Disponível em: <http://www.unicef.pt/docs/pdf_publicacoes/convencao_direitos_crianca2004.pdf> Acesso em: 27.9.2011.

CARCIA, Gustavo Filipe Barbosa. *Curso de direito do trabalho*. São Paulo: Método, 2007.

GÓIS, Antônio; BANDEIRA, Luíza; MAGENTA, Matheus. Brasil ainda tem 1 milhão de crianças que trabalham. *Folha de S. Paulo*. Disponível em: <http://www1.folha.uol.com.br/poder/1026992-brasil-ainda-tem-1-milhao-de-criancas-que-trabalham.shtml> Acesso em: 28.12.2011.

GRANCONATO, Elaine. O ministério do trabalho irá apurar o trabalho infantil. *Diário do Grande ABC*. Disponível em: <http://www.dgabc.com.br/News/5887822/ministerio-ira-apurar-o-trabalho-infantil.aspx> Acesso em: 2.11.2011.

GRUNSPUN, Haim. *O trabalho das crianças e dos adolescentes*. São Paulo: LTr, 2000.

HENIG, Ruth. *O tratado de Versailles*: 1919-1933. Tradução de Lolio Lourenço de Oliveira. São Paulo: Ática, 1991.

INAGUE, Thiago Rodrigues. *A história e consequência da revolução francesa no direito do trabalho*. Disponível em: <http://intertemas.unitoledo.br/revista/index.php/ETIC/article/viewFile/2576/2224> Acesso em: 9.12.2011.

INSTITUTO BRASILEIRO DE GEOGRAFIA E ESTATÍSTICA — IBGE. *Pesquisa Nacional por Amostra de Domicílios:* síntese de indicadores 2009. Rio de Janeiro: IBGE, 2010.

_____ . *Pesquisa nacional por amostra de domicílios*: síntese de indicadores 2008. Rio de Janeiro: IBGE, 2009.

_____ . *Pesquisa nacional por amostra de domicílios*: síntese de indicadores 2005. Rio de Janeiro: IBGE, 2006.

JINKINGS, Daniella. Para secretária, desigualdades regionais não justificam exploração do trabalho infantil. *Agência Brasil*. Disponível em: <http://agenciabrasil.ebc.com.br/noticia/2011-10-25/para-secretaria-desigualdades-regionais-nao-justificam-exploracao-do-trabalho-infantil> Acesso em: 1º.11.2011.

LABO, Alfredo (coord.). *A aventura de crescer*: brincar e explorar é o trabalho da criança. Rio de Janeiro: Rio Gráfica, 1985.

LEÃO XIII. *Encíclica Rerum Novarum*. Roma, 1891. Disponível em: <http://www.vatican.va/holy_father/leo_xiii/encyclicals/documents/hf_l-xiii_enc_15051891_rerum-novarum_po.html> Acesso em: 15.9.2011.

LIBERATI, Wilson Donizeti; DIAS, Fábio Muller Dutra. *Trabalho infantil*. São Paulo: Malheiros, 2006.

LOPES, Roberta. Ministro do Trabalho considera "muito graves" as autorizações dadas pela Justiça para trabalho infantil. *Agência Brasil*. Disponível em: <http://agenciabrasil.ebc.com.br/noticia/2011-10-25/ministro-do-trabalho-considera-muito-graves-autorizacoes-dadas-pela-justica-para-trabalho-infantil> Acesso em: 1º.11.2011.

MANTOUX, Paul. *A revolução industrial no século XVIII*. Tradução de Sônia Rangel. São Paulo: Hucitec, 1999.

MARTINS, Sergio Pinto. *Direito do trabalho*. 25. ed. São Paulo: Atlas, 2009.

MARTINS, Adalberto. *A proteção constitucional ao trabalho da criança e adolescente*. São Paulo: LTr, 2002.

MATO GROSSO, Procuradoria Regional do Trabalho da 23ª Região, *Termo de Ajustamento de Conduta n. 506/2011*, Maurício Cavalcante ME e Ministério Publico do Trabalho — Procuradoria Regional do Trabalho da 23ª Região, Procuradora Thaylise Campos Coleta de Souza Zaffani, Cuiabá, 13 out. 2011.

_____ . Tribunal de Justiça do Estado do Mato Grosso, *Apelação Cível n. 8.339/2011*, Relator Desembargador Juracy Persiani, Cuiabá, p. 22, DJe 20 set. 2011.

MEDEIROS, Alexandre. Os anjos das cinzas. *Revista Época*. Disponível em:<http://epoca.globo.com/edic/19981130/socied1.htm> Acesso em: 3.11.2011.

MINAS GERAIS, Procuradoria Regional do Trabalho da 3ª Região. *Campanha informativa sobre o trabalho infantil doméstico*. Disponível em:<http://www.prt3.mpt.gov.br/imprensa/?p=926> Acesso em: 25.10.2011.

_____. Tribunal Regional do Trabalho da 3ª Região. Recurso Ordinário n. 00705-2007-143-03-00-1, Relatora Juíza Maria Cristina D. Caixeta, DJe 3 jun. 2008.

MINHARRO, Erotilde Ribeiro dos Santos. *A criança e o adolescente no direito do trabalho*. São Paulo: LTr, 2003.

MONTEIRO, Flávia Marina de Barros. *O ministério público e a atuação de crianças na televisão*. Disponível em: <http://www.juridicoemtela.com.br/wp/2010/03/12/o-ministerio-publico-e-a-atuacao-de-criancas-na-televisao/> Acesso em: 22.12.2011.

NASCIMENTO, Amauri Mascaro. *Iniciação ao direito do trabalho*. 36. ed. São Paulo: LTr, 2011.

_____. *Curso de direito do trabalho*. 19. ed. São Paulo: Saraiva, 2004.

NASCIMENTO, Grasiele Augusta Ferreira. *A educação e o trabalho do adolescente*. Curitiba: Juruá, 2009.

_____. (org.). Direito das minorias: proteção e discriminação no trabalho. In: NASCIMENTO, Amauri Mascaro. *A proteção contra as piores formas de trabalho infantil*. Campinas: Alínea, 2004.

NOCCHI, Andrea Saint Pastous; VELLOSO, Gabriel Napoleão; FAVA, Marcos Neves (orgs.). Criança, adolescente, trabalho. In: JÚNIOR, Francisco Milton Araújo; MARANHÃO, Ney Stany Morais. *Considerações sobre o combate à exploração do trabalho infantil*: bosquejo histórico, proteção jurídica e realidade humana. São Paulo: LTr, 2010. cap. 1.

_____. Criança, adolescente, trabalho. In: SOUSA, Maria do Socorro Almeida de. *Idade mínima para o trabalho na ordem jurídica brasileira*. São Paulo: LTr, 2010. cap. 4.

_____. Criança, adolescente, trabalho. In: COLUCCI, Viviane; LEITE, Roberto Basilone. *Trabalho na infância e na adolescência*: a autorização judicial em face da Constituição. São Paulo: LTr, 2010. cap. 4.

_____. Criança, adolescente, trabalho. In: NETO, Xisto Tiago de Medeiros. *Trabalho infantil e fundamentos para a proteção jurídica da criança e do adolescente*. São Paulo: LTr, 2010. cap. 6.

_____. Criança, adolescente, trabalho. In: DUTRA, Maria Zuíla Lima. *O intolerável trabalho infantojuvenil doméstico e a inviolabilidade do lar*. São Paulo: LTr, 2010. cap. 5.

_____. Criança, adolescente, trabalho. In: MARQUES, Rafael Dias. *Ações do ministério público do trabalho na prevenção e repressão ao trabalho infantil*. Atuação e instrumentos processuais. São Paulo: LTr, 2010. cap. 7.

OLIVA, José Roberto Dantas. *O princípio da proteção integral e o trabalho da criança e do adolescente no Brasil*. São Paulo: LTr, 2006a.

_____. Autorização para o trabalho infantojuvenil artístico e nas ruas e praças: parâmetros e competência exclusiva do juiz do trabalho. *Revista Juris Síntese*, São Paulo, n. 62, nov./dez. 2006b.

OLIVEIRA, Oris. *Trabalho e profissionalização de adolescente*. São Paulo: LTr, 2009.

_____. *Trabalho e profissionalização do jovem*. São Paulo: LTr, 2004.

_____ . *O trabalho da criança e do adolescente*. São Paulo: LTr; Brasília: OIT, 1994.

ORGANIZAÇÃO DAS NAÇÕES UNIDAS — ONU. *Carta das Nações Unidas e Estatuto da Corte Internacional de Justiça*. Disponível em: <http://unicrio.org.br/img/CartadaONU_VersoInternet.pdf> Acesso em: 15.9.2011a.

_____ . *História da organização*. Disponível em: <http://www.onu.org.br/conheca-a-onu/a-historia-da-organizacao/> Acesso em: 15.9.2011b.

_____ . *Declaração universal dos direitos humanos*. Disponível em: <http://unicrio.org.br/img/DeclU_D_HumanosVersoInternet.pdf> Acesso em: 27.9.2011c.

ORGANIZAÇÃO DOS ESTADOS AMERICANOS — OEA. *Pacto internacional dos direitos econômicos, sociais e culturais*. Disponível em: <http://www.oas.org/dil/port/1966%20Pacto%20Internacional%20sobre%20os%20Direitos%20Econ%C3%B3micos,%20Sociais%20e%20Culturais.pdf> Acesso em: 28.9.2011.

ORGANIZAÇÃO INTERNACIONAL DO TRABALHO — OIT. *História da organização internacional do trabalho*. Disponível em: <http://www.oit.org.br/content/hist%C3%B3ria> Acesso em: 12.9.2011a.

_____ . *A puerta cerrada*: trabajo infantil doméstico. Disponível em: <http://white.oit.org.pe/ipec/documentos/folleto_apuertacerrada.pdf> Acesso em: 31.10.2011b.

_____ . *Trabajo infantil*: selección de instrumentos pertinentes de la OIT. Disponível em: <http://www.ilo.org/global/standards/subjects-covered-by-international-labour-standards/child-labour/lang--es/index.htm>. Acesso em: 1º.11.2011c.

_____ . *Educação, Comunicação e Arte — ECOAR*, na defesa dos direitos da criança e do adolescente. Brasília: OIT, 2007.

_____ . *O trabalho doméstico nas cidades de Belém, Recife e Belo Horizonte:* um diagnóstico rápido. Brasília: OIT, 2003.

PARAGUAI. Constituição (1992). *Constituição Nacional da República do Paraguai*. Disponível em: <http://www.senado.gov.py/leyes/index.php?pagina=ley_resultado&id=7437> Acesso em: 3.10.2011.

PARANÁ. Tribunal Regional do Trabalho da 9ª Região, *Recurso Ordinário n. 470/2010-654-09-00.5*,Relator Desembargador Luiz Eduardo Gunther, p. 350, DJe 21 jan. 2011.

PEREZ, Viviane Matos Gonzáles. *Regulação do trabalho do adolescente:* uma abordagem a partir dos direitos fundamentais. Curitiba: Juruá, 2008.

PES, João Hélio Ferreira (coord.). *Direitos humanos:* crianças e adolescentes. Curitiba: Juruá, 2010.

PIAUÍ, Tribunal Regional do Trabalho da 22ª Região, *Recurso Ordinário n. 0000891-35.2010.5.22.0001*, Relator Desembargador Francisco Meton Marques de Lima, p. 25, DJe 30 maio 2011.

_____ . Tribunal Regional do Trabalho da 22ª Região, *Recurso Ordinário n. 0052500-16.2008.5.22.0102*, Relatora Desembargadora Enedina Maria Gomes dos Santos, DJe 3 maio 2010.

PIMENTA, Paulo. Trabalho infantil tem novas formas em Portugal e "inspeção não funciona". *Público Comunicação Social S.A.* Disponível em: <http://www.publico.pt/Sociedade/trabalho-infantil-tem-novas-formas-em-portugal-e-inspeccao-nao-funciona-1386171> Acesso em: 9.12.2011.

PIOVESAN, Flávia; CARVALHO, Luciana Paula Vaz de. *Direitos humanos e direito do trabalho.* São Paulo: Atlas, 2010.

PIOVESAN, Flávia. *Direitos humanos e o direito constitucional internacional.* 3. ed. São Paulo: Max Limonad, 1997.

PORTO, Cristina; HUZAK, Iolanda; AZEVEDO, Jô. *O trabalho infantil*: o difícil sonho de ser criança. São Paulo: Ática, 2011.

PORTUGAL. *Documentos fundamentais da OIT.* Lisboa: Etigrafe, 2007.

_____ . Lei n. 35, de 29 de julho de 2004. Regulamenta a Lei n. 99, de 27 de agosto de 2003, que aprovou o código do trabalho. *Diário da República*, Lisboa, n. 177, p. 4810-4885, 29 jul. 2004, seção I, séria 1.

RAMPAZZO, Lino. *Metodologia científica*: para alunos dos cursos de graduação e pós-graduação. 4. ed. São Paulo: Loyola, 2009.

REALE, Miguel. *Introdução à filosofia.* 4. ed. São Paulo: Saraiva, 2006.

RODRIGUES, Alex. Justiça autoriza mais de 33 mil crianças a trabalhar em lixões, fábricas de fertilizantes e obras. *Agência Brasil.* Disponível em: <http://agenciabrasil.ebc.com.br/noticia/2011-10-21/justica-autoriza-mais-de-33-mil-criancas-trabalhar-em-lixoes-fabricas-de-fertilizantes-e-obras> Acesso em: 1º.11.2011a.

_____ . Autorizações judiciais para trabalho infantil são inconstitucionais, afirma Maria do Rosário. *Agência Brasil.* Disponível em: <http://agenciabrasil.ebc.com.br/noticia/2011-10-27/autorizacoes-judiciais-para-trabalho-infantil-sao-inconstitucionais-afirma-maria-do-rosario> Acesso em: 1º.1.2011b.

RUSSOMANO, Mozart Victor. *Curso de direito do trabalho.* Curitiba: Juruá, 2008.

SAAD, Eduardo Gabriel. Trabalho do menor e a Emenda Constitucional n. 20/1998. *LTr Suplemento Trabalhista,* São Paulo, n. 38, 1999.

SANTA CATARINA. Tribunal Regional do Trabalho da 12ª Região, *Recurso Ordinário n. 00376-2008-013-12-00-0,* Relatora Desembargadora Viviane Colucci, DJe 28 jan. 2011.

SARAIVA, João Batista Costa. *Adolescente em conflito com a lei*: da indiferença a proteção integral. Porto Alegre: Livraria do Advogado, 2005.

SASSINE, Vinícius Jorge Carneiro. *Trabalho infantil abre as portas para o abuso sexual.* Disponível em: <http://www.comminit.com/la/node/303252> Acesso em: 31.10.2011.

SERRANO, Pablo Jimenez. *Curso de teoria geral do direito.* São Paulo: Jurismestre, 2011.

_____ . *Epistemologia do direito*: para uma melhor compreensão da ciência do direito. Campinas: Alínea, 2007.

SILVA, Maria Auxiliadora da. *Adicional de atividades penosas.* Brasília: Câmara dos Deputados, 2005.

SINDICATO Mercosul. *El trabajo infantil creció 600% en Argentina*. Disponível em: <http://sindicatomercosul.com.br/noticia02.asp?noticia=31879> Acesso em: 18.9.2011a.

_____ . *Miles de chicos beneficiados por el acuerdo contra el trabajo infantil*. Disponível em: <http://sindicatomercosul.com.br/noticia02.asp?noticia=31018> Acesso em: 18.9.2011b.

_____ . *Encuentro con empresarios por trabajo infantil*. Disponível em: <http://sindicatomercosul.com.br/noticia02.asp?noticia=32114> Acesso em: 18.9.2011c.

_____ . *Iniciaron campaña para erradicar trabajo infantil*. Disponível em: <http://sindicatomercosul.com.br/noticia02.asp?noticia=31964> Acesso em: 18.9.2011d.

SOUSA, Rainer. *Cartismo*. Disponível em: <http://www.brasilescola.com/historiag/cartismo.htm> Acesso em: 19.12.2011.

STEPHAN, Cláudia Coutinho. *Trabalhador adolescente*: em face das alterações da Emenda Constitucional n. 20/1998. São Paulo: LTr, 2002.

SPRANDEL, Marcia Anita; CARVALHO, Henrique José Antão de; MONTONAGA, Alexandre Akio. *Legislação comparada sobre o trabalho de crianças e adolescentes nos países do Mercosul*. Brasília: OIT, 2007.

SÜSSEKIND, Arnaldo et al. Instituições de direito do trabalho. In: SÜSSEKIND, Arnaldo. *Direito internacional do trabalho*. 22. ed. São Paulo: LTr, 2005. v. II, cap. 40.

TALAVERA, Glauber Moreno. Trabalho do menor. *Revista do Tribunal Superior do Trabalho*, Brasília, v. 72, n. 1, jan./abr. 2006.

ÚLTIMA HORA. *Trabajo infantil en Paraguay se estabilizó, según estúdio*. Disponível em: <http://www.ultimahora.com/> Acesso em: 29.9.2011a.

_____ . *Acuerdo contra el trabajo infantil*. Disponível em: <http://www.ultimahora.com/notas/458081-Acuerdo-contra-el-trabajo-infantil> Acesso em: 29.9.2011b.

UNIVERSIDADE DE SÃO PAULO — USP. *Declaração dos direitos da criança*. Disponível em: <http://www.direitoshumanos.usp.br/index.php/Crian%C3%A7a/declaracao-dos-direitos-da-crianca.html> Acesso em: 27.9.2011.

UNIVERSIDADE FEDERAL DE MINAS GERAIS — UFMG. *Lei Le Chapelier*, 17 jun. 1791. Tradução livre de Luiz Arnaut. Disponível em: <http://www.fafich.ufmg.br/~luarnaut/Chapelier.pdf> Acesso em: 16.8.2011.

URUGUAI. Constituição (1967). *Constituição Política da República Oriental do Uruguai*. Disponível em: <http://translate.google.com.br/translate?hl=pt-BR&langpair=en%7Cpt&u=http://pdba.georgetown.edu/constitutions/uruguay/uruguay.html> Acesso em: 4.10.2011a.

_____ . *Orientaciones para la cobertura periodística del trabajo intantil*. Disponível em: <www.vozyvos.org.uy/...index.php?> Acesso em: 2.10.2011b.

_____ . *Informe alternativo del Cladem Uruguay al Comité de Expertos del CDN*, mayo 2007. Disponível em: <http://www.cladem.org/monitoreo/informes-alternativos/Uruguay/Comite_DDnino/CDN-Uruguay-MAYO07.pdf> Acesso em: 2.10.2011c.

VIANNA, Segadas *et al*. Instituições de direito do trabalho. In: VIANNA, Segadas. *Trabalho do menor*. 22. ed. São Paulo: LTr, 2005. v. II, cap. 29.

_____ . *et al*. Instituições de direito do trabalho. In: VIANNA, Segadas. *Antecedentes históricos*. 22. ed. São Paulo: LTr, 2005. v. I, cap. 1.

VILELA, Ruth Beatriz Vasconcelos. *A fiscalização do trabalho no combate ao trabalho infantil e na proteção ao trabalhador adolescente*. Disponível em: <http://www.abmp.org.br/textos/86.htm> Acesso em: 3.11.2011.

WOLKMER, Antônio Calos. *História do direito no Brasil*. 5. ed. Rio de Janeiro: Forense, 2009.

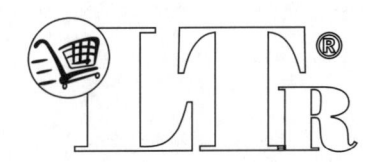

LOJA VIRTUAL
www.ltr.com.br

BIBLIOTECA DIGITAL
www.ltrdigital.com.br

E-BOOKS
www.ltr.com.br